GOLDMANN
ARKANA

PICO IYER

Der Dalai Lama

Politiker, religiöser Führer und Mystiker

Ein Porträt

Deutsch von Erika Ifang

GOLDMANN
ARKANA

Die amerikanische Originalausgabe erschien 2008 unter dem Titel
»The Open Road – The Global Journey of the Fourteenth Dalai Lama«
im Verlag Alfred A. Knopf, New York.

FSC
Mix
Produktgruppe aus vorbildlich
bewirtschafteten Wäldern und
anderen kontrollierten Herkünften

Zert.-Nr. SGS-COC-1940
www.fsc.org
© 1996 Forest Stewardship Council

Verlagsgruppe Random House FSC-DEU-0100
Das für dieses Buch verwendete FSC-zertifizierte Papier
Munken Premium Cream liefert Munkedals AB, Schweden.

1. Auflage
Deutsche Erstausgabe

Lektorat: Gerhard Juckoff
Satz: Greiner & Reichel, Köln
Druck und Bindung: GGP Media GmbH, Pößneck
Printed in Germany
978-3-442-33814-6
www.arkana-verlag.de

Also vereinfache das Problem des Lebens, erkenne das Notwendige und das Faktische. Untersuche die Erde, um herauszufinden, wo deine stärksten Wurzeln sind. Ich möchte einen Stand in den Tatsachen haben.

Henry David Thoreau, 27. 3. 1848,
in einem Brief an seinen Freund Harrison Blake

Inhalt

Vorwort zur deutschen Ausgabe

Im November 2007, wenige Tage vor Abschluss des Buches, das Sie gerade zu lesen beginnen, begleitete ich den 14. Dalai Lama wieder einmal auf einer Rundreise durch Japan. Tag für Tag, von dem Augenblick an, wo er im Morgengrauen von seinen Meditationen aufstand und sich der Welt zuwendete, bis zum frühen Abend, wenn er in sein Zimmer zurückkehrte, war ich an seiner Seite und beobachtete seinen unvorstellbar vielschichtigen Lebensalltag: wie er sich in verschiedenen Gegenden Japans mit buddhistischen Priestern, Anhängern der Shingon-Schule oder den geistlichen Oberhäuptern der Shugendo-Sekte traf, einer japanischen Jugendzeitschrift ein Interview gab, mit fünf tibetischen Studenten sprach, die irgendwo auf einem Bahnsteig auf ihn gewartet hatten, um ihn zu begrüßen, im Hochgeschwindigkeitszug zwei Interviews über politische Fragen gab und sich dann bei seiner Ankunft in Yokohama wieder auf Termine völlig anderer Art konzentrierte – Gespräche mit Wissenschaftlern, Treffen mit den Organisatoren einer buddhistischen Konferenz, Unterhaltungen mit Vertretern der japanischen Medien und schließlich eine herzergreifende Begegnung mit einigen Chinesen aus der Volksrepublik, Buddhismusstudenten, die zu weinen begannen, sowie er ins Zimmer kam, und sich vor ihm niederwarfen, als er sich erbot, ihnen Rat in buddhistischen Fragen zu geben.

»Da China ein Mitglied der internationalen Staatengemeinschaft sein will«, sagte er irgendwo auf seiner Reise durch den randvollen Tagesplan, »hat die Weltgemeinschaft die Verantwortung, China entsprechend einzubinden.« Der ganze Erdball, betonte er, würde von einem friedlichen, einigen China profitieren. Und dann setzte er ebenso überraschend wie geschickt hinzu: »Präsident Hu Jintaos Slogan einer ›harmonischen Gesellschaft‹ findet meine volle Unterstützung! Aber echte Harmonie kommt aus dem Herzen. Sie kann nicht durch Gewehrläufe erzwungen werden.«

Das alles sagte er, obwohl ihm – wie den meisten Beobachtern Tibets und Chinas – vollkommen klar war, dass wenig später, im Frühling 2008, in den Monaten vor den Olympischen Spielen in Peking die Tibeter, denen die Grundrechte der Rede- und Denkfreiheit versagt sind, versuchen würden, durch alle Medien und Kanäle Informationen über ihre leidvolle Situation zu verbreiten, da dann die Aufmerksamkeit der Weltöffentlichkeit ohnehin auf China und die von ihm besetzten Gebiete gerichtet war. Zum 49. Jahrestag des sogenannten Tibetaufstands am 10. März hielt der Dalai Lama in Dharamsala wie immer (und wie in diesem Buch beschrieben) eine kurze Ansprache zur Lage der Nation, und zur gleichen Zeit versammelten sich in Lhasa Mönche zu einer friedlichen Demonstration. Wenig später kam es zu gewalttätigen Demonstrationen, die ganz China erfassten, und bald nahm die ganze Welt für kurze Zeit am tibetischen Freiheitskampf teil.

Obwohl immer mehr Exiltibeter in Dharamsala bewaffnete Kampfaktionen und Gesten des Widerstands gegen die Chinesen forderten, begann der Dalai Lama – fast genauso, wie im Kapitel »Der Politiker« beschrieben – nach den blutigen Ausschreitungen mit seinen üblichen Gebeten, wies darauf hin, dass etliche Chinesen bei den Krawallen zu Schaden gekommen seien, betonte, wie wichtig der Dialog sei statt eines offenen Konflikts, und riet zu Toleranz und Langmut.

Tibet brauche China ebenso sehr, wie China Tibet brauche, sagte er; Toleranz hieße zwar nicht, alles gutzuheißen, was unrecht sei, aber sie entspringe der Erkenntnis, dass wir alle gemeinsam eine Gemeinschaft von Nachbarn bilden und dass es unter Umständen schreckliche, irreparable Folgen hat, dem Nachbarn voller Ungeduld ein Fenster einzuwerfen, weil dadurch denen, die ohnehin schon zu viel gelitten hätten, noch mehr Leid aufgebürdet würde.

Plötzlich waren die Fragen, die ich in diesem Buch angeschnitten habe und die den Dalai Lama zu einem so realistischen – und wenn man so will radikalen – Politiker machen, in aller Munde, wurde auf der ganzen Welt die gleiche Diskussion entfacht, und viele Menschen wandten sich mit Petitionen an die chinesische Führung, endlich zur Vernunft zu kommen und mit dem Mann zu reden, der zum Gespräch mit ihr bereit und willens war (während der Dalai Lama die Chinesen seine »Freunde« nannte, bezeichnete ein chinesischer KP-Chef ihn im März 2008 als »Wolf in Mönchskutte, einen bösen Geist mit dem Gesicht eines Menschen und dem Herzen einer Bestie«). Der Dalai Lama vertritt nicht nur die erhabene Position Gandhis, die er immer einnahm, sondern auch eine pragmatische Weitsicht, die charakteristisch für ihn ist: In der Stadt Lhasa wohnen jetzt schon mehr Han-Chinesen als Tibeter, und jede Lösung der Tibetfrage, die keine Rücksicht auf die chinesischen Bedürfnisse und Rechte nimmt, ist keine Lösung.

Ich verfolgte die Ereignisse aus der Ferne, ständig in Kontakt mit Bekannten in Lhasa, Dharamsala und Peking, immer mit meinem Buch unterwegs, das – so hatte ich es vor fünf Jahren geplant – genau dann herauskommen sollte, wenn die zu erwartenden Demonstrationen die Weltöffentlichkeit wieder einmal auf Tibet aufmerksam machten. Aber was mir letztlich in Erinnerung blieb, waren die Chinesen, die sich, wie ich miterlebt hatte, hinter die Tibeter stellten. Seit Jahren sagt der Dalai Lama, er erwarte keine Wunder von der chinesischen Regierung, aber etliche Chinesen, denen das Recht auf ein religiöses Leben schon so lange verwehrt werde, würden allmählich auf die Situation der Tibeter aufmerksam werden und erkennen, dass sie vieles mit ihren tibetischen Nachbarn gemeinsam haben und auf philosophischem Gebiet sogar manches von ihnen lernen können.

In dieser Hinsicht war für mich der denkwürdigste Moment in diesem arbeitsreichen Frühjahr, als eine Gruppe von 29 führenden chinesischen Intellektuellen und Schriftstellern eine Petition verfasste mit der Bitte an ihre Staatsführung, sofort Gespräche mit dem Dalai Lama aufzunehmen, die »Unterdrückung« in Tibet zu beenden und einen internationalen Untersuchungsausschuss nachprüfen zu lassen, was wirklich 2008 in Tibet geschah. Hier setzten nicht nur Tibeter ihr Leben aufs Spiel, indem sie die Stimme für Tibet erhoben, sondern Chinesen. Die Vision von der Verbundenheit aller, an der der Dalai Lama auch in Jahren voller Enttäuschungen und Kälte immer festgehalten hatte, gewann – zwar noch in kleinem Umfang und eher verhalten, aber doch zunehmend – an Intensität und Wirkungskraft und schob seine Landsleute in Richtung der Befreiung, wie er es immer erhofft und befürwortet hatte. Was als Nächstes passieren würde, konnte er nicht sagen, aber er riet allen, die auf ihn hörten, aus lauteren Beweggründen ihr Bestes zu tun in der Erkenntnis, dass Klarsicht am Ende siegt.

Pico Iyer
April 2008

In der Öffentlichkeit

All dies ist ein Traum. Doch erforsche es mit ein paar Experimenten. Nichts ist zu wunderbar, um wahr zu sein, wenn es mit den Naturgesetzen übereinstimmt.

Michael Faraday, 1849

Der Rätselhafte

Die beiden jungen Männer, die sich in dem Raum mit bunten tibetischen Rollbildern an den Wänden niederließen, in der Ferne die Schneegipfel, ringsum kieferbestandene Hänge, hatten vieles gemeinsam. Beide waren Reisende – Exilanten, die ihre Heimat hinter sich gelassen hatten und die daher in der Lage waren, »Heimat« ganz neu zu definieren, ohne die Einschränkungen von Nationalität oder Rasse. Darüber hinaus waren beide Philosophen, aber Philosophen mit einem besonderen Interesse an der wirklichen Welt und der Art und Weise, wie Politik und Gesellschaft durch eine andere Sicht der Dinge verändert werden können. Beide wurden in einer Zeit erwachsen, in der Kulturen einander dank Flugzeugen und Fernsehapparaten so nahe kommen können wie nie zuvor, und die erste Frage, die sich ihnen stellte, war vielleicht die, welche neuen Möglichkeiten diese globale Wirklichkeit eröffnen mochte.

Der 14. Dalai Lama war damals erst 24 Jahre alt; kaum ein Jahr zuvor, im März 1959, war er nach Indien gekommen, nachdem chinesische Truppen gedroht hatten, die tibetische Hauptstadt Lhasa zu beschießen, und er sich gezwungen sah, aus seinem Geburtsland zu flüchten. Jetzt teilte er sich zum ersten Mal in seinem Erwachsenenleben ein Haus mit seiner Mutter und einigen Geschwistern und nahm freudig jede Gelegenheit wahr, von seinem Thron herabzusteigen und mit Fremden zu reden, was er in der alten Heimat nie hätte tun dürfen. In jener ersten Zeit hatte er seine Freude daran, im

Gebirge herumzuwandern und irgendwo auf einer Wiese zu picknicken; er legte sogar einen Garten an wie früher in Lhasa. Allerdings gestand er später, dass jedes Mal der berühmt-berüchtigte Monsunregen Indiens darüber hinweggefegt sei und seine ganze Arbeit zunichte gemacht hätte und dass er die trockenen Hochebenen Tibets doch ein wenig vermisse.

Mein Vater hingegen, der damals in jenem Zimmer bei ihm war, folgte einer ganz anderen Ausrichtung. Er war fünf Jahre älter als der Dalai Lama, in einer Hindu-Familie geboren und in einer winzigen Wohnung in Mumbai (früher Bombay) aufgewachsen, in der sich noch sechs Geschwister, einige Cousins und Cousinen und von Zeit zu Zeit Nachbarn aufhielten. Er hatte britische Missionsschulen besucht und sich dort so gute Kenntnisse über Shakespeare und Augustinus erworben, dass er ein Stipendium für Oxford gewann und jetzt, ebenso wie meine in Bombay aufgewachsene Hindu-Mutter, Politische Philosophie an der altehrwürdigen Universität lehrte. Seiner Auffassung nach bot sich ihm dort die seltene Gelegenheit, die großen westlichen Lehren von Plato, Plotin und Kant mit denen des Hinduismus und Buddhismus zu vereinen, die er als Kind in sich aufgenommen hatte.

Zum Zeitpunkt seiner Heimreise nach Indien, wo er das erwähnte Treffen mit dem frisch eingetroffenen Dalai Lama vereinbart hatte, befasste mein Vater sich gerade intensiv mit Mohandas (Mahatma) Gandhi. Auch das Oberhaupt der Tibeter interessierte sich natürlich sehr für Gandhi, schließlich überlegte er ja selbst, wie ein gewaltloser Kampf gegen eine Besatzungsmacht geführt und die gesammelten politischen Erfahrungen in eine überpolitische Sache einfließen könnten. Zufällig war ihm das Haus, in dem er weilte, von derselben reichen indischen Familie zur Verfügung gestellt worden, die auch Gandhi seine letzte Wohnstätte in Delhi überlassen hatte, und überall in dem Haus, in dem sich die jungen Leute begegneten, hingen Bilder dieses indischen Aktivisten der Generation vor ihnen. Der Untertitel, den Gandhi für seine Autobiografie gewählt hat – *Die Geschichte meiner Experimente mit der Wahrheit* – hätte auch zur Geschichte des Dalai Lama gepasst, der sein Leben lang gern experimentiert hat. Es hätte zu dessen Anstrengungen gepasst, ein neues Tibet außerhalb Tibets zu schaffen, das mehr Bestand haben würde, und zu seinem Eintreten für die Rechte seines Volkes, ohne dabei die legitimen Rechte seines »großen Nachbarn«, wie er das kommunistische China nannte, zu verletzen.

Fünf Jahre nach dieser ersten Begegnung brachte mein Vater sein Buch *Der gläserne Vorhang* heraus, das von den Jahrhunderten der Täuschungen und Projektionen handelte, die Asien von Europa getrennt hatten. Das Vorwort dazu schrieb sein neuer Freund, der Dalai Lama, dem es stets ein zentrales Anliegen war und ist, durch alle Unterschiede hindurch zu den tiefer liegenden Gemeinsamkeiten zu finden. Gewidmet war das Buch einem kleinen Jungen namens »Pico« (es dauerte Jahrzehnte, bis ich das bemerkte!) und »jenen aus seiner Generation, für die es keinen Vorhang mehr gibt«.

☸

43 Jahre danach wachte ich als einer, der vom Segen dieser Begegnung profitiert hatte, an einem strahlenden Herbsttag kurz vor Anbruch des neuen Jahrtausends in meiner Zweizimmerwohnung am Rande einer japanischen Stadt auf und freute mich auf einen Tag mit dem Dalai Lama. Fast 30 Jahre lang hatte ich ihn immer wieder in seinem Exil besucht, und fast ebenso lange war ich ihm auf seinen Weltreisen gefolgt. Doch immer noch reizte mich die stille revolutionäre Art, mit

der er uns dazu aufforderte, die Politik, die Globalisierung, ja selbst seine Berühmtheit in einem anderen, umfassenderen Licht zu sehen, und ich brannte darauf, all die Herausforderungen kennenzulernen und die Fragen zu untersuchen, die seine Experimente aufwarfen.

In den letzten Jahren war er immer häufiger unterwegs, einesteils, wie immer, als Fürsprecher der sechs Millionen Tibeter, die mehr oder weniger wie Gefangene im chinesisch besetzten Tibet leben, in zunehmendem Maße aber auch, um sich für das einzusetzen, was er jetzt »globale Ethik« nennt – die Grundprinzipien der Güte und Verantwortlichkeit, an die sich jeder in seinem Leben halten kann, ob er sich zu einer Religion bekennt oder nicht. Ich kann mich nicht erinnern, während meiner vielen Reisejahre als Journalist jemals einen Tibeter oder einen Exilanten getroffen zu haben, der so wenig Zeit darauf verwendete, die Vergangenheit und den Verlust seiner Heimat zu beklagen, und stattdessen seine Energien ganz darauf richtete, zugunsten aller an einer besseren Zukunft auf Erden zu bauen.

Japan im November ist ein berauschendes Schauspiel von Licht und Vergänglichkeit. An diesem Morgen war der Himmel bei Anbruch der Dämmerung, wie meist an solchen Tagen, von einem tiefen Blau, dabei war es um die 20 Grad warm, obwohl sich das Laub rings um die Stadt Nara bereits ocker, zitronengelb und dunkelrot wie die Gewänder tibetischer Mönche färbte. Mitten im Herzen Naras, vor 1300 Jahren die erste buddhistische Hauptstadt Japans, ist ein Park, in dem Rehe frei herumlaufen und der an den Park in Indien erinnert, in dem Buddha seine ersten Lehrreden hielt. Alles verändert sich, fällt ab, stirbt, sagen uns die Blätter im japanischen Herbst, und doch kommt alles wieder, ist der Wandel selbst von einer gewissen Stetigkeit. Leben bedeutet, wie manche Buddhisten meinen, die »freudige Teilhabe an einer Welt voller Leiden«.

Wir standen früh auf, meine langjährige Gefährtin Hiroko und ich, als das Morgenlicht eben goldene Flecken auf die Zimmerdecke malte, und fuhren mit Bus und Bahn zum etwas altmodischen *Nara Hotel*, einem neunzig Jahre alten ehemaligen Jagdhaus, in eine Ecke des Parks genestelt wie ein Andenken, das einem zerstreuten Besucher aus der Tasche gefallen ist. Kurz vor neun Uhr wurden wir in einen kleinen Konferenzraum gebeten, in dem zehn Einheimische, Akademiker und Mönche – alles Männer, und alle in feierliches Schwarz gekleidet –, nach japanischer Art sehr gerade und ein wenig steif um einen Tisch saßen und mühsam ein Gähnen unterdrückten. Wir als Beobachter setzten uns auf Klappstühle an der Wand, und ich musste daran denken, dass der Dalai Lama jetzt schon über fünf Stunden auf war, da er für gewöhnlich um 3.30 Uhr in der Früh aufsteht und die ersten Stunden des Tages in Meditation über die Wurzeln des Mitgefühls verbringt, sich in die Frage versenkt, was er für seine Landsleute, für die »chinesischen Brüder und Schwestern«, die sein Land besetzt haben, und für uns andere alle tun kann, und sich zugleich auf seinen Tod vorbereitet.

Als er in Begleitung seiner Gastgeber und einiger Helfer den Raum betritt, er mit seiner gedrungenen Gestalt allen voran – »wie ein Quarterback beim Football«, hat sein alter Freund und Bewunderer Abe Rosenthal, langjähriger Chefredakteur der *New York Times*, mir einmal zugeraunt –, nimmt die Spannung in unserer Mitte spürbar zu. Wie immer schaut er sich um, sieht vertraute Gesichter, stellt Blickkontakt zu Fremden her und nimmt die neue Umgebung in sich auf. (Als ich ihn anderthalb Jahre später in Dharamsala wiedersah, stammten viele der Beispiele, die er anführte, von dieser kurzen Japanreise.) Er hält die Hände verschränkt vor sich, eine Geste der Achtung, und seine alles andere als unnahbare Haltung ist ganz dazu angetan, alle Grenzen zu verwischen und alle Förmlichkeit vergessen zu lassen. Wir sitzen alle im selben Boot, scheint sein Körper auszudrücken; schauen wir mal, ob uns dieses Beisammensein etwas bringt.

Sobald er an einem Ende des Tisches Platz genommen hat, sieht er sich mit offener, ungenierter Neugier alles an, auch den für dieses Treffen ausgesuchten Dolmetscher, dem Aussehen nach ein ortsansässiger amerikanischer Hippie mit dickem grauen Pferdeschwanz und bunter Zigeunerweste. (Beim Anblick eines Bartes oder Männerpferdeschwanzes kann der Dalai Lama nur mit Mühe dem Impuls widerstehen, daran zu zupfen.) Während er einige einleitende Sätze auf Tibetisch spricht, bemerke ich so deutlich wie nie zuvor, dass er hier vor allem als Advokat des »Potenzials« auftritt, um eines seiner Lieblingsworte zu verwenden. Auf Englisch und Tibetisch abwechselnd berichtet er von einer Reihe von Experimenten, die ein Wissenschaftlerteam in Wisconsin, unterstützt durch Forscher aus Princeton und Berkeley, mit Mönchen und erfahrenen Meditierenden durchgeführt hat, um die Wirkungen zu untersuchen, die ein solches Training auf den Geist hat. Bisher hatten sie herausgefunden, dass sich bei denjenigen, die schon jahrelang meditieren, der Puls um drei bis vier Schläge pro Minute verlangsamt (in seltenen Fällen sogar noch stärker), die Gehirntätigkeit verändert und die gesamte Immunabwehr steigert. Eine abschließende Bestätigung der Ergebnisse stand noch aus, aber legten diese Forschungen nicht die Vermutung nahe, dass wir den Geist vielleicht ebenso behandeln können, wie wir heutzutage den Körper zu trainieren und zu stärken pflegen?

Und wenn wir schon unseren Puls, unsere Thetawellen

und sogar unsere Körperwärme regulieren können, müsste es dann nicht auch möglich sein, unsere Denkmuster, unsere Wut und unsere Wahrnehmungen zu verändern? Die neue neurologische These von der »Plastizität des Gehirns« lasse gewiss darauf schließen, dass wir ein viel größeres Veränderungspotenzial besitzen, als wir uns je vorgestellt haben. Der Geist sei etwas, das zu transformieren die Möglichkeit bestehe. Das gelte auch für die Welt, die der Geist erschafft.

Siddharta Gautama, der Buddha, war in erster Linie Empiriker, ein Selbst-Erforscher, und was er lernte, lernte er durch Experimente, die er mit dem erreichbarsten Objekt durchführte, das er fand – sich selbst. Zuerst verließ er mit 29 Jahren seinen prächtigen Palast, um mit eigenen Augen die Fakten zu sehen, die sein Vater vor ihm hatte verborgen halten wollen, die harten Wahrheiten von Alter, Leid und Tod. Lange wanderte er umher, befragte Lehrer und übte Enthaltsamkeit, bis er sich schließlich unter einem Bodhibaum niederließ und gelobte, nicht eher wieder aufzustehen, als bis er Einsicht in das Wesen des Leidens genommen habe und wisse, wie Befreiung vom Leiden erlangt werden könne. Danach zog er bis zu seinem Lebensende durch die Lande, vertiefte die gewonnene Erkenntnis und gab sie an andere weiter.

Mit Nachdruck erzählte er den Leuten stets, dass er nur ein Forschender sei und nichts täte, was nicht auch andere tun könnten; er sei so etwas wie ein Arzt am Krankenbett, nur darauf bedacht, die unmittelbare Lösung für das anliegende Problem zu finden, und behaupte nicht, dass seine Lösung die einzige oder gar beste sei. Wenn er, wie so oft, von einem »Pfad« sprach, meinte er damit nur, dass man immer weiter gehen kann, dass alles ständig im Fluss sei und er nichts anderes täte, als den Weg zu weisen, damit andere darauf gehen und neue Richtungen einschlagen könnten.

Der 14. Dalai Lama ist seit etlichen Jahrzehnten auf ebendiesem Weg und trifft an jeder Wegbiegung auf eine Welt, in der fast alle Kulturen auch zu allen anderen Kulturen Zugang haben und in der ein einziges Bild die Macht hat, die ganze Erde anzusprechen; er ist von seinem Geburtsort, einem Lehmziegeldorf im Herzen eines Königreiches, das noch in den Fünfzigerjahren nicht einmal durch Straßen mit der Außenwelt verbunden war, aufgebrochen und gleich mitten im stürmischen 21. Jahrhundert gelandet. Aber er hat immer betont, dass er – wie der »Erforscher des Geistes«, der sein großer Lehrer war – kein Verlangen danach hat, sich als höchste Instanz auszugeben.

»Unser Meister hat uns die Freiheit gegeben, sogar das zu hinterfragen, was er gesagt hat«, hörte ich ihn zwei Jahre später in Zürich über Buddha sagen, »und diese Freiheit schöpfe ich voll aus!« Schon als Junge war er von allem Naturwissenschaftlichen fasziniert; er reparierte den alten Generator des Potala-Palasts in Lhasa und erkannte, dass der Mond – anders, als es die tibetischen Schriften lehren – kein eigenes Licht abstrahlt; mit größtem Vergnügen nahm er (wie schon sein Vorgänger) Uhren auseinander und versuchte sie wieder zusammenzusetzen. Noch heute steht ein Plastikmodell des Gehirns auf seinem Schreibtisch zu Hause, mit beschrifteten, abnehmbaren Teilen, und er trifft sich nur zu gerne mit Wissenschaftlern, die sein Verständnis von der Welt und vom Geist vertiefen können, auch wenn das bisweilen heißt, dass seine Vorstellungen widerlegt werden.

»Die Naturwissenschaften«, sagt er jetzt zu den japanischen Intellektuellen, »befassen sich überwiegend mit Materie; der Glaube befasst sich überwiegend mit dem Betrachter selbst.« Beide jedoch sagen uns, »dass es keine objektive Wirklichkeit gibt«. Und beide, sagt er weiter, würden »die Kluft zwischen

Realität und Wahrnehmung allmählich schließen«. Er hätte auch hinzufügen können: Neuere Forschungen, die kurz darauf als Titelgeschichte im *Time*-Magazin erschienen, lassen vermuten, dass diejenigen, die bei Tests ihres Glücksgefühls eine hohe Punktzahl erzielen, länger als andere leben, zum Teil deshalb, weil Glück weniger durch äußere Umstände bedingt ist als durch die eigene Wahrnehmungsweise. Lottogewinner berichten oft, dass es ihnen keineswegs besser geht als vorher – sie wissen nicht mehr, wer ihre Freunde sind, sie fühlen sich in der neuen schicken Nachbarschaft nicht wohl und verbringen einen Großteil ihrer Zeit beim Rechtsanwalt; hingegen bekunden Menschen, die durch einen Unfall plötzlich querschnittgelähmt sind, nach etwa einem Jahr der Umstellung, dass es ihnen im Grunde nicht schlechter gehe als vorher. »Es ist der Geist sein eigner Raum«, schreibt Milton am Anfang seines Epos *Das verlorene Paradies*, »er kann in sich selbst einen Himmel aus der Hölle und aus dem Himmel eine Hölle schaffen.«

Es geht darum, glaube ich, die Welt genauestens zu erforschen, um ihre Gesetze zu verstehen und dann zu sehen, was innerhalb dieser Gesetze möglich ist und was nicht; mir fällt mehr und mehr auf, dass der Dalai Lama an diesem Morgen die Begriffe »untersuchen«, »analysieren« und »erforschen« bevorzugt. Den Buddhismus erwähnt er gar nicht, sei es, weil die um den Tisch Versammelten Gelehrte sind oder weil manche, wie ich selbst, nicht einmal Buddhisten sind. Entscheidend ist vielmehr, was jeder Einzelne tun kann, ob er Christ, Marxist oder gar ein Gegner des Buddhismus ist. Die religiösen Vorstellungen eines Wissenschaftlers sind irrelevant; worauf es ankommt, ist das, was seine Experimente offenbaren, und dass er sich über die Auswirkungen seiner geistigen Erkenntnisse auf die reale Welt im Klaren ist.

Im Verlauf der Sitzung habe ich – und vielleicht nicht nur ich – das Gefühl, als äußere sich der Gast zu optimistisch, als bringe er allzu bereitwillig Realismus und Zuversicht zusammen. Die jüngsten Demonstrationen gegen den amerikanischen Einmarsch in den Irak, sagt er (und bezieht sich damit auf den Militäreinsatz, der acht Monate zuvor begonnen hatte), seien etwas Positives, »Ermutigendes«, auch wenn es noch keine nichtstaatlichen Alternativen gebe, in denen diese Friedenssehnsucht ihren praktischen Niederschlag finden könne. Andere würden eher vermuten, glaube ich, dass nur deshalb heutzutage so viele Menschen auf die Straße gehen, weil zu viele Leute etwas zu beanstanden haben. Das Prinzip bleibt jedoch bestehen: Wenn wir glauben, dass die Schönheit im Auge des Betrachters liegt, könnte das nicht auch auf Kraft, Machbarkeit und gutnachbarliches Verhalten zutreffen?

Eine weitere Flagge, unter der er eindeutig segelt, ist die Vernunft, ist die Weigerung, alles zu glauben, blindlings, wie Buddha sagte, oder weil wir es wahrhaben wollen. »Damals«, so sagt er über den Ausbruch des Krieges und spricht mit dem ihm eigenen Pragmatismus, »haben mich einige Leute gebeten, nach Bagdad zu gehen. Aber dann dachte ich: Das ist sinnlos. Es ist unrealistisch. Ich habe keine Freunde in Bagdad. Ich bin ein buddhistischer Mönch – vielleicht finde ich den Weg gar nicht!«

An den Wänden des Tempels neben seinem Haus in Indien stehen, soweit ich mich erinnere, zwei Aussprüche Buddhas. Der eine lautet: »Ebenso wie man Gold durch Reiben, Schneiden und Schmelzen prüft, solltet ihr meine Worte gut prüfen und sie nicht nur aus reiner Ehrerbietung annehmen.«

»Als Nächstes«, fährt der Dalai Lama fort, »hatte ich das starke Empfinden, dass irgendein Mensch, zum Beispiel Präsident Václav Havel, den die Welt kennt, oder Friedensnobelpreisträger wie Jimmy Carter und Bischof Tutu, dass irgendjemand dorthin gehen und mit Saddam Hussein und seinen Beratern reden sollte.« Er räumt ein, es bestehe nur eine »entfernte Möglichkeit«, dass etwas dabei herauskomme. Aber ein Versuch schade nichts. »Denn normalerweise trauen die Leute selbst Vertretern der Vereinten Nationen nicht. Sie sind immer argwöhnisch.«

Während der anwesende Dolmetscher das Gesagte ins Japanische übersetzt, schaut sich der tibetische Gast mit dem Interesse eines Neuankömmlings im Raum um. Einmal zieht er einen silbernen Stift aus seinem weiten Gewand und macht sich eine Notiz. So selbstverständlich sitzt er da vor den Wissenschaftlern, als wäre er bei sich zu Hause und allein im Raum. Die Leute reden immer von seinem Lächeln und seinem spürbaren Charme; aber wenn seine Ideen tatsächlich eine Wirkung haben sollen, meine ich, müssen sie seiner Schärfe und Wachheit entspringen.

»Die große Heimat der Seele«, schrieb D.H. Lawrence einst in einer seiner Betrachtungen über Walt Whitman, »ist die endlose Straße. Nicht der Himmel, nicht das Paradies. Nichts ›darüber‹. Nicht einmal etwas ›darin‹. Die Seele liegt weder ›darüber‹ noch ›darin‹.« Aus der Sicht des Dichters ist die Seele »ein Wanderer auf der endlosen Straße«, blüht »wahre Demokratie« dort, wo »Seele auf Seele trifft, auf der endlosen Straße«. In diesem Sinne ist die Straße auch die große Heimat dieses Menschen, der stürmisch seines Weges zieht, der mit jedem redet, dem er unterwegs begegnet, und der von Fremden, Fachleuten und anderen Wanderern zu lernen sucht.

Sobald der Dalai Lama seine Rede beendet hat, kommen die Experten am Tisch einer nach dem anderen an die Reihe; meist geben sie ziemlich trockene, formelle Erklärungen ab, die sie vorher vorbereitet haben. Doch dann wendet sich plötzlich der jüngste Teilnehmer – er ist vielleicht Ende 30 – direkt an den Dalai Lama. »Ich bin Realist«, sagt er. »All dieses Gerede von *Ahimsa* oder Gewaltlosigkeit ist ja gut und schön, aber inwiefern hat es denn der Welt wirklich geholfen?« Er braucht gar nicht hinzuzufügen, dass überall, im Irak, in Afghanistan und sonstwo, Menschen sterben. Sofort kommt Leben in den Dalai Lama, als ginge es um eine Debatte, wie sie in seiner Schule des tibetischen Buddhismus gepflegt wird, um den Geist zu schärfen und vorgefasste Meinungen aufzulösen. Regierungen hinken immer hinterher, was die Möglichkeiten betrifft, die Einzelne sehen, sagt er; und auf jeden Fall erfordere es viel Zeit, etwas zu verändern und alte Gewohnheiten abzulegen. Die Antwort wird mit solcher Bestimmtheit gegeben, dass ich mich frage, ob nicht auch diese Frage eine der vielen ist, die sich der Dalai Lama Tag für Tag selbst stellt.

☸

Ein religiöses Oberhaupt, das den Leuten sagt, sie sollten sich nicht von einer Religion umgarnen oder verwirren lassen; ein Tibeter, der äußert, dass auch Tibet nicht auf alles eine Antwort weiß; ein Buddhist, der Ausländer immer öfter ermahnt, nicht zum Buddhismus überzutreten, sondern in ihrer eigenen Tradition nachzuforschen, da, wo ihre tiefsten Wurzeln sind: ein ziemlich radikaler Ansatz, wie man meinen möchte. Am Beginn des neuen Jahrhunderts ist die Welt gespaltener denn je, zersplittert sich ihre größte Macht in lauten Streitigkeiten; und bei alledem empfiehlt das Oberhaupt der tibetischen Buddhisten den Leuten eindringlich, Dogmen, die oft selbst Anlass zur Spaltung geben, kein Gehör zu schenken, sondern über sie hinaus zu etwas tief

Menschlichem durchzustoßen, wo der Gedanke an einen »Kampf der Kulturen« absurd erscheint.

Als der stämmige Tibeter in den hellen Sonnenschein hinaustritt – draußen halten Leute die tibetische Fahne und Schilder mit der Aufschrift »Freiheit für Tibet« hoch –, merke ich, dass irgendetwas nicht stimmt an dem Bild des skeptischen Journalisten und Außenstehenden, der ich bin und der so viel Zeit darauf verwendet, herauszufinden, was dieser Mann sagt.

Aber der Dalai Lama beeindruckt und entwaffnet mich, indem er viele der Kategorien aufhebt, mit denen wir uns selbst Fesseln anlegen. Die einzigen Wahrheiten, die überhaupt einen Sinn für uns haben, behauptet er, treffen auf alle Menschen gleichermaßen zu, genauso wie der Satz des Pythagoras oder die Hauptsätze der Thermodynamik; wenn sie nur für eine bestimmte Tradition oder Kultur gelten, handelt es sich nicht um allgemein menschliche Wahrheiten. Das Einzige, was jemand aus dem Osten – oder dem Westen – anbieten kann, ist ein neuer Blickwinkel, der es uns anderen ermöglicht, diese Wahrheiten klarer zu erkennen als vorher. Für jemanden wie mich, der multikulturell aufgewachsen ist, aber nie glauben wollte, dass das Nichtvorhandensein einer physischen Heimat auch das Nichtvorhandensein einer inneren Mitte bedeutet, ist das alles ebenso ermutigend wie die Vorstellung, dass wir uns nicht durch unsere Unterschiede definieren müssen.

Ich folge ihm, während er die weißen Kieswege durch Nara entlanggeht; Leute dringen zu ihm durch, um seinen Segen oder einen Händedruck zu ergattern, und ich sehe, wie er sich blitzartig verwandelt: zum Mönch, zum Staatsoberhaupt, zum Wissenschaftsphilosophen oder zum normalen Menschen. Noch verblüffender für mich ist allerdings, dass er all diese Rollen bündelt, als wären sie miteinander verflochten und könnten sich vielleicht gegenseitig ergänzen. Ich kenne nicht viele Mönche, die so verwegen sind, nur für etwas einzutreten, was auch einer wissenschaftlichen Prüfung standhält. Und die Zahl von Politikern, die sich bemühen, mit der gesammelten Aufmerksamkeit und Ruhe eines Mönchs zu sprechen, ist noch geringer. Auch Papst Johannes Paul II., ein guter Freund des Dalai Lama, reiste per Flugzeug und Auto mehr und mehr in der Weltgeschichte herum, nur besuchte er auf seinen Reisen im Allgemeinen Katholiken, denen er seinen Glauben verkündete und seine Lehrmeinung anbot. Der Dalai Lama hingegen scheint seine Freude daran zu haben, Menschen aus anderen Traditionen als seiner eigenen kennenzulernen – Katholiken, Neurowissenschaftler, sogar Maoisten – und herauszufinden, was ihnen allen trotz unterschiedlicher Ziele gemeinsam ist.

Ich finde, dass dies eine interessante Reaktion auf ein Zeitalter ist, in dem die einen ihre Mitmenschen im Namen Allahs, die anderen im Namen des Christengottes umbringen. Doch während dieser Überlegungen habe ich auf einmal die Panzer vor Augen, die mich vor nicht allzu langer Zeit in Äthiopien umgaben, die bewaffneten Soldaten in Arabien, die sich um ein paar Cent rauften. Ich erinnere mich an die Soldaten, die in El Salvador zur Zeit des Bürgerkriegs in mein Zimmer stürmten, an die armseligen Hütten, die ich in Soweto gesehen habe und wo es abwegig schien, philosophische Betrachtungen anzustellen, die kein Essen auf den Tisch bringen. Nach zwanzig Jahren, in denen ich mich als Journalist mit Kriegen und Revolutionen befasst habe, glaube ich nicht, dass ein einziger Mensch die Lösung für alles hat (und der Dalai Lama würde das auch nicht behaupten wollen); vielmehr sind es die Fragen, die er aufwirft, die eine so belebende Wirkung haben.

Nach einer kurzen Mittagsrast im *Nara Hotel*, seinem heutigen Domizil, ist jetzt, an diesem strahlenden Nachmittag, wohl der Höhepunkt seines Aufenthaltes gekommen: ein Besuch im *Todaiji*, dem großen Tempel im Park von Nara, der oft als das größte Holzbauwerk der Welt beschrieben wird. Von hier aus reiste ein später als Kobo Daishi bekannt gewordener japanischer Mönch vor zwölfhundert Jahren nach China und brachte von dort *Shingon* nach Hause zurück, eine Form des Buddhismus, die entfernt an die tibetische Richtung erinnert, und seit über einem Jahrtausend sitzt dort ein großer, über fünfzehn Meter hoher Buddha mitten in der Gebetshalle.

Der Ort wimmelt immer von Touristen aus aller Welt, die versuchen, den gigantischen Buddha auf den Bildschirm ihres Handys zu bannen, oder die sich auf dem riesigen Vorplatz zum Fotografieren aufstellen, aber am heutigen Tag wird mir bewusst, dass er für Buddhisten sicher eine tiefere Bedeutung hat. Zweimal ist das großartige Bauwerk bis auf den Grund niedergebrannt, und zweimal ist es wiederauferstanden. Die Hände des Buddha datieren aus dem 16. Jahrhundert, sein Haupt aus einer späteren Zeit, während andere Teile der Statue noch aus der Zeit des Urtempels stammen. So gesehen, unterscheidet er sich nicht so sehr vom Dalai Lama: Das Fahrzeug, das physische Gefäß, ist offenkundig vergänglich, aber die Botschaft, für die es steht, breitet sich immer weiter aus.

Als der Dalai Lama am äußersten Tor des Geländes, das normalerweise geschlossen bleibt, heute jedoch weit geöffnet ist, aus dem Auto steigt, folgen Hiroko und ich ihm die paar steinernen Stufen hinauf, die zum Haupteingang emporführen, und da verschlägt es mir unwillkürlich die Sprache. Überall auf dem Platz sind Menschen, so weit das Auge reicht. Mütter halten ihre kleinen Kinder hoch, damit sie einen Blick auf den berühmten Gast werfen können. Tibeter aus ganz Japan sind da und strecken ihm die zeremoniellen weißen Seidenschärpen entgegen. Ausländer in Hippiekleidung und junge Damen auf hochhackigen Schuhen mit Vuitton-Taschen werden gebeten, ihre Tempelbesichtigung ein paar Minuten aufzuschieben. Als Bewohner Naras komme ich oft hierher, aber noch nie habe ich es so wie heute erlebt: als einen globalen Thronsaal in der Sonne.

Der Dalai Lama schreitet den Weg entlang und bleibt oft stehen, um Westlern eine Frage zu stellen, ein Baby zu segnen oder mit einheimischen Kindern zu plaudern; da er schon im Alter von vier Jahren bei seiner Ankunft in Lhasa siebzigtausend Menschen persönlich segnete, hat er sich in einer Menschenmenge nie unwohl gefühlt. Nachdem er im Innern des Tempels eine Zeitlang still vor dem Buddha gesessen und dann (mithilfe eines Dolmetschers) seine Gastgeber mit Fragen bombardiert hat, kommt er wieder heraus und richtet ein paar Gruß- und Dankesworte an die Versammelten, in einem Englisch, das beruhigenderweise auch nicht viel besser sein dürfte als ihres.

Dann wird er zur Eile aufgerufen wegen des nächsten Termins, eines Treffens mit dem Abt des Todaiji, das in einem Nebentempel nahebei stattfinden soll, und marschiert los, umgeben von einem Gefolge aus Bodyguards, Sekretären, besorgten Gastgebern und Leuten, die sich an seine Fersen geheftet haben, wie Hiroko und ich, alle zusammen etwa vierzig an der Zahl. Während er von dem Platz fortstrebt, sieht er plötzlich etwas und schert aus. Wir anderen bemühen uns, mit ihm Schritt zu halten. Am entlegenen Ende eines leeren Wandelganges stehen zwei japanische Frauen bei einem vielleicht zehnjährigen Mädchen mit schwarzem Wuschelkopf und dicker Brille; die Beinchen in buntgestreiften Strümpfen reichen kaum von dem Rollstuhl, in dem es sitzt, bis auf den Boden.

Wenig später ist der Dalai Lama bei dem kleinen Mädchen angekommen und beugt sich zu ihm nieder, um mit ihm zu reden.

»Was hat sie denn?«, fragt er die Frauen – die Mutter und eine Freundin, wie ich vermute – und erfährt, dass sie zwar noch gut sehen, aber ihre Beine nicht mehr gebrauchen könne.

Eine lange, lange Weile blickt er der Kleinen in die Augen. Dann beugt er sich vor und drückt seinen Kopf gegen ihre Wange. Danach sieht er sie wieder lange an, sagt noch etwas und zwickt sie gütig, ehe er sich wieder an seinen Terminplan hält.

Als er sich zum Gehen wendet, tupft sich die Mutter des Mädchens mit einem Papiertuch die Wangen ab und stammelt nur immer wieder: »Vielen Dank. Es tut mir so leid. Vielen Dank.« Und die Frau neben ihr sieht so aus, als würde ihr Gesicht gleich zerknittern. Aber das kleine Mädchen baumelt mit den Beinen, als würde der Tag gerade erst beginnen.

☸

Auf die Frage, wer er ist, antwortet der 14. Dalai Lama meist (angeblich mit genau den gleichen Worten wie seinerzeit der 13. Dalai Lama), dass er »ein einfacher buddhistischer Mönch« sei. Das wird allerdings der Tatsache nicht gerecht, dass er das geistliche Oberhaupt der Tibeter und für die Organisation von 50 Exilgemeinschaften in aller Welt zuständig ist, dass er fast jeden Tag mit den Großmächten China und USA verhandelt, während er in Indien, einer dritten Großmacht, lebt und wie jedes Staatsoberhaupt stündlich Erklärungen abgibt und Entscheidungen trifft. Es zieht auch nicht die konkreten Verpflichtungen in Betracht, denen er als Oberhaupt einer der großen buddhistischen Schulen nachkommen muss, als Gelehrter, Leiter und Lehrer, der Bücher schreibt, Vorlesungen hält und eine höchst komplexe Hierarchie in Gang halten muss, die mittlerweile über die ganze Erde verteilt ist. Und es lässt auch außer Acht, dass er darüber hinaus ein normaler Mensch ist, der sich ständig um sein Volk sorgt, der sich ärgert (wie er in Interviews gesteht), wenn er seine Zeit nicht gut nutzt, und dem, wie er mir sagte, die Tränen kommen, wenn er die Geschichten hört, die ihm seine Landsleute erzählen.

Trotzdem ist seine Antwort weitgehend zutreffend, wie fast alles, was er sagt. Er lebt wirklich sehr einfach, und wenn er auf Reisen ist, zieren nur ein paar Bilder von seinen Lehrern und seiner Familie sowie ein Kofferradio sein Zimmer. Er ist wirklich zeitlebens und im Hauptberuf Schüler des Buddha, der ihn gelehrt hat, dass alles illusorisch und vergänglich ist, einschließlich desjenigen, der verkündet, dass alles illusorisch und vergänglich ist. Und er trachtet wirklich, wie jeder Mönch, nach einer Einfachheit, die nicht der Komplexität vorausgeht, sondern jenseits davon angesiedelt ist und die Erfahrungen nicht umgeht, sondern einbezieht. Selbst der Name, den er trägt – Tenzin Gyatso – ist nicht sein eigener.

Dieser Dalai Lama ist im Laufe weniger Jahre und recht unerwartet zu einer der bekanntesten Figuren der Welt geworden. Und doch denke ich manchmal, dass ebendiese Bekanntheit den Ideen und Menschen, für die er eintritt, abträglich ist. Seine Herzlichkeit und sein Charisma sind so groß, dass seine Zuhörer nicht immer tiefer blicken auf das, was wirklich bleibend ist und wenig mit diesem Mann zu tun hat. So gesehen, ist er eine der unbekanntesten Figuren der Erde.

Der Buddha selbst betonte immer, wenn seine Anhänger eine Religion oder ein Dogma aus seiner Lehre machen wollten – oder gar Personenkult um jemanden wie ihn betrieben, der doch die Nichtigkeit der Person propagierte –, dass er ein einfacher Mensch sei und nur täte, was wir alle tun könnten, sofern wir uns entschlössen, still zu sitzen und die Täuschungen des Geistes zu durchschauen. An ihm sei überhaupt nichts Besonderes, sagte er stets; er sei nur Wegweiser, ähnlich dem, was Zenmönche »den Finger, der zum Mond zeigt« nennen. Der berühmteste Buddhist von heute würde dies, wie ich glaube, in seinem Fall für noch zutreffender halten: Er ist nur ein Finger, der auf einen Finger zeigt, der zum Mond zeigt.

☸

Als im Park von Nara die Dämmerung anbricht und der Tag einen Hauch von winterlicher Frische bekommt, begibt sich der Dalai Lama zum letzten Programmpunkt seines Aufenthalts, einem modernen Theater unweit des Todaiji-Tempels; für die meisten Menschen vor Ort wird diese öffentliche Ansprache das sein, was am Ende von ihm in Erinnerung bleibt. Heutzutage hält er an fast allen Orten, die er besucht, Vorträge, meist über allgemeine, grundsätzliche Fragen der Art, wie zum Beispiel unsere Leben miteinander verflochten sind und was das im Hinblick auf unsere Möglichkeiten und unsere Transformation bedeutet. Er hat sie inzwischen so oft gehalten, dass er sogar redet, wenn er unpässlich ist, und in immer besserem Englisch – wie ein Politiker vielleicht eine Wahlrede hält (nur dass sein Auftritt keiner Selbstdarstellung dient, sondern eher dem Gegenteil).

»Wir reden nicht von Gott«, erklärt er den 2000 Menschen, die zusammengeströmt sind (einschließlich einiger Anhänger der Rael-Bewegung, die uns mit einem Spruchband weismachen wollen, dass unsere Hoffnung im Weltraum liegt). »Wir reden auch nicht von Nirwana. Wir reden nur davon, wie wir mitfühlendere Menschen werden können.« Worte wie »Tibeter«, »Buddhist« oder »Mönch« können nur trennend wirken; ihm geht es offensichtlich um das, was jemand tun kann, der mit Begriffen oder Theorien nichts anfangen kann.

»Ich bin achtundsechzig Jahre alt«, fährt er fort, »und trotzdem bemühe ich mich unablässig, Tag für Tag.« (Die anwesenden Buddhisten erkennen ohne Zweifel, wie nahe er damit den letzten Worten Buddhas kommt: »Vergänglich ist alles Wesen. Bemüht euch unablässig!«) Ich muss daran denken, dass die Tibeter generell einen Unterschied machen zwischen Leiden und einem Gefühl des Elends. Leiden kennzeichnet den Zustand der Welt, sagen sie, während das Gefühl des Elends nur die Haltung ausdrückt, die wir demgegenüber freiwillig oder unfreiwillig einnehmen.

Gegen Ende des Tages ist der Dalai Lama längst nicht mehr so energiegeladen. Er spricht oft vom Schlaf als einer der wichtigsten Aktivitäten des Tages, zitiert sogar aus alten Texten, um aufzuzeigen, wie günstig sich neben vielem anderen auch der Schlaf auf die Klarheit des Geistes auswirken kann. Ich glaube, der Schlaf hat eine gewisse Anziehungskraft für ihn, weil er etwas ist, das allen Menschen gemeinsam ist und weil die Art unseres Schlafes wesentlich daran beteiligt ist, wie klar wir die Welt sehen. Doch als eine elegante Dame die Bühne betritt, sich seitlich an ein Rednerpult stellt und darum bittet, Fragen aus dem Publikum verlesen zu dürfen, ist er wie neu belebt. »Das ist die Gelegenheit für mich, von Ihnen zu lernen«, sagt er in aller Aufrichtigkeit (bei dieser öffentlichen Ansprache dient ihm eine Japanerin aus Dharamsala als Übersetzerin). »Bitte fragen Sie ohne Umschweife. Fragen

Sie alles, was Sie auf dem Herzen haben. Rückhaltlos und ungezwungen. Wir sind alle nur Menschen.«

Zu meiner Überraschung zeigen die Japaner, die im Allgemeinen doch eher zurückhaltend und reserviert sind, keinerlei Scheu. Sie stellen unumwunden und ohne zu zögern Fragen. Die vorlesende Dolmetscherin nennt Alter und Geschlecht der Fragenden, und danach sind es überwiegend Frauen, die Fragen haben. Mit einer jeden scheint der Dalai Lama in einer anderen Tonart und mit anderer Stimme zu sprechen. (Laut Paul Ekman, einem großen amerikanischen Ausdruckspsychologen und Anthropologen, benutzt der Dalai Lama seine Gesichtsmuskeln viel stärker und präziser als jeder andere Mensch, den er im Laufe von vierzig Jahren beobachtet hat. Jedes einzelne Gefühl – Fröhlichkeit, Genauigkeit, Besorgnis, Nachdenklichkeit – zeichnet sich einen Augenblick ab, und dann ist der Ausdruck verflogen.)

Jemand stellt eine Frage über Tibet, und der Mann auf der Bühne, der mit gekreuzten Beinen auf einem Sessel unter einem großen goldenen Baldachin sitzt, wird ernst, ja fast pathetisch. Eine Frau fragt ihn, wie sie besser mit ihrem Chef zurechtkommen könnte, und er bricht in herzliches Lachen aus. »Vielleicht können Sie sich mit anderen in Ihrer Firma zusammentun und einen Kreis bilden. Und wenn das nicht hilft, streiken Sie eben!«

Als eine Frage zum Buddhismus in Japan gestellt wird, verwandelt er sich in einen Diplomaten. Jemand fragt nach einer täglichen Übung für Buddhisten, und er wird zum praktischen Lehrer, der alle Möglichkeiten an den Fingern abzählt, sie in klare, logische Schritte unterteilt und die kräftigen, schönen Hände auf und ab bewegt, um die Wirksamkeit bestimmter Methoden zu veranschaulichen. Seine Stimme durchläuft dabei das bekannte Spektrum vom tiefsten Basso profundo, ideal für tibetische Gesänge im Dämmerdunkel, bis hin zu hellem Kindergeschrei, mit dem er Unglauben oder Entzücken äußert. Er spricht meist mit dem ganzen Körper, kniet sich in etwas hinein, ist ganz bei der Sache, wiegt sich auf seinem erhöhten Sitz hin und her und fasst mit wachsamem Blick die wichtigsten Details ins Auge.

Zum Fragenstellen sind nach dem 45-minütigen Vortrag nur 15 Minuten vorgesehen, aber der Dalai Lama macht immer weiter, als sei dies seine Chance, etwas Wichtiges zu übermitteln. Jedes Mal, wenn die Zeremonienmeisterin zu ihm hinüberblickt, ob er vielleicht aufhören will, sagt er auf Englisch: »Die nächste Frage! Die nächste!« (Sie reagiert darauf mit einem formellen, fast militärischen »*Hai! Arigato gozaimashita!*«, was so viel wie: »Jawohl, Sir. Vielen Dank!« bedeutet, und einmal ahmt er ihr barsches »*Hai!*« spitzbübisch nach.) Nahezu eine Stunde macht er so weiter; in den kurzen Pausen, während seine Antworten ins Japanische übersetzt werden, schaut er nach oben und betrachtet den Baldachin über seinem Kopf, winkt fröhlich einem Freund zu, den er unter den Zuschauern entdeckt hat, oder sitzt vor aller Welt mit geschlossenen Augen wie in Meditation versunken da, als befände er sich beim Morgengrauen allein in seinem Zimmer. Ab und zu holt er ein Tuch aus seiner Schultertasche und putzt seine Brille – was, wie mir plötzlich aufgeht, eine Metapher für das sein könnte, wozu er uns alle auffordert.

Einmal, offenbar aus purer Neugier, bittet er alle, die jünger als 25 sind, die Hand zu heben, und dann alle, die jünger als 30 sind (diejenigen also, die nach seiner Auffassung die Zukunft bestimmen werden). Er fragt sogar, wer von den Zuschauern keiner Religion angehöre (eine Menge Hände fahren hoch) und wer keinen Alkohol trinkt. Zu Beginn der Veranstaltung hat er, wie immer, seine Uhr mit dem schweren Stahlarmband und die *Mala* abgenommen, die er ums Handgelenk gewickelt trägt. Du musst immer genau wissen, wie viel Zeit du hast, sagt er sich vielleicht, und diese Zeit gut nutzen.

☸

Nachdem der Dalai Lama zur nächsten Station seiner Weltreise aufgebrochen ist – er ist noch im Dunkeln aufgestanden, um seine vierstündige Meditation einzuhalten –, sagen die Leute um mich herum, wie so oft nach einem solchen Besuch, sie hätten das Gefühl, als sei es in der Stadt heller geworden. Für kurze Zeit scheinen Freunde und Nachbarn ein wenig hoffnungsvoller zu sein, als hätte ihnen ein freundlicher Onkel Mut gemacht. Ich jedoch, durch und durch Journalist, will unbedingt sehen, wie viel von dem, was er gesagt und getan hat, haften bleibt und welche Wirkung es, wenn überhaupt, auf jemanden hat, der ihn noch nie zuvor gesehen hat. Nach meinem Gesamteindruck war sein Besuch von Effizienz und Geschwindigkeit geprägt, so wie ein Notarzt im Krankenhaus keine Sekunde verschwendet (vielleicht umso mehr, als es bei seiner Ansprache auch um Menschen weit weg geht, die seiner dringend bedürfen).

Als Hiroko und ich in das verstaubte alte Zimmer im *Nara Hotel* kommen, das ihm zur Verfügung gestellt wurde, um Besucher zu empfangen, steht er gerade am Fenster und betrachtet die Rehe. Der 14. Dalai Lama, der in Peking als »Wolf in Mönchskutte« gilt, ist für seine Tierliebe berühmt.

»Sie haben Glück, an einem Ort weilen zu können, an dem Rehe die Oberherrschaft haben«, sage ich, »sie herrschen auf ihre Art schon seit 1300 Jahren über Nara.«

»Vielleicht werden Sie im nächsten Leben selbst ein Reh«, sagt er lachend. »Ein Reh, das schreibt!«

»Was meinen Sie?«, fährt er, an seinen Privatsekretär gewandt, fort. »Mit dem Huf! Ein Reh, das mit dem Huf schreibt!« »Nein«, sagt Hiroko, die eine rasche Vorstellungsgabe hat, »mit dem Kopf.« Sie mimt ein Reh, das mit seinem Geweih etwas auf den Boden schreibt, und der Dalai Lama, der sich inzwischen hingesetzt hat, klatscht begeistert in die Hände und lacht.

»Manche Leute behaupten nämlich«, erklärt er uns, »ich würde im nächsten Leben als Tier wiedergeboren, weil ich Tiere so liebe.« Zu Hause habe er eine Schäferhündin, erzählt er, und die sei so mitfühlend, dass sie sogar ein Kaninchen aus dem Garten adoptiert habe. (»Das Kaninchen versucht, an den Zitzen der Hündin zu saugen. Das ist natürlich ein bisschen merkwürdig für sie!«) Hingegen sei der Hund seines anderen Privatsekretärs, der zurzeit den Buchladen in Dharamsala bewache, »berüchtigt für seine Bösartigkeit!«

Dass dies kein harmloses Geplauder ist, wird mir erst später bewusst. Bei öffentlichen Vorträgen gebraucht er immer wieder den Begriff »soziale Tiere«, und sei es nur, um uns daran zu erinnern, dass wir in unseren Ernährungsgewohnheiten ebenso triebgesteuert wie raubtierhaft sind. Und erst viel später merke ich, dass er, als er von den Nara-Rehen sagt, sie seien von der Natur zu Vegetariern bestimmt, weil sie keine scharfen Krallen hätten, auch damit etwas über die Menschen sagt, denen ebenfalls die scharfen Krallen fehlen.

In der Hauptsache will er jedoch, wie immer, unbedingt darüber reden, was er auf seiner gegenwärtigen Reise gelernt hat, besonders bei seinem Treffen mit Physikern in Tokio. Im alten Tibet, sagt er, wären Sonne und Mond in den Mandalas immer gleich groß abgebildet worden, als hätten sie den gleichen Abstand von der Erde. Das sei falsch, erklärt er mit einem Nachdruck, den er immer öfter an den Tag legt; nichts könne so bleiben, wenn es einmal von der Wissenschaft widerlegt sei. »Die Vier Edlen Wahrheiten und *Shunyata*« – die Doktrin von der Leerheit oder der wechselseitigen Bedingtheit –, »das ist es, was wir Buddhisten brauchen.« Alles andere, so die stillschweigende Folgerung, ist wie Laub im Herbst.

Ich erinnere mich, wie er auflebte, als ihn der junge japanische Philosoph am Konferenztisch herausforderte; der Buddhismus, sagt er jetzt, kann von solchen Diskussionen nur profitieren, ebenso wie zuvor der Hinduismus. Ganze Königreiche standen auf dem Spiel, als der Buddhismus seine Position gegenüber dem Hinduismus behauptete, fährt er sichtlich begeistert fort, und die Leute hätten den Ideenstreit ebenso gespannt verfolgt wie später die Auseinandersetzung mit Waffen.

Auch jetzt stehen ganze Königreiche auf dem Spiel, denke ich mit Blick auf all die Tibeter, die den Dalai Lama drängen, entschiedener gegen die chinesische Unterdrückung vorzugehen, keine Kompromisse zu akzeptieren, für die vollständige Unabhängigkeit einzutreten und Taten zu verlangen, statt dem religiösen Grundsatz der Duldsamkeit entsprechend auch noch die andere Wange hinzuhalten.

Das ist tatsächlich das qualvollste, immer schwerer wiegende Problem, mit dem er herumreist. Denn während er diese kleine Ecke Japans mit seinem Charme eingenommen und den Menschen Vertrauen eingeflößt hat, kommt das Land, das zu regieren er geboren wurde, seiner Auslöschung immer näher. Im Laufe seines Lebens – und nicht zuletzt dank seiner Bemühungen – sind die Tibeter und der tibetische Buddhismus ein lebendiger und Freiheit versprechender Bestandteil der Weltgemeinschaft geworden; und doch hat sein Volk vor seinen Augen den Kontakt mit seinen Führern, seinen Angehörigen und seiner Kultur weitgehend verloren, ist eines der größten Zentren des Buddhismus, fünfmal so groß wie Großbritannien, nahezu von der Landkarte verschwunden. Das Oberhaupt der Tibeter sieht sich vor die Aufgabe gestellt, die gesamte tibetische Kultur auf seinen Schultern weiterzutragen; und sosehr er sich bemüht, sechs Millionen Menschen zu unterstützen, die er ein halbes Jahrhundert lang nicht gesehen hat, muss er doch ein neues Tibet mit denen schaffen, die Tibet kaum jemals oder noch nie gesehen haben.

Eines Abends in Dharamsala sehe ich, wie sich Wolken über dem Kangra-Tal zusammenbrauen. Die kleine Stadt im Norden Indiens, wo der Dalai Lama und die tibetische Exilregierung seit nunmehr über 40 Jahren eine zweite Heimat gefunden haben, ist ein schäbiges Provisorium, aber wenn man sie aus dem richtigen Blickwinkel betrachtet wie ich aus dem kleinen Hotel, in dem ich dort wohne, strahlt sie etwas Märchenhaftes aus. Von meinem Sitzplatz im Garten kann ich die Geräusche und Gesänge aus dem Tempel auf der gegenüberliegenden Straßenseite neben der Residenz des Dalai Lama hören; wenn ich auf der sonnigen Terrasse vor meinem Zimmer sitze, sehe ich nur junge Mönche die weißgekalkten Terrassen eines Klosters entlanghasten, wo unter den Schneegipfeln die roten Gewänder zum Trocknen ausgebreitet sind.

Dieser Winkel des Bergortes ist ein perfektes Symbol dafür, wie Tibet außerhalb der Grenzen Tibets in verkleinerter, vorbedachter Form wiedererbaut wird. An diesem Tag jedoch, während ich beobachte, wie im Tal das Gewitter aufzieht, beginnt es heftig zu regnen, Windböen rütteln an den drei

Stockwerken des stabilen Gebäudes, und die Bäume draußen schütteln sich und ächzen. Dann ertönt irgendwo weiter unten ein Krachen, und der Strom in der Ortschaft fällt aus.

Bei einem Blick nach draußen kann ich nichts erkennen, so stockdunkel ist es. Von unten dringt Geschrei zu mir herauf, und ich höre, wie die Leute, die an der Straße wohnen, sich schutzsuchend zusammendrängen. Eigentlich ist es Wahnsinn, sich jetzt den Elementen auszusetzen, aber wenn Hiroko und ich den Termin am Abend nicht wahrnehmen, weiß ich nicht, ob und wann sich die Gelegenheit noch einmal bieten wird.

Wir kämpfen uns gemeinsam durch den Regen, können kaum den Schirm halten, während wir einen Lehmhang zur Straße hinunterschlittern und jeder Versuch, uns einen aufrechten Gang zu bewahren, sofort scheitert; erst nach langen Minuten hält ein leerer Minibus. Während wir die steile Bergstraße hinabkurven, sehen wir hier und da Gestalten unter Bäumen Schutz suchen und Bettler, die sich unter Vordächern zusammendrängen.

Als wir endlich an unserem Ziel ankommen, begrüßt uns unser Gastgeber in der für ihn charakteristischen weltmännischen, ruhigen Art. »Kommen Sie herein. Ist alles in Ordnung?«, und dann finden wir Obdach in Ngari Rinpoches Heim. Ngari Rinpoche, der jüngste Bruder des Dalai Lama – er ist über zehn Jahre jünger –, wurde bereits in seiner Kindheit als *Rinpoche* oder hoher inkarnierter Lama erkannt und war nach seiner Mönchsausbildung für große Mönchsgemeinschaften in den indischen Distrikten Sanskar und Ladakh zuständig. Er legte jedoch schon bald die Mönchsgewänder ab und erfand sich selbst neu als eine Art loyale Opposition gegen das institutionelle Tibet. Natürlich sei er zum Rinpoche gemacht worden, so etwa erklärte er es;

schließlich sei er ja der jüngere Bruder des Dalai Lama. (Auch der älteste Bruder galt schon vor der Geburt des Dalai Lama als hoher Lama, aber trotzdem bleibt eins unübersehbar: Das tibetische System der Inkarnationen war immer offen für Manipulationen.)

In den anschließenden Jahren war der jüngste Bruder des Dalai Lama Fallschirmspringer in der indischen Armee; er rauchte und verschlang Steaks, und bis zum heutigen Tag schockiert er die Leute, denen er begegnet, liebend gern mit einer Haltung respektlosen Glaubens an die Chancengleichheit. Sagt man etwas Positives über Tibet, reagiert er darauf meistens mit der Bemerkung: »Sie sind bloß ein leicht zu beeindruckender Westler, ein Groupie.« Je mehr Jahre ins Land gehen, umso häufiger fragt er mich bei einem Wiedersehen, ob ich Mönch werden will, weil meine Haare schütter werden.

Jetzt führt er uns in sein selten genutztes, elegantes Wohnzimmer mit Aussicht über das gesamte weite Tal. Blitze zucken über die Landschaft, und das Lampenlicht beginnt wieder zu flackern, bevor es ganz ausgeht. Auf einem Tisch sehe ich die neue englische Ausgabe eines dreibändigen tibetischen Textes aus dem 15. Jahrhundert liegen, mit dem Ngari Rinpoche sich am Abend zu beschäftigen pflegt (sein Schriftenglisch ist sicher besser als sein Tibetisch, da er Tibet bereits mit knapp dreizehn Jahren verlassen hat.)

Ich habe Ngari Rinpoche – er zieht inzwischen seinen weltlichen Namen Tendzin Chögyal vor – seit sieben Jahren nicht mehr gesehen, und er hat sich stark verändert. Er, der seit über 40 Jahren in der Nähe des Dalai Lama in Dharamsala lebt und als sein Dolmetscher, Abschirmer und sogar Privatsekretär fungiert, kam mir immer wie dessen unzensierte, private Seite vor, sein Alter Ego. (Der älteste Bruder zog 1968 nach Bloomington, Indiana, um dort zu lehren; der zweitälteste Bruder lebt als Geschäftsmann in Hongkong und reist häufig als eine Art inoffizieller Abgesandter nach Peking; die Schwester leitet das Tibetische Kinderdorf in Dharamsala, und der drittälteste Bruder, der in New Jersey ein Leben als einfacher Hausmeister namens »Sam« führte, bis seine Tarnung von der *New York Times* aufgedeckt wurde, starb in seinen Fünfzigern.)

Heute fällt mir auf, dass Ngari Rinpoche seinem gefeierten Bruder immer ähnlicher wird. Seine Stimme, voll und tief, könnte die des Dalai Lama sein, besonders an einem Abend wie diesem, wo es im Zimmer sehr dunkel ist. Auch er lacht spontan los und könnte sich manchmal ausschütten vor Lachen – alle Gespräche verstummen dann –, genau wie sein Bruder. Und was er sagt, ist natürlich oft Wort für Wort das, was auch sein Bruder sagen würde, zum Teil, weil sie Geschwister sind, aber wohl vor allem deshalb, weil sie sich beide ein Leben lang der gleichen Philosophie verschrieben haben und Ngari Rinpoche sein Leben lang vom Dalai Lama gelernt und Gespräche mit ihm geführt hat. Als Hiroko erzählt, dass sie in ihrer Einbildung ihren Bruder, mit dem sie sich auseinandergelebt hat, in einem Tempel in Tibet gesehen hat, beugt sich unser Gastgeber vor im schwachen Licht der Kerze, das seine Wangenknochen hervortreten lässt, mit dem wachen Blick eines Arztes, der nach Symptomen schaut, sodass wir uns gleich fühlen wie bei einem – inoffiziellen – Besuch im Hause des Dalai Lama oben auf dem Berg.

»Das sollten Sie Seiner Heiligkeit erzählen, sobald Sie ihn sehen«, sagt er zu Hiroko, und ich muss mich zurückhalten, um nicht der romantischen Vorstellung zu verfallen, nach der man diesem Mönch ohne Robe so viel zutraut – Tibet verführt zu solchen Ideen –, sehe aber auch, dass es Hiroko tatsächlich ein wenig besser zu gehen scheint.

Wir gehen hinüber zum Esstisch und nehmen dort Platz; wieder leuchten Blitze im Tal auf, und im zunehmenden Dunkel bleibt jede Silbe, die gesprochen wird, vertraulich – mir fällt ein, dass der unorthodoxe Lama bei unserer letzten Begegnung vom »Shangri-La-Syndrom« gesprochen hat, wie er es nannte, wonach Ausländer nur allzu bereitwillig jedem Tibeter, der ihren Weg kreuzt, Weisheit attestieren, was Tibeter wiederum nur allzu gern ausnutzen. Ngari Rinpoche, der fließend Tibetisch, Chinesisch und Englisch spricht, da er sowohl in Lhasa als auch ein Jahr in Peking und später in Nordindien aufgewachsen ist, spricht für den Teil Tibets, der modern und weltläufig ist.

Nach dem Essen – es ist fast dunkel – ziehen wir uns zum Tee ins Wohnzimmer zurück, und plötzlich wendet sich unser Gastgeber mit der für ihn typischen Direktheit an mich.

»Glauben Sie, dass ich etwas für Tibet getan habe?«

»Natürlich«, erwidere ich und gerate in meiner Verblüffung ein wenig ins Stottern. »Sie waren immer ein Mittler zwischen den Tibetern und der westlichen Welt.«

»Für Sie bin ich also nur eine Art Westler.«

»Nein.« Da ich weniger gut im rituellen Debattieren geübt bin als er, suche ich nach Worten. »Aber Sie können Seiner Heiligkeit Informationen übermitteln, die ihm sonst nicht zu Gehör kommen würden.«

»Er hat andere Leute, die das für ihn tun können. Mein Wort darauf.«

Ich rutsche etwas beklommen auf meinem Sitz hin und her und hoffe, dass er das Thema wechselt.

»Sie sind einfach nur höflich«, fährt er fort (ich werde wieder an seinen Bruder erinnert, der auch nichts für bloße Förmlichkeiten übrig hat). »Aber ich habe eine ernste Frage.

Glauben Sie, dass ich irgendetwas getan habe, um das Leben der Tibeter zu verbessern?«

»Das haben Sie, weil Sie die Welt außerhalb Tibets kennen.«

Er lacht abschätzig, so als hätte ich beim Tennis einen leichten Ball meterweit ins Aus geschlagen. Wir plaudern noch ein Weilchen, und dann machen Hiroko und ich uns auf den Heimweg den Berg hinauf, zurück zu unserem kleinen Zimmer im Hotel. Dort angekommen, erinnere ich mich, dass ich fast genau die gleiche Frage vor 14 Jahren vom Dalai Lama gehört habe, am Tag, nach dem ihm der Friedensnobelpreis zuerkannt worden war. »Ich frage mich wirklich, ob ich mich genügend einsetze«, hatte er in dem Augenblick gesagt, in dem die ganze Welt ihn feierte. »Wir können es nur immer wieder versuchen«, hatte er mir anvertraut, »auch wenn es manchmal vergeblich zu sein scheint.«

Als der Abend zu Ende geht, nehme ich meinen Stift zur Hand. Ich weiß nicht, ob in all den vielen Büchern und Filmen, die den Dalai Lama und sein Volk der Welt nähergebracht haben, auch nur einmal diese zentrale, entscheidende Frage angesprochen wurde.

Meine vier Kameraleute und ich waren sprachlos angesichts der Leere der Landschaft, des unsichtbaren Windes, der über das kahle Land fegte, des hohen, endlosen Himmels und der absoluten Stille. Mein Herz und meine Seele schienen rein und leer. Ich verlor alles Gefühl dafür, wo ich war, und hatte kein Bedürfnis mehr zu sprechen.

Aus dem Buch *Himmelsbegräbnis*
der Pekinger Journalistin Xinran Xue

Der Märchenhafte

Als ich ein kleiner Junge war, kaum alt genug, um zu verstehen, was »Nachrichten« sind (kleine Kinder leben in einer anderen Welt), erzählte mein Vater mir jeden Abend vor dem Einschlafen eine Geschichte. Seine Geschichten handelten oft von Engeln, Dämonen und vielköpfigen Göttern aus den alten Mythen Indiens, wo er aufgewachsen war, oder sie waren mit Zitaten von Shakespeare und Dickens aus England gespickt, wo wir damals lebten. Fünf Minuten weiter an der Straße, im *Eagle and Child*-Pub, trafen sich regelmäßig C. S. Lewis und J. R. R. Tolkien, entstanden die Geschichten von verzauberten Schränken und verborgenen Höhlen, in denen sich das Gute und das Böse miteinander mischen. Von den Geschichten, die mein Vater erzählte, faszinierte mich jedoch vor allem die eines kleinen Jungen, der in einem einfachen bäuerlichen Kuhstall weit abgelegen und auf großer Höhe geboren worden war und den vorbeiziehende Mönche sahen und zum König erklärten.

Der kleine Junge, nicht viel älter als ich, der ich mit aufgerissenen Augen in Oxford meinem Vater zuhörte, wurde in die weit entfernte Hauptstadt mitgenommen und nach einer langen Reise auf dem Pferderücken in einem Palast mit tausend Zimmern untergebracht. Zwei strenge Tutoren in roten Gewändern unterrichteten ihn in allen Philosophien und Wissenschaften seiner alten Kultur, und seine Familie durfte in einem hellen Sommerpalast mit Blumen, Tieren und Weihern wohnen. Nur ein älterer Bruder leistete ihm in dem kalten, dunklen Palast oberhalb der Stadt Gesellschaft.

Eines Tages, so die Geschichte weiter, sollte der Junge, obwohl noch ein Teenager, die volle weltliche und geistliche Führerschaft über ein Millionenvolk übernehmen. Wieder reiste er in einer Karawane zu Land und mit einem kleinen Boot aus Yakfell zu Wasser in eine ferne Stadt, deren Kaiser ihm zu verstehen gab, dass er in sein Land einzumarschieren gedenke – um es zu »befreien«, wie er sich ausdrückte –, falls es dem Jungen nicht gelänge, ihn umzustimmen. Der junge Mann weigerte sich, zu tun, was der Kaiser verlangte, und so eroberte der Kaiser sein Land. Eines Nachts, er hatte eben seine Abschlussprüfungen abgelegt, stahl sich der junge Mann, als Soldat verkleidet, aus seinem Palast und machte sich mit seiner Mutter, seinem jüngeren Bruder und ein paar getreuen Freunden auf den langen, gefahrvollen Weg über die höchsten Berge der Welt.

Von da an wurde die Geschichte immer spannender. Am Abend lief knisternd unser kleines Kofferradio – es waren die letzten Tage vor dem Beginn des Fernsehzeitalters –, und wenn mein Vater es wieder ausgeschaltet hatte, wandte er sich zu mir und informierte mich über alles, was tagsüber geschehen war. Der junge König war auf der Flucht durch die hohen, eiskalten Berge, und seine Verfolger waren ihm dicht auf den Fersen. Manchmal waren die Wachfeuer der Feinde nachts zu sehen, standen die Zelte der Soldaten nur ein paar hundert Meter entfernt. Die kleine Schar war in die Berge verschwunden. Über ihr kreiste ein mysteriöses Flugzeug – Freund oder Feind? In jener Nacht waren die Flüchtlinge der Freiheit hinter der Grenze schon etwas näher.

Die Geschichte unterschied sich nicht sehr von denen, die ich im Kindergarten hörte. Auch da war die Rede von Flüchtigen, von kostbaren Edelsteinen, die eiligst über die Grenze in Sicherheit gebracht wurden, ehe der Feind sie sich holte. Welcher Junge wäre da nicht tief beeindruckt gewesen!

Würden der junge Mann und sein kleiner Bruder es in die Sicherheit schaffen? Würde das Recht einen triumphalen Sieg erringen? Ich, der Zweijährige in Oxford, nahm regen Anteil an alledem und sprach in aller Einfältigkeit von »guten Tibetern« und »bösen Chinesen«. Schließlich – die Tibeter hatten sich genau an dem Tag, als mein Vater 29 Jahre alt wurde, gegen die Chinesen erhoben – kam die Nachricht, dass die Flüchtlinge vollkommen erschöpft und krank in der Freiheit angekommen seien. Zu meiner, des kleinen Jungen, Freude war das Land, in dem die Freiheit winkte, mein eigenes Heimatland Indien, das ich kaum kannte (der junge König kehrte also wie im Märchen in seine alte Heimat zurück). Zwar hatte das Recht nicht gesiegt, aber es war immerhin dem Unrecht einen Schritt voraus.

Das einzige Problem war, dass es sich nicht um ein Märchen handelte, außer für mich kleinen Jungen. Es war eine schmerzhaft reale Geschichte, die bald noch verwickelter werden sollte, als wenige Monate später weitere 80 000 Tibeter ihr Land verließen, während Hunderttausende daheim kämpften und viele ihr Leben verloren. Die CIA schritt ein und schaffte es, einige der Friedenskämpfer heimlich in ein isoliertes Gebiet abzuziehen, wo sie Guerilla-Kampftechniken lernen konnten (ausgerechnet von denen, die gerade selbst dabei waren, einen Guerillakrieg zu verlieren). Auf der anderen Seite wurden junge Chinesen batallionsweise in die Eiseskälte des tibetischen Hochlands geschickt, wo sie Not und Tod erlitten. Tibets Problem – und auch das vieler seiner Bewohner – ist im Lauf der Geschichte immer der Nimbus des Märchenhaften gewesen. Tibet erscheint uns – so will es unser Gefühl – eher als ein Shangri-La denn als Land, das einen Sitz bei den Vereinten Nationen beanspruchen könnte. Wir kennen viele exotische Fälle und viele Staatsoberhäupter, die im Exil weilen, und wir brauchen keine neuen mehr. Unsere Märchen verlangen nach einem fassbaren, bereitwillig lächelnden Weisen mit spitzbübischem Sinn für Humor.

Tatsächlich ist der 14. Dalai Lama – und das ist vielleicht das Märchenhafteste überhaupt – genau in dem Augenblick, nämlich 1935, auf die Welt gekommen, als sich der Gedanke an ein Shangri-La durch James Hiltons Roman *Der verlorene Horizont* und Frank Capras Verfilmung des Buches in der westlichen Vorstellung einzunisten begann. Buch und Film vermittelten uns nicht nur, dass es ein Land gab, in dem Lamas jahrhundertelang lebten und Menschen in eine Zauberwelt voller Gärten und platonischer Weisheit eintreten konnten, sondern, dass in uns selbst ein solcher Ort zu finden war, ob er nun real auf der Erde existierte oder nicht. Als Terrain dafür bot sich natürlich ein Land an, das wir nie zu Gesicht bekommen würden (bis 1950 waren erst knapp zweitausend westliche Besucher nach Tibet gekommen, tausend davon allein bei einer britischen Militäraktion im Jahre 1904).

Mein Vater, der mit Geschichten über Tibet von Autoren wie H. P. Blavatsky, Nicholas Roerich und anderen umherziehenden Mystikern aufgewachsen war, kehrte einige Monate nach unseren gemeinsamen abendlichen Nachrichtensendungen nach Indien zurück, um sich mit dem Dalai Lama zu treffen, denn er erkannte wie kaum sonst jemand damals, dass ein großes Kleinod ins Licht der Welt hinausgetreten war. (Der 13. Dalai Lama hatte zweimal aus Lhasa fliehen müssen, weil fremde Truppen in sein Land eindrangen, aber er war nie so präsent in der Welt gewesen wie sein Nachfolger, der 1959 in beunruhigender Vorwegnahme dessen, was noch kommen sollte, auf dem Titel des *Time*-Magazins prangte, daneben die Schlagzeile: »Die Flucht, die die Roten erschütterte«.) Als mein Vater mit der ganzen Empörung eines jungen Mannes dem Dalai Lama gegenüber sein Bedauern zum Ausdruck brachte, dass die indische Presse sich ausschließlich auf die materiellen Schätze konzentrierte, die angeblich mit den Tibetern ins Exil gelangt seien, riet ihm der junge Dalai Lama, wie er es auch heute tun würde, geduldig zu sein, und sagte, es würde sich schon zur rechten Zeit Verständnis einstellen.

Sein einziges Kind, hatte mein Vater hinzugefügt, sein inzwischen dreijähriger Sohn in England, hätte die Geschichte von der Flucht der Tibeter mit ungewöhnlicher Spannung verfolgt. Daraufhin schickte mir der Dalai Lama ein Bild von sich als kleinem Jungen auf dem Löwenthron von Lhasa ins ferne Oxford, das ich in den folgenden Jahren, wo immer ich war, auf meinem Schreibtisch stehen hatte wie einen Talisman aus einem Märchen. Es hat mich auch begleitet, als ich nach Kalifornien zog, und wenn mich einmal etwas verstörte oder ich mich überlastet fühlte, schaute ich mir dieses Foto eines Vierjährigen an, der fern von seinem Heimatdorf und seiner Familie auf den Thron des Landes gesetzt worden war, und konnte die Dinge gleich wieder in der richtigen Perspektive sehen. Dann fegte einmal ein Waldbrand von den nahe gelegenen Bergen herab, und alles, was ich besaß, war weg, auch das Foto.

☸

In einem Frühling, den ich in Dharamsala verbrachte, gewöhnte ich mir an, in aller Frühe, kurz bevor die Sonne über die Berge stieg, aufzustehen und zum zentralen Platz im oberen Ort zu gehen, wo jeden Morgen Gongs erklangen. Das war stets ein zauberhafter Spaziergang. Meist war noch keine Menschenseele auf dem Hang vor meinem Hotel zu sehen, stauten sich noch keine Autos auf der Kreuzung. Von den Häusern in der Nähe drang der Geruch frisch entfachter Herdfeuer herüber, und gelegentlich ging ein einsamer Mönch eine der steilen Straßen hinauf, oder eine Frau holte einen Eimer Wasser vom Dach ihres Hauses. Unablässig bellten Hunde – ganze Rudel pflegten die Abwasserrinnen und staubigen Bergpfade von Dharamsala unsicher zu machen –, und in den Häusern auf der anderen Seite des Tals waren die Lichter noch nicht erloschen.

Am Haupttempel wimmelte es selbst zu dieser frühen Stunde schon von Tibetern; sie waren unaufhörlich in Bewegung, beteten mit ihren *Malas*, versetzten große bronzene Gebetsmühlen in Drehung, rezitierten Sutren oder erbaten ein langes Leben für ihre Lamas. Viele von ihnen waren sehr, sehr alt – Frauen mit gesunder Haut und dünnen Zöpfchen, die traditionellen *Chuba*-Schürzen umgebunden, und alte Männer mit Cowboyhüten, Männer mit krummen Beinen und Gesichtern, die erkennen ließen, dass sie nicht recht bei Verstand waren. Auch einheimische Jugendliche waren da, die Tibet zwar noch nie gesehen hatten, aber trotz Sonnenbrille, Lippenstift und amerikanisch bedruckter T-Shirts zu ihren tibetischen Traditionen standen, ein ganzer Trupp von ihnen. Derweil fegten ein paar Mönche alles sauber, und in einem kleinen Raum neben dem Tempel wurden die Dochte von Butterlampen entzündet und bildeten ein Meer aus winzigen Lichtern.

Jeden Tag, wenn die Sonne über die ferne Gebirgskette stieg und die Schneegipfel erst rosig und dann golden färbte, füllten sich die beiden Gebetshallen des Tempels mit Mönchen, die sich aufreihten und ihre Texte rezitierten. Einer von ihnen erregte meine Aufmerksamkeit. Er trug einen buschigen Schnurrbart, der für Tibet ungewöhnlich ist und ihm etwas von dem speziellen Charisma des 13. Dalai Lama verlieh. Er war der Leiter der zweiten Gebetshalle und sprach über einen Zeitraum von zwei Wochen hinweg besondere Gebete für den Weltfrieden (die USA hatten gerade vor zwei Wochen den Irak angegriffen).

Als an einem Tag einmal ein Hund hereinkam und sich auf einem der Meditationskissen niederließ, fing er breit an zu lächeln. Der Hund warf den Kopf zurück und bellte, als die Mönche mit dem Rezitieren begannen, woraufhin ihn zwei Mönche hinaustrugen, aber er drängte sich gleich wieder herein, setzte sich erneut auf sein Kissen und begleitete die Rezitationen mit seinem Gebell. In Tibet heißt es, dass Hunde in Tempelnähe herumstreunen, nicht nur um Futter zu ergattern und (hoffentlich!) freundlich aufgenommen zu werden, sondern auch weil sie in vergangenen Leben schwach gewordene Mönche waren und jetzt den Weg zurück in ihr rechtmäßiges Heim suchen.

Tibeter drängelten sich vorbei, sie machten unaufhörlich ihre Runden um den Tempel. Unten, durch Bäume verdeckt, waren Dutzende anderer dabei, den ganzen Hügel zu umrunden, auf dem der Tempel, ein angrenzendes Kloster und, beiden gegenüber, die Residenz des Dalai Lama stehen. Während ihrer Rezitationen, in denen sie ihre vereinten Hoffnungen zum Ausdruck brachten, hielt ich den Blick weiter auf die betenden Mönche gerichtet, vor allem auf die eine charismatische Figur.

Als ich an diesem Tag, nach Ablauf der etwa zwei Gebetswochen, im Morgengrauen zum Tempel kam, sah ich zufällig den Mönch wieder, der mich so eingenommen hatte; seine wochenlange Rezitation war beendet, und nun stand er mit Besuchern vor der Halle. Er zeigte sich äußerst gesprächsbereit; seine Augen leuchteten auf, als er mich sah, er gab mir seine Visitenkarte mit seiner Adresse in einer wohlhabenden Gegend Kaliforniens und lud mich ausdrücklich ein, ihn dort zu besuchen und sein Schüler zu werden. Bei einem Blick auf meine bezaubernde japanische Gefährtin leuchteten seine Augen noch mehr auf. Er gab auch ihr seine Karte und dann noch eine zweite für den Fall, dass die erste verloren ging. Während er ihr tief in die Augen sah, beteuerte er, wie glücklich er sich schätzen würde, wenn sie ihn besuchte.

»Wir haben Sie jeden Tag beobachtet«, sagte ich in dem Bemühen, das Gespräch wieder auf den Tempel zurückzubringen, auf die Gebete.

»Ich bin viele Male in New York gewesen«, sagte er.

Er hatte eine gewisse Ausstrahlung, daran bestand kein Zweifel – eine magnetische Anziehungskraft, die sich aus dem Rätselhaften, dem Zauber seiner Gewänder und seiner Herkunft ergab. Eine weitere junge Japanerin gesellte sich zu uns, und auch ihr drückte er eine (oder zwei) Visitenkarten in die Hand. Er war viel ansprechender gewesen, als ich noch nichts von ihm wusste und all meine Hoffnungen, meine gesammelten märchenhaften Vorstellungen, auf ihn projizieren konnte.

Eine banale Begebenheit und doch nichts Untypisches mehr. Hier ist das Rätselhafte des Tibetischen *en miniature* gegeben, wie Ngari Rinpoche immer zu betonen pflegte. Rudelweise, wie wilde Hunde, hängen in den Cafés von Dharamsala tibetische Jünglinge herum, mit hohen Wangenknochen und Haaren bis zur Taille, ihr Lächeln ein strahlendes Weiß, ihre Augen rätselhaft und seelenvoll; sie wissen herzzerreißende Geschichten davon zu erzählen, wie sie die Himalajapässe überquert haben, um ihrem Idol nahe zu sein, stimmen urplötzlich alte Nomadenlieder aus Amdo an, wenn sie sich nicht gerade in gebrochenem Englisch unterhalten, und nur wenige Besucher können ihnen widerstehen. Aus unerfindlichen Gründen sind viele der Ausländer, die man in Dharamsala sieht, weiblich, jung und ungebunden (nach dem Gewimmel raffgieriger Menschen in Indien fühlen sie sich vielleicht zur Ruhe und Anmut der tibetischen Kultur hingezogen); die Jünglinge wirken auf sie wie exotische Filmstars ihrer Träume und haben außerdem noch tragische Geschichten auf Lager. Die indischen Ladenbesitzer stehen inmitten ihrer Gebäckpyramiden und schauen neidisch und mit unverhohlener Frustration zu, wie ein Lhamo oder Sangye den Arm eines Mädchens ergreift und ihr ein tibetisches Mandala in die Handfläche zeichnet oder ein Bild seines Dorfes aus der Tasche zieht, das in der Provinz des Dalai Lama liegt und das er hinter sich lassen musste.

Das ist eins der Probleme, die auf dem Dalai Lama und seiner näheren Umgebung lasten, doch dafür ist kein Platz in der westlichen Version dessen, was über ihn erzählt wird; für ihn hingegen nimmt es gleich nach der Geschichte der Tibeter den zweiten Platz ein. Die Tausende von jungen Burschen, die sich, wie die Bewohner armer Länder überall, danach sehnen, in den Westen zu gelangen, und die all ihren Witz und ihren Charme einsetzen, um das zu schaffen, benutzen Tibet, so wie es ihnen in den Kram passt, auch wenn sie kaum Kenntnisse des Tibetischen haben. (Woher auch? Selbst an den Schulen in Tibet wird kaum noch Tibetisch unterrichtet.) Sie fühlen sich selten bemüßigt, an ihrer Kultur und der Geschichte, die sie geprägt hat, festzuhalten, sondern interessieren sich eher dafür, inwieweit sich weltweit

Nutzen daraus ziehen lässt. Sie verstehen sich darauf, das Märchen immer weiter zu spinnen.

In dieser und in vieler anderer Hinsicht scheint Tibet ein Symbol für immer mehr Orte dieser Welt zu sein, der Schauplatz für eine Parabel; die Globalisierung hat sicher einige Bedürfnisse schnell befriedigt, aber sie hat auch Tausende neuer Begehrlichkeiten heraufbeschworen. Wir haben inzwischen Zugang zu immer mehr Kulturen dieser Erde, und die Folge davon ist, dass weltweit Ruhelosigkeit, Aufbruchstimmung und ein Gefühl um sich greifen, dass die Lösung anderswo zu finden ist. »Als sie noch in Tibet waren, haben sie von Dharamsala geträumt«, bemerkte einmal nachdenklich ein bedeutender tibetischer Denker, als wir beim Essen saßen und draußen tibetische Jungen herumtollten. »Seit sie in Dharamsala sind, träumen sie vom Westen. Wovon werden sie träumen, wenn sie endlich in Kalifornien sind?«

Im Gegensatz zu anderen Philosophien, die ich kenne, hat der Buddhismus keinerlei Interesse an »Traumländern« oder Utopien in unserem Kopf, die der Beschäftigung mit dem, was gerade im Moment geschieht, abträglich sind; schließlich hat der Buddha seinen Namen und seine Bedeutung, weil er inmitten von Verwirrung und Unwissenheit vollkommen erwacht war. Die Philosophie, die sich aus seiner Lehre entwickelte, propagiert kein absolutes Paradies von der Art, wie es in christlichen oder islamischen Schriften besungen wird; für Buddhisten aus der Tradition des Dalai Lama ist selbst das Nirwana eigentlich nur eine Durchgangsstation, ein Bewusstseinszustand, den der echte *Bodhisattva* nicht als Endpunkt betrachtet, sondern lediglich als einen Gesichtspunkt, unter dem der Lärm der Welt dann eingeordnet werden kann.

Die Weltordnung hat allerdings eine merkwürdige Seite, nämlich die, dass das Fremde heute greifbar nahe ist und es immer leichter wird, von ihm Lösungen zu erwarten, die man selbst nicht hat. So sieht sich der Dalai Lama – und das ist bitter – hin- und hergerissen zwischen widersprüchlichen Träumen. Wir schauen zu ihm auf wegen seines Mönchstums, seiner Entrücktheit; und doch muss er, um seine Pflichten als Mönch zu erfüllen und seine Gemeinschaft zu schützen, andauernd sein Zuhause verlassen und auf seinen Reisen in unsere völlig andere Welt eintauchen.

Deshalb können die chinesischen Beamten, die sich durch ihn bedroht fühlen, leicht behaupten, dass er bloß ein Politiker ist, der sich für sein Anliegen einsetzt, indem er sich in Mönchsgewändern versteckt, und Ausländer, die ihn nie gesehen oder gehört haben, können sich gut vorstellen, dass er nur so etwas wie eine Werbefigur ist, ein Spielzeug für Filmstars und Millionäre. Seit Jahrzehnten betont der Dalai Lama, dass das Exil unter anderem den Vorteil mit sich gebracht hätte, ihn und seine Landsleute »der Wirklichkeit näherzubringen«, wie er sich ausdrückt, und schon vor zwanzig Jahren hat er mir gesagt: »Es hat keinen Sinn, jetzt etwas vorzutäuschen.« Doch ausgerechnet bei denjenigen, die so begierig an seinen Lippen hängen, darf er nicht bloß jemand aus der realen Welt sein, sondern muss der Abgesandte einer jenseitigen Welt sein, die nicht einmal existiert.

☸

Im Zeitalter der Bilder, das von Filmleinwänden und Bildschirmen beherrscht wird, kann jemand nur dann unsere Aufmerksamkeit erringen – und sich erhalten –, wenn er sich in den Helden einer märchenhaften Geschichte verwandelt, »die das Leben schrieb«. Clinton, der Junge aus Hope, Carter, der barfüßige Erdnussbauernsohn aus Plains – allein die Namen haben schon Gleichnischarakter. Auch in Indien ist es, ebenso wie in den Vereinigten Staaten, normal, dass Filmstars die politische Bühne betreten und die »Überlebensgröße« und das »Happyend«, mit denen sie assoziiert werden, auf ein Publikum nach dem andern übertragen. Wer unbedingt in seinem Leben etwas bewirken will, erwirbt sich die entsprechende Macht immer häufiger, indem er sich als Märchengestalt präsentiert.

Der Dalai Lama ist aufgrund seines Naturells und seiner Ausbildung in der befremdlichen Lage, genau das Gegenteil probieren zu müssen: Er tritt vor und erzählt uns, dass er real ist, so real wie sein Land, das unterdrückt wird und ausblutet, und dass er in einer Welt lebt, die viel komplexer ist als die Einteilung eines Zweijährigen in »gute Tibeter, böse Chinesen« (er würde wahrscheinlich von »potenziell guten Tibetern« und »potenziell bösen Chinesen« sprechen). Als jemand, der bereits im Alter von fünf Jahren ein Volk regiert hat und das wirkliche Leben seit langer Zeit kennt, hört er jeden Morgen – sogar beim Meditieren! – den amerikanischen Sender »Stimme Amerikas«, die Ostasiensendungen der BBC, den BBC-Weltfunk und verschlingt außerdem noch Zeitschriften wie *Time* und *Newsweek* und andere Nachrichtenmagazine. (Ich muss daran denken, dass Buddha oft dargestellt wird, wie er mit einer Hand zur Erde weist, eine Handbewegung, die Buddhisten »Geste der Erdberührung« nennen). Sein Vater wurde – laut einigen seiner Familienangehörigen – bei einem Picknick vergiftet, und der Vater seines Vaters starb ebenfalls auf diese Weise.

Als der derzeitige Dalai Lama ein kleiner Junge war, begab sich der Regent, der ihn beaufsichtigte, in ein langes Retreat, und für diese Zeit wurde die Macht vorübergehend einem älteren Mann übertragen. Als Reting Rinpoche, der Regent, zurückkehrte (so die Mutter des Dalai Lama) – aus Angst um das Leben des Dalai Lama, wie manche sagen –, weigerte sich sein Stellvertreter, ihm die Macht wieder zu überlassen. Daraufhin sollen (die Berichte über das, was dann geschah, sind allerdings ebenso verschieden wie die Tibeter, die sie erzählen) die Anhänger des Abgesetzten ein Päckchen an den Rivalen geschickt haben, das angeblich beim Öffnen explodierte und einen der Gefolgsleute des Gegners tötete. Bürgerkrieg brach aus, und die Mönche von Sera, einem der größten Klöster Lhasas, liefen Amok und töteten mehr als 200 ihrer Brüder, darunter einen Abt. Reting Rinpoche wurde tot im Gefängnis aufgefunden, ein Opfer, wie einige vermuteten, des Sohnes eines Mannes, dem er einst die Augen ausgestochen hatte. Als die Aufrührer vor Gericht gebracht und dazu verurteilt wurden, ausgepeitscht zu werden, verübte einer von ihnen Selbstmord, ehe der Gerechtigkeit Genüge getan werden konnte.

Das bekam der zwölfjährige Dalai Lama alles mit; er musste unter anderem mit ansehen, wie man seinen früheren Regenten im Gefängnistrakt des Potala-Palasts, in dem er lebte, einkerkerte; einem Bericht zufolge wurde der junge Herrscher sogar bezichtigt, ein falscher Dalai Lama zu sein, und zum Jokhang-Tempel gebracht, wo er gegen einen Konkurrenten bestehen musste (dreimal wurden zeremoniell Lose gezogen, und dreimal stand sein Name darauf). Kurze Zeit nach diesem klösterlichen Putschversuch hörte er von seinem ältesten Bruder, dass dieser von den Chinesen bedrängt worden war, ihn umzubringen. Auch dem 13. Dalai Lama hatte ein Rivale kurz nach seinem Amtsantritt nach dem Leben getrachtet; der hatte das Abbild einer menschlichen Gestalt in ein neues Paar Schuhe gesteckt, das dem jungen Staatsoberhaupt gehörte – eine Art tibetisches Voodoo.

In all den Jahren, in denen ich ihm zugehört habe, hat der Dalai Lama, soweit ich mich erinnere, nie die Worte »Märchen«, »Romantik« oder auch nur »Wunschdenken« gebraucht, und schon gar nicht im Sinne von etwas Gutem. Sein Zuständigkeitsbereich ist das Gegenwärtige, und das Wort, das er mit Nachdruck immer wieder verwendet (wie seine christlichen Freunde das Wort »Schöpfung«), ist »Wirklichkeit«. In gewisser Weise verdankt er seine Macht als politischer und globaler Denker der Tatsache, dass er ein Hyperrealist ist, der in ansteckendes Gelächter ausbricht beim Gedanken an die unrealistischen Attitüden einiger seiner Landsleute, die in der Hitze Südindiens unbedingt ihre schweren Brokatgewänder tragen wollen, oder an Aktivisten, die meinen, die jahrhundertealte Geschichte umkehren und ins 15. Jahrhundert zurückkehren zu können. Während der Christ glaubt, das Alltägliche transzendieren zu können, indem er ein Leben in Gott führt, ist der Buddhist davon überzeugt, es transformieren zu können, wenn er das bessere Leben im Hier und Jetzt sucht.

Doch für viele von uns – wie für mich als kleinen Jungen – haben die Geschichten über den 14. Dalai Lama eine solche Macht, weil er als Zweijähriger von einem Suchtrupp aus Mönchen aufgefunden wurde, die durch Zeichen zu ihm geführt worden waren – Regenbogen erschienen am Himmel im Nordosten von Lhasa, an einer Säule des Potala-Palasts war eine sternförmige Flechte zu sehen, und das Haupt des verstorbenen 13. Dalai Lama rollte plötzlich zur Seite in Richtung Nordosten. Im Exil leben vier Staatsorakel und ein Lama, der die Kunst des Regenmachens versteht, in seiner Nähe. Die Gewänder, in denen er davon spricht, dass man die Wirklichkeit erforschen muss, werden manchmal von einer Kopfbedeckung vervollständigt, die dem spitzen, mit

Sternen besetzten Hut eines Zauberers gleicht, und außerdem sitzt er auch noch vor *Thangkas* oder Rollbildern, auf denen es nur so wimmelt von grimmigen Totenschädeln und wollüstigen Göttern und deren Bedeutung nicht mit dem Verstand zu erfassen ist.

Vor allem aber nennen die meisten von uns nach wie vor das Land unserer Fantasie, in dem wir die Welt hinter uns lassen und davon träumen, uns auf eine höhere Ebene in uns selbst erheben zu können, gern »Tibet« (das erhabene Königreich hinter den höchsten Bergen der Welt). In Tibet, so der britische Historiker Peter Hopkirk über die Besuche der ersten Forscher, die in das abgeschiedene Land einzudringen versuchten, »kann man gleichzeitig unter Frostbeulen und Sonnenbrand leiden«. Mancherorts ist der Himmel so klar, dass man Menschen in 15 Kilometer Entfernung sehen kann; dann wieder sind die Schluchten so tief, dass nicht einmal eine Stunde täglich Licht hineinfällt. Man kann seine Hand in kochendes Wasser tauchen, ohne zurückzuzucken (da Wasser auf 4500 Metern, der durchschnittlichen Höhe des tibetischen Hochlands, einen erheblich niedrigeren Siedepunkt hat), oder in manchen Gegenden 81 Tage hintereinander wandern, wie ein westlicher Reisender berichtete, ohne einer Menschenseele zu begegnen.

Ich weiß noch, wie ich 1985 zum ersten Mal nach Tibet kam, als nüchterner Weltberichterstatter für das *Time*-Magazin und fest entschlossen, nicht die üblichen Klischees zu bedienen (die meines Erachtens eher für Comics wie *Tim in Tibet* taugten). Ich flog von der chinesischen Stadt Chengdu aus nach Lhasa, und nach zweistündiger Fahrt vom Flughafen in die Innenstadt spazierte ich mit meinem Koffer die Hauptstraße entlang, absichtlich zu Fuß. Die Zimmer in den einzigen beiden Gasthäusern der Stadt waren dunkle

Verliese, die sich um ein enges, zentrales Erdloch herum gruppierten, und es gab nur eine einzige Wasserpumpe im Hof; das *Holiday Inn* auf der anderen Seite des Ortes war eine verlassene Geisterstadt mit Sauerstoffflaschen neben jedem leeren Bett. Meine Aufenthalte in Peking und Guangzhou sowie die Zugfahrten dazwischen hatten mich allerdings auf einen mehr als einfachen Lebensstil vorbereitet, und auf die Annehmlichkeiten der Zivilisation musste ich auch dort noch jahrelang verzichten.

Nachdem ich mich schließlich in einem der kleinen, kahlen Zimmer eingerichtet hatte, stieg ich zum Potala-Palast hinauf und ging weiter zum Stadtrand, wo die alten Klöster standen (einst die größten der Welt, jetzt fast alle in Trümmern). Schon bald war ich in einer anderen Welt, die kaum mehr Berührungspunkte mit der meinen hatte. Mönche traten in sonnendurchflutete Höfe hinaus, um mit meiner Kamera zu spielen; Hunde saßen in den Gängen rings um die Schreine, vollkommen still. Die hoch stehende Sonne fiel in kleine Räume, in denen der Dunst geschmolzener Yakbutter hing, und streifte verstaubte Mönche, die in den Ecken saßen und Gebete murmelten. Ich besuchte die großartigen, herzzerreißenden Ruinen des Klosters Ganden, und vor den Toren Lhasas sah ich Faustkämpfe und Metzger, die auf traditionelle tibetische Art Leichen zerhackten, mit denen Raubvögel gefüttert wurden; ich wanderte noch vor Sonnenuntergang zur Stadt hinaus, hier und da an den Lichtern vorbei, die in Nomadenzelten aus Yakfellen brannten, und merkte, dass alles, was ich sah und dachte, kaum etwas mit dem Leben zu tun hatte, das ich kannte, etwas, das ich bis dahin und seitdem auf meinen lebenslangen Reisen nie so erlebt habe.

In ihrem Buch *Himmelsbegräbnis* erzählt die langjährige Pekinger Journalistin und Rundfunkmoderatorin Xinran Xue die Geschichte einer Chinesin, die auf der Suche nach ihrem Ehemann in Tibet umherzieht: »Sie verstand zunehmend besser, dass ganz Tibet ein einziges großes Kloster war. Alle waren vom gleichen religiösen Geist erfüllt, ob sie nun Mönchskutten trugen oder nicht.« Gleich zu Anfang spricht sie von der »legendären Grausamkeit« der Tibeter und erinnert zum Schluss noch einmal daran, dass die »Wildheit der Tibeter legendär sei«. Aber dazwischen erzählt sie auch von deren Freundlichkeit und Hingabe, von der bestrickenden Unschuld, durch die sich die Besucherin aus China, die Tibeter immer als Wilde eingeschätzt hatte, zu verwandeln beginnt. (Das Buch liest sich so ähnlich wie die Aufzeichnungen amerikanischer Siedler der Frühzeit, die von Indianern verschleppt wurden und in der Gefangenschaft erkannten, dass der indianischen Lebensart eine Kraft und Stärke innewohnten, die ihrer eigenen zu fehlen schienen.)

Vielleicht sind es nicht zuletzt die Höhe und die dünne Luft, die diese transformative Wirkung haben (obwohl ich bei drei Reisen nach Boliviens Hauptstadt La Paz, die sogar noch etwas höher liegt als Lhasa, nichts dergleichen bemerkt habe); vielleicht ist es die weltentrückte Lage, intensiviert durch Kulturschock und Jetlag. Vielleicht sind es auch die vielen Geschichten über Jahre hinweg, die uns dazu bewegen, das Zauberland Tibet kennenzulernen, von dem wir immer gehört haben. Wer Tibet nie besucht hat, sehnt sich dorthin, und wer schon einmal dort war, will fesselnde Geschichten davon erzählen.

Genau genommen war es so, dass sich die tibetische Regierung 1949, als die Chinesen in Osttibet einmarschierten – damals gab es im ganzen Land nicht eine einzige Start- und Landebahn, und nur insgesamt fünf Ausländer waren als ansässig gemeldet –, an die Vereinten Nationen wandte, aber nie eine Antwort erhielt; Tibets Verbündete in London, Washington und New Delhi taten so, als existiere das Land gar nicht (obgleich sechs Jahre zuvor, während des Zweiten Weltkrieges, Roosevelt einen Brief und zwei Sonderbeauftragte an den achtjährigen Dalai Lama entsandt und ihn ersucht hatte, den Nachschub der amerikanischen Truppen durch Tibet hindurch zu gestatten). Seinen ersten ausländischen Freund, den österreichischen Forschungsreisenden Heinrich Harrer, bat der Dalai Lama, mit ihm zusammen einen Projektor aufzustellen, um einmal – sozusagen – wirklich offen in die große weite Welt blicken zu können, und dann sah er sich eifrig Wochenschauen an, um zu sehen, was außerhalb seines isolierten Königreiches vorging; allerdings lag für Harrer, ebenso wie für die meisten von uns, damals wie heute der besondere Reiz Tibets und seines Oberhauptes in ihrer Ferne von der wirklichen Welt, wie wir sie kennen.

Überall, wohin ich dem Dalai Lama gefolgt bin, habe ich bemerken können, dass die Gesichter der Menschen keineswegs aufleuchten, wenn er einem Fragenden, der um Klärung seiner Probleme bittet, sagt: »Alles nur Träume – sonst nichts!«, und betont: »Die Hauptverantwortung liegt bei dir selbst«, oder wenn er sagt: »Wir erwarten immer, dass Frieden und Mitgefühl vom Himmel fallen. So ein Unsinn! Jemand muss damit anfangen«, und uns so daran erinnert, uns der Tugend rechten Handelns zu befleißigen, statt uns Tagträumen hinzugeben. Er rät stets zu praktischer Wirklichkeitsnähe und lässt sich nicht zu gedankenlosem Optimismus verlocken, schon gar nicht, wenn dieser blindem Glauben entspringt. Dass er immer wieder hervorhebt, wie viel wir selbst tun können, liegt an seinem eigenen Optimismus und seiner eigenen ansteckenden Zuversicht; es ist aber nicht immer das, was wir gern hören wollen.

Das führt uns die Harrer-Geschichte überdeutlich vor Augen. Einem Olympia-Schiläufer aus Nazi-Österreich – die Assoziationen drängen sich unwillkürlich auf – gelingt 1944 irgendwie die Flucht aus einem Kriegsgefangenenlager Britisch-Indiens, und er gelangt mehr oder minder zufällig in das »verbotene Königreich« Tibet. Zwei Jahre lang durchstreift er das Dach der Welt, lernt Tibetisch und wird von weltfremden Einheimischen, die noch nie einen Ausländer gesehen haben, für einen Tibeter gehalten. Schließlich kommt er nach Lhasa, wo der junge Dalai Lama von dem seltsamen blonden Wandersmann hört, ihn empfängt und sich schnell mit ihm anfreundet.

Der Europäer hat ständig das Gefühl, dass er sich in einer Märchenwelt mit blumenbekränzten Häusern, Gartenfesten und stämmigen, ähnlich wie er von Wind und Wetter gegerbten Menschen befindet, die ihn als geehrten Gast behandeln; er hat das Empfinden, aus der Lebenswirklichkeit heraus in einen goldenen Traum geschlüpft zu sein. Doch nur zu bald bricht die raue Wirklichkeit wieder über ihn herein, als 1949 die chinesischen Truppen in Osttibet einmarschieren und er, der Reisende, sich gezwungen sieht, die Idylle hinter sich zu lassen und in ein zerstörtes Europa zurückzukehren.

☸

In den darauffolgenden Jahren, während Harrer seine Erlebnisse im »Nimmerland« niederschrieb, wurde aus Amdo, der Provinz im Osten Tibets, in der der Dalai Lama geboren wurde, der größte Gulag der Welt für über zehn Millionen Gefangene. Nach tibetischen Schätzungen starb jeder fünfte Tibeter – insgesamt über eine Million – entweder an Hunger oder bei Kampfhandlungen mit den Chinesen. Jeder zehnte kam ins Gefängnis, und bis auf 13 wurden alle der mehr als 6000 Klöster Tibets verwüstet und die jahrhundertealten Schriften verbrannt. Eltern wurden gezwungen, bei der Erschießung ihrer Kinder zu applaudieren.

Erst in den letzten Jahren sind Einzelheiten über das, was die Internationale Juristenkommission damals als »Völkermord« bezeichnete, ans Licht gekommen, ebenso wie die Geschichten vieler Tibeter, die es am Ende schafften, aus dem Kerker zu fliehen. (Ein Mönch, den der Dalai Lama nach seiner Ankunft in der Freiheit des indischen Exils ausfragte, erzählte, im Gefängnis hätte er wirklich Angst gehabt – Angst, eines Tages sein Mitgefühl für die chinesischen Eroberer zu verlieren.) Wir haben jedoch allzu oft nur Augen für die übermenschlichen Umrisse der Geschichte und nicht für die grausamen Fakten, die wir durch unser Tun verändern können.

1932, ein Jahr vor seinem Tod, schrieb der 13. Dalai Lama sein Testament und sagte darin voraus, was geschehen würde, falls Tibet es versäumte, sich der Welt zu öffnen und moderne Entwicklungen zuzulassen, statt sich weiter in innerstaatlichen Zänkereien zu ergehen. »Unter Umständen werden hier, im Zentrum von Tibet, Religion und Regierung gleichermaßen von innen wie von außen angegriffen«, schrieb er. »Wenn wir nicht unser Land beschützen, werden alle verehrten Hüter der Wahrheit verschwinden und vergessen werden. Mönche und ihre Klöster werden vernichtet … Alle Menschen werden von großem Elend und überwältigender Furcht ergriffen.«

Der 13. Dalai Lama setzte alles daran, Tibet vor dem zu schützen, was er befürchtete: Er sorgte für das erste Münz- und Postwesen in der Geschichte des Landes, führte Telefone und Pässe in Lhasa ein und schickte tibetische Jungen zur Erziehung auf die Rugby School in England (einer der Jungen war nach seiner Heimkehr mitverantwortlich für die Elektrifizierung von Lhasa). Doch was besonders gut zum Märchen passt, ist die frappierende Richtigkeit seiner Vision – und nicht etwa das, was alles daraus folgte. Ganze elf Jahrhunderte früher hat Padmasambhava, der große indische Reformer des tibetischen Buddhismus, den die Tibeter als »Guru Rinpoche« verehren, erklärt: »Wenn der Eisenvogel fliegt und die Pferde auf Rädern rollen, wird das tibetische Volk über die ganze Erde verstreut werden wie die Ameisen, und der Dharma wird im Land der Rotwangigen hoch geschätzt sein.« 1956, als der derzeitige Dalai Lama wissen wollte, welche Möglichkeiten noch für ihn bestanden, hatte Nechung, das Staatsorakel, das in Trance Ratschläge erteilt, gesagt: »Das wahre Licht scheint von Westen her« (damit war Indien gemeint, das westlich vom größten Teil Tibets liegt, aber es war auch eine revolutionäre Prophezeiung, wenn man bedenkt, dass in der gesamten Geschichte des Landes nur ein Dalai Lama jemals Tibet verlassen hat).

Dieses schwer erklärbare Geflecht aus Ursache und Wirkung weckt ehrfürchtiges Staunen über die geheimen Kräfte Tibets in uns, und dabei übersehen wir, dass die tibetische Armee aus nur 8500 Mann bestand, bewaffnet mit 50 Geschützen und ein paar alten Gewehren, und dass die Tibeter infolge ihrer falschen Einschätzung der Lage gefoltert, mit Elektroschocks gemartert, zwangssterilisiert und vergewaltigt wurden. Der Dalai Lama musste mit ansehen, wie in seinem Heimatland 300 000 fremde Soldaten und fast 100 Atomraketen stationiert wurden.

Während all der Jahre, in denen ich den Dalai Lama beobachtet und über seine Mission nachgedacht habe, schien sein Interesse an der »Wirklichkeit« weiter zu wachsen, als handle es sich dabei um ein Bündel von Energien, die unbedingt erforscht werden müssten, wollte man erkennen, wie alles funktioniert. Viele der Probleme, unter denen Tibet leidet, so betonte er immer wieder, seien in gewisser Weise die Folge von Fehlern, die die tibetische Kultur selbst begangen habe, da sie sich nicht hinreichend über die Wahrheiten der Außenwelt informiert und nicht genügend Selbsterforschung betrieben habe, um Reformen in Betracht zu ziehen; und die äußeren Umstände hätten ihm und seinem Volk nun eine ideale Chance gegeben, aus den eigenen Fehlern zu lernen und etwas weniger Anfälliges zu schaffen. Tibet könnte endlich ein Teil der globalen Familie werden.

Für einen Journalisten wie mich war das alles ebenso erfrischend und befreiend, wie zufällig auf einen Mann zu treffen, der auf seinen Reisen um die Welt ein Stethoskop statt eines Weißbuches bei sich trägt. Die meisten Politiker, die ich während meiner 25-jährigen Tätigkeit als Berichterstatter kennengelernt habe, waren fest in der Zukunft und den Versprechungen verankert, die sie dafür machten, oder in der Vergangenheit und den Missständen, die sie abzuschaffen gedachten. Der Selbst-Erforscher hingegen lebte total in der Gegenwart und hatte weder Interesse an romantischen Projektionen noch an zynischen Trugbildern. Statt von Gut und Böse spricht ein Buddhist eher von Unwissenheit und Erwachen; er wendet sich lieber nach innen und übernimmt selbst die Verantwortung, ohne Zeit damit zu verschwenden, andere Menschen verantwortlich zu machen, statt zu einem besseren Verständnis des Problems zu kommen und es so in sich selbst zu lösen.

Nur ein einziges Mal in den 30 Jahren, in denen ich mich mit dem Dalai Lama unterhalten habe, hat er eine gewisse Heftigkeit an den Tag gelegt, als ich ihn einmal dazu befragte, wie Buddhisten sich auf die Gegebenheiten und Umstände der heutigen Welt einstellen, von denen Buddha noch gar keine Vorstellung gehabt haben kann. Darauf erwiderte er, wie nicht anders zu erwarten war, dass der Buddhismus Prinzipien beschreibt, die im Kern für alle Menschen und Zeiten Geltung haben; oberflächliche Einzelheiten mögen sich verändern, aber der grundsätzliche Wert von Mitgefühl und Geistestraining, die helfen, das Leiden zu durchschauen und den Weg der Befreiung zu beschreiten, ist nicht auf ein bestimmtes Zeitalter beschränkt.

Dann schwenkte er plötzlich in eine ganz andere Richtung ab. »Diese Inkarnation«, sagte er (und bezog sich damit, wie so oft, auf seine Rolle als Dalai Lama, als sei das nur ein Kostüm, das er zufällig trage), »wird in einigen Übersetzungen, besonders im Chinesischen, oft als ›Lebender Buddha‹ bezeichnet. Das ist vollkommen falsch!«

Er sah mich scharf an, um sicherzugehen, dass ich es auch verstand. »Das chinesische Wort bedeutet tatsächlich ›Lebender Buddha‹. Im Tibetischen ist das Wort *Lama* jedoch die direkte Übersetzung von ›Guru‹. Es bezeichnet jemanden, der wegen seiner Weisheit geachtet wird oder dem man Respekt schuldet. Die eigentliche Bedeutung ist also in etwa ›jemand, der Respekt verdient‹. Da ist keine Rede von ›Lebendem Buddha‹! Die Chinesen haben durch ihre Übersetzung diese Verwirrung gestiftet.«

Es kommt selten vor, dass er irgendetwas gegen die Chinesen sagt – im Allgemeinen scheut er keine Mühe, Verständnis für sie aufzubringen und ihnen zu vergeben. Mir war natürlich bewusst, dass er meine simple Frage gar nicht so tiefgreifend hätte beantworten müssen. Aber die Sache war ihm offenbar so wichtig, dass er seine Einstellung unmissverständlich klarmachen wollte, mit einer Beharrlichkeit, die er häufig bewies, wenn es um wissenschaftliche Präzision ging.

»Auch in manchen westlichen Büchern heißt es ›Lebender Buddha‹, wenn von mir die Rede ist«, fuhr er fort, »oder ›Gottkönig‹ oder ›Gott‹. Vollkommen falsch!« Während er das sagte, fiel mir ein, dass ich selbst diesen Begriff mehrmals in einer Kurzbiografie über ihn verwandt hatte, die ich vor acht Jahren geschrieben habe, und um das Maß voll zu machen, hatten meine Verleger in New York meinen Artikel auch noch betitelt »Tibets lebender Buddha«. Ob der Dalai Lama nun dafür sorgen wollte, dass ich den gleichen Fehler nicht noch einmal machte? Im Grunde genommen sieht man selten »Lebende Buddhas« auf zahmen Yaks von ihrem Thron flüchten und bei ihrer Ankunft in der modernen Welt unter einer höchst ungöttlichen Krankheit, der Ruhr, leiden. Indem wir Nichttibeter dem Dalai Lama Übermenschlichkeit andichten, erniedrigen wir ihn gewissermaßen – und uns selbst, weil wir damit suggerieren, dass wir das, was er tut, nicht auch tun können.

Ich notierte seine Berichtigung pflichtschuldigst und schrieb einen neuen Artikel, in den ich unsere Gespräche einarbeitete. Er erschien im selben New Yorker Magazin unter der Überschrift – welcher wohl? – »Der Gott im Exil«. Die Menschen, hätte er jetzt sagen können, geben nur ungern ihre Vorstellung vom Märchenhaften auf.

Wenn nur die angenehmen Seiten der Figuren dargestellt würden, müssten wir uns verzagt niedersetzen und würden es für vollkommen unmöglich halten, ihnen in irgendetwas gleichzukommen.

Samuel Johnson an Edmund Malone

Die Ikone

Persönlich kennengelernt habe ich den Dalai Lama als 17-jähriger Schüler, von meinen Eltern trotz meines Widerstands auf eine Reise ins Land meiner Vorfahren geschickt, wo ich Onkeln, Großeltern, Cousins und Cousinen vorgestellt wurde, die ich kaum jemals gesehen hatte. Indien hatte damals keinen Reiz für mich, außer als etwas, das den psychedelischen Songs und der Mode, die an meiner englischen Highschool gerade »in« waren, ihren Klang und ihre Farben gab, und ich wollte mich um keinen Preis in seinen kaleidoskopischen Sog hineinziehen lassen, sondern mir meine Intimsphäre und geheime Klugheit bewahren wie jeder Jugendliche, der unbedingt Missverständnisse heraufbeschwören will. Als mein Vater mich auf eine zweitägige Tour in die Berge mitnahm, um mich mit dem Dalai Lama bekannt zu machen, war ich fest entschlossen, keinerlei Interesse an dem Mann zu zeigen; schließlich war er ja nur ein Freund – oder Kollege – meines Vaters.

Ich war ziemlich erfolgreich mit meiner Strategie. Wir nahmen den Nachtzug von Delhi nach Pathankot und zwängten uns in ein Taxi für die lange Fahrt nach Upper Dharamsala hinauf. Stunde um Stunde, wie mir schien, fuhren wir in Wolken unterschiedlicher Grauschattierungen hinein und wieder aus ihnen heraus. Dharamsala ist bekannt für seine heftigen Regenfälle im Sommer, und alles, woran ich mich noch erinnere, sind Kiefern, Haarnadelkurven und Wolken, nichts als Wolken. Schließlich kamen wir durch eine schäbige kleine Ansammlung von zusammengedrängten Hütten, folgten einer schmalen Hangstraße oberhalb des Tals bis zu ihrem Ende, wo uns vor einem Haus ein Mann in dunkelroten und safrangelben Gewändern empfing.

Was er sagte, weiß ich heute nicht mehr, obwohl unsere Unterhaltung mindestens anderthalb Stunden dauerte (1974 klopften noch nicht allzu viele Leute an die Tür des Dalai Lama). Ich kann mich nur noch erinnern, dass er das Wort *Bodhichitta* benutzte, was er als »ein gutes Herz voller Weisheit« übersetzte, und dass er es auch wieder benutzte, als ich ihn in demselben Haus noch einmal allein besuchte. Natürlich hatte ich mit meinen 17 Jahren und entsprechender Lebensklugheit keine Ahnung, dass dieser Mönch seit 25 Jahren in dauernden Verhandlungen mit China und Mao Zedong stand, dass er bald Delegationen nach Tibet entsenden zu können hoffte, dass er vor Kurzem seinen Khampa-Guerrillas befohlen hatte, die Waffen niederzulegen, nachdem Präsident Nixon und Henry Kissinger eine Tür nach China geöffnet hatten und Nepal der aufstrebenden Macht seine Hilfe angeboten hatte. Ich sah nur überall Wolken, im Zimmer und draußen, und sie trieben durch den Raum, in dem wir uns unterhielten – die Welt war wirklich weit, weit weg, von Nebel verhüllt.

Wir befanden uns auf einer Bergkuppe – ich war damals noch nie so hoch oben gewesen in Asien –, ein entthronter Herrscher in Mönchsgewändern redete von Leere und Wirklichkeit, und durch die großen Panoramafenster waren keine Anzeichen von menschlichen Wohnstätten zu sehen. Wir hatten uns von der realen Welt verabschiedet.

Es ist für mich immer eines der kleinen Wunder meines Lebens gewesen, den Dalai Lama gewissermaßen vom Berg herabsteigen zu sehen, wie er allmählich aus dem Nebel heraustrat und die scharfen Konturen eines Mitglieds der Weltgemeinschaft annahm und ebensolche Beachtung fand wie der Sänger und politische Aktivist Bono oder wie Nelson Mandela, der andere Held unterdrückter Völker. Sein Gesicht findet sich auf Surfer-Autoaufklebern; in Bordmagazinen heißt es (in einem Artikel über »coolness«): »Der Dalai Lama ist cool, weil er so ist, wie er ist.« Der exzentrische Filmemacher Werner Herzog bringt ein Buch über ihn heraus, und Hunter Thompson nimmt ihn in seine Ehrenliste von sogenannten »Gonzo-Helden« auf. Bei einer Vereinigung so unterschiedlicher Welten (einer sehr weiten und einer sehr engen, könnte man vielleicht sagen) ergeben sich einerseits Möglichkeiten und andererseits die Fragen: Wenn ein Mönch vor Schwärme von Fotografen mit laufenden Kameras tritt, sehen wir dann den Mönch, oder sehen wir nur noch das, was die Kameras aus ihm machen?

Bis zum Sommer 2005 hatte ich mich fast daran gewöhnt, den Dalai Lama als Comic-Requisite in jedem zweiten Hollywoodfilm wiederzufinden; in einem Zeitraum von nur zwei Monaten fand ich Anspielungen auf ihn in *Schwiegermonster*, *Die Hochzeits-Crasher*, *Reine Chefsache* und *Uptown Girls – Eine Zicke kommt selten allein* (in diesem Film bewirbt sich ein gelangweiltes Schickimicki-Mädchen aus Manhattan um Arbeit bei der Fifth-Avenue-Nobelboutique Henri Bendel und gibt als Empfehlung den »Dalai Lama, Tibet« an – ein ziemlich übler Fehler angesichts der Tatsache, dass Tibet heute kaum noch existiert und der Dalai Lama seit fast einem halben Jahrhundert nicht mehr dort war). Für 200 Dollar kann man heutzutage eine Dalai-Lama-Puppe in limitierter Auflage kaufen, und ein Broadway-Produzent plant, einen Vampir in Dalai-Lama-Gestalt auftreten zu lassen, wegen des Lacheffekts. »Früher haben wir unsere Helden kanonisiert, heute werden sie vulgarisiert«, ließ Oscar Wilde seinen Gilbert bereits vor über einem Jahrhundert sagen.

Was mich aber immer wieder bei alledem überrascht hat, war, dass der Dalai Lama in der Betrachtung der Dinge erheblich großzügiger war als ich: Alles auf der Welt könne noch zu etwas Gutem dienen, war seine Devise, selbst der Publicitywirbel, der Starrummel und die immer aufdringlicher werdenden Medien. Manch einer denkt gern, das Spirituelle, die Mönchswelt, sei rein, während die Welt der Blitzlichter und markanten Sprüche bestenfalls dekadent ist. Sicherlich hat man sich Freiheiten herausgenommen gegenüber dem Buddhisten, die ich mir gegenüber dem Papst oder, derzeit, gar gegenüber dem islamischen Klerus kaum vorstellen könnte. Doch einer der treffendsten Einwände aus dem Munde dieses bekanntesten aller Mönche und einiger Gleichgesinnter lautet, dass unter Umständen selbst derlei weltliche Dinge durch den Zweck geheiligt werden, den wir ihnen zuweisen. »An sich ist nichts weder gut noch schlimm; das Denken macht es erst dazu«, sagt Hamlet.

Im Frühjahr 2004 flog ich nach Vancouver, weil ich wissen wollte, ob sich der Dalai Lama vor lärmenden Menschenmassen und zudringlichen Medien anders verhalten würde als im ungezwungenen Nara. Ich interessierte mich nicht besonders für seine Persönlichkeit, mochte sie auch noch so glanzvoll und gemütsbewegend sein, einesteils deshalb nicht, weil er selbst keinen besonderen Wert darauf zu legen schien, vor allem aber, weil die Tugenden, die er in der Öffentlichkeit zeigte, im Grunde nur auf die privaten Übungen und die Stille zurückzuführen waren, die ihnen zugrunde lagen. Doch interessiert es mich seit Jahrzehnten, wie die Globalisierung einen gewissen Tiefgang annehmen kann und eine Innerlichkeit, die ihr mehr hilft als bloße Güter- und Datenströme, und ob die Medien noch etwas anderes melden können als flüchtige Tagesereignisse. Wenn unser neuer Lebensstil wirklich einmal Nachhaltigkeit zu bieten hätte, so dachte ich seit Langem, dann im Bereich des Unsichtbaren, in dem, was der allgemeinen Beschleunigung und den multinationalen Konzernen zugrunde liegt.

Schon Wochen, bevor ich überhaupt einen Fuß auf kanadischen Boden setzte, informierte mich die Website, die eigens für die betreffende Veranstaltung eingerichtet worden war (so wird es heutzutage vor jedem Besuch des Dalai Lama weltweit gehandhabt), darüber, dass sich die Stadt in ekstatischer Spannung befinde; der Pate der Weltordnung, als der er manchmal erscheint, war seit mehr als zehn Jahren nicht mehr in Kanada gewesen. Seine allgemeinen Vorträge darüber, wie man gütiger und achtsamer lebt, waren schleunigst ins *Pacific Coliseum*, das größte öffentliche Stadion der Stadt und langjährige Heimat der »Canucks«, der Eishockeymannschaft von Vancouver, verlegt worden, nachdem die Eintrittskarten schon Monate vorher innerhalb von zwanzig Minuten ausverkauft waren und achttausend enttäuschte Menschen leer ausgingen. In Toronto, auf der gleichen Reise, sollte der Dalai Lama seinen Vortrag unter der riesigen Kuppel des *SkyDome* (dem heutigen *Rogers Centre*) halten, der normalerweise für Rockkonzerte und Baseballspiele genutzt wird. Wohin ich mich auch wandte bei meiner Ankunft in Vancouver an jenem verregneten Abend im April, überall klebten Bilder des Dalai Lama an Laternenpfählen (zumindest an den Laternenpfählen, die nicht schon mit Plakaten der Canucks beklebt waren). Es war, wie es in der Presse oft heißt, als würde ein Präsident erwartet und zwar in Begleitung von Mick Jagger.

Der Dalai Lama kam, was typisch ist, auf Einladung eines chinesischen Freundes hierher, der ihm 1972 ins Haus geschneit war, mit schwarzem Umhang, Fu-Manchu-Kinnbart und völlig ahnungslos. Dieser Reisende namens Victor Chan war mit zwei Frauen zusammen auf dem Hippietrail in Afghanistan entführt worden, und als ihnen zu dritt die Flucht gelungen war, hatte sich eine der Frauen daran erinnert, dass sie den Namen und die Adresse eines gastfreundlichen Tibeters kannte, der in Nordindien in einem vergessenen Bergort namens Dharamsala lebte. Bei dem besagten Tibeter handelte es sich natürlich um den Dalai Lama, der damals noch wenig bekannt war, und nun, 32 Jahre später, lud ihn Victor, dieser chinesische Heinrich Harrer der Gegenkultur, nach Vancouver ein, wo er neben zweien seiner langjährigen Freunde und Verbündeten, Desmond Tutu und Václav Havel, sowie der letzten Friedensnobelpreisträgerin Schirin Ebadi, einer iranischen Richterin, die dem theokratischen Regime ihres Landes furchtlos die Stirn geboten hatte, über Frieden und Versöhnung sprechen sollte.

Wohin ich auch während meiner Anreise schaute, debattierten im Vorspiel zu der sechs Monate später stattfindenden amerikanischen Präsidentschaftswahl George W. Bush und John Kerry im Fernsehen, und sobald die beiden Männer in ihren Anzügen aufgehört hatten, von Krieg zu reden, erschienen andere Männer in Anzügen – meine Medienkollegen – auf dem Bildschirm und sprachen darüber, was die ersten Anzugträger zum Thema »Krieg« gesagt hatten; die Rundfunksender schreckt heutzutage nichts – weder Schwulst noch Wiederholungen, noch Gift und Galle – so sehr wie Funkstille. In nur einer Generation – im Grunde seit meiner ersten Reise nach Tibet – war es so weit gekommen, dass die damals unzureichend informierte Welt jetzt übersättigt war mit Informationen, und dabei sehnte sich die Seele nach etwas, wie ich mehr und mehr dachte, als ich all das Geschnatter im Fernsehen hörte, das den ganzen Wirrwarr in die richtige Perspektive rücken würde. War die Information einst der erste Schritt zu mehr Wissen und Weisheit gewesen, schien sie jetzt manchmal deren ärgster Feind zu sein.

Als ich am Morgen gegen sieben Uhr am *Chan Centre* der Universität von British Columbia ankam (Vancouver war inzwischen so etwas wie ein Vorposten Chinas geworden, allerdings war dieser Chan kein Verwandter von Victor), standen die Leute vollkommen still in langen Schlangen rings um das Gebäude und bis weit ins Unigelände hinein im Regen. Es war, wie fast überall, wo der Dalai Lama spricht, eine Art globales Meeting: Frauen in traditioneller tibetischer Kleidung, die Spitzen der lokalen Verwaltung, Journalisten, die ihrem Aussehen nach aus Japan, Taiwan und vom chinesischen Festland kamen, und Hunderterlei andere. Allein die Medien waren so zahlreich vertreten, dass uns ein eigener Komplex zugewiesen worden war, wo wir das Geschehen auf Bildschirmen verfolgen konnten, und so defilierten wir, die wir gebeten worden waren, uns aus Sicherheitsgründen zwei Stunden früher einzufinden, in langer Reihe in einen großen Hörsaal, in dem die lebenden Würdenträger in Bilder – überlebensgroße Ikonen einer virtuellen Welt – verwandelt werden sollten.

In dieser Umgebung mutete es mich etwas seltsam an, unter all den Verhaltensvorschriften, die uns vorher zugeschickt worden waren, auch die zu lesen, dass »das *Pacific Coliseum* für die Dauer dieser Veranstaltung als Kirche zu betrachten sei« – dabei war es in gewisser Weise ein perfektes Beispiel für das, was die Besucher sich eigentlich erhofften: ein Unterhaltungscenter in einen Ort umzuwandeln, an dem (mit Humor und gebührender Demut) ein Gefühl von Gewissenhaftigkeit, Bewusstheit und noch etwas mehr als nur das Selbst unterhalten werden konnten. Der große Religionswissenschaftler Huston Smith hat einmal gesagt, das unsere sei das erste Zeitalter, in dessen Mittelpunkt laut Archäologen kein Tempel steht (sondern ein Stadion oder ein Einkaufszentrum). Eine andere Vorschrift machte uns allerdings klar, dass auch Kirchen keineswegs mehr Heiligtümer sind, die dem Zugriff der realen Welt und ihrer Konflikte entzogen sind: »Dolgyal-Anhänger«, so hieß es, »werden gebeten, der Lehrveranstaltung fernzubleiben.«

Diese klar formulierte Bitte war eine Erinnerung daran, dass jedes öffentliche Auftreten mit Gefahren verbunden ist und dass der Dalai Lama, wie jeder spirituelle oder politische Führer, auch Gegenstand interner politischer Auseinandersetzungen ist. Er ist für jeden Tibeter und jeden tibetischen Buddhisten (etwa in der Mongolei und jetzt auch in Korea, Taiwan und anderswo) die sichtbare Verkörperung seines Glaubens und im ziemlich wörtlichen Sinne ein Gott – die Inkarnation *Chenrezigs*, der Gottheit des Mitgefühls, und damit so erhaben über das Gewöhnliche, dass die Tibeter vor Ehrfurcht nicht wagen, ihn direkt anzusprechen; doch in den letzten Jahren haben die Anhänger einer tibetischen Gottheit namens *Dorje Shugden*, auch *Dolgyal* genannt, vermehrt seine öffentlichen Auftritte gestört, weil sie sich in ihrer speziellen Ecke des tibetischen Buddhismus diskriminiert fühlten. Wie viele der Debatten, die die Tibeter untereinander führen, geht auch diese Jahrhunderte zurück, nur handelt es sich keineswegs um etwas Abstraktes oder Abgehobenes, denn sechs Jahre zuvor waren drei Angehörige des Privatklosters des Dalai Lama, darunter der Chef seines Instituts für Buddhistische Dialektik, ein paar hundert Meter von der Residenz des Dalai Lama entfernt, ermordet in ihren Betten aufgefunden worden, und es wurde allgemein angenommen, dass das Attentat auf irgendeine Art mit einer Reihe blutrünstiger Drohungen von Dolgyal- oder Shugden-Anhängern zusammenhing.

Als ich also im Medienhörsaal Platz nahm, merkte ich, dass ich vor allem sehen wollte, wie diese drei Menschen aus sehr unterschiedlichen Lebensverhältnissen mit den Herausforderungen der Publicity und des Ruhms, aber auch mit Anfeindungen umgehen würden. Theoretisch waren sie hier, weil sie vor Beginn der ernsten Erörterungen die Ehrendoktorwürde der Universität entgegennehmen und den Studiengang »Moderne Tibetologie« an dieser Hochschule feierlich eröffnen sollten. Doch in Wirklichkeit, glaube ich, wollten sie hier in der begrenzten Zeit, die ihnen zur Verfügung stand, eine neue Perspektive aufzeigen, nämlich die, dass Revolutionen zu Hause ihren Anfang nehmen. Der Dalai Lama sprach gern von *human beings* (»Menschen«) und setzte fast immer das Wort »wir« davor, dabei ging es ihm eigentlich um *human becomings*, also das »Werden des Menschen« und die Möglichkeiten eines jeden, den für alle gangbaren Weg zu mehr Mitgefühl und Achtsamkeit einzuschlagen. Ein Weltfrieden, den Menschen erreichten, die selbst noch immer ruhelos, angstvoll oder neidisch sind, könne kein richtiger Frieden sein.

Wahrer Frieden könne nur entstehen, wenn wir innerlich ruhig würden, wenn wir weit hinter das Selbst zurückgingen, dorthin, wo kein Gefühl von »wir« und »ihr« mehr da ist, sondern alles als in einem pulsierenden Netzwerk miteinander verbunden gesehen wird und uns daran erinnert, dass der Chef, den wir nicht ausstehen können, in einem früheren Leben womöglich unsere Mutter war – oder in einem zukünftigen Leben unsere Mutter sein wird. So betrachtet sei das einzige Revolutionäre eine Neueinschätzung; um eine Gesellschaft oder ein System zu verändern, müsste man bis zu den Grundursachen im Geist vorstoßen. »Hass sei«, wie Graham Greene in *Die Kraft und die Herrlichkeit* geschrieben habe, »einfach nur ein Mangel an Vorstellungskraft.«

Ich wusste in gewissem Umfang im Voraus – wie eigentlich alle Anwesenden –, was die Redner sagen würden, und wir alle wussten, dass nichts davon besonders bemerkenswert oder neu war. »Wie können wir hoffen, in anderen Häusern Ruhe zu finden, wenn wir sie im eigenen nicht zu finden vermögen?«, hat die heilige Teresa von Avila sich und die Welt vor vierhundert Jahren gefragt. Das Spannende am Auftritt dieser Leute – die Hoffnung auf Verwandlung, die sie weckten – war jedoch, dass sie alle mit sehr praktischen Formen für diese erhabenen Gedanken experimentierten: Ebadi, indem sie die Gesetze Irans hochhielt und schützte, während das Regime alles tat, sie umzudeuten oder ganz außer Kraft zu setzen; Tutu, indem er nach dem Ende der Apartheid in seinem Heimatland Südafrika eine »Wahrheits- und Versöhnungskommission« ins Leben rief, sodass alte Verbrechen weder vergessen noch einfach nur gerächt werden konnten, und der Dalai Lama, indem er bei solchen Anlässen den offiziellen Buddhismus bis zu einem gewissen Grad zu Hause ließ, um uns die von ihm favorisierte »Weltethik« nahezubringen. Havel (der aus Krankheitsgründen in letzter Minute absagen musste) hatte sogar einen Woody-Allen-Forscher für den Botschafterposten in Washington vorgesehen, falls er an die Macht kam, vielleicht, um eine Politik auf den Weg zu bringen, die sich nicht allein auf Politiker stützte.

Es war, als sei das, was sie dem Publikum wirklich brachten – auch bei dieser rituellen Übung – ein Rahmen für die Einordnung der Tagesereignisse, damit wir sie als eingebunden in etwas von größerer Dauer und Tragweite erkennen konnten. (Desmond Tutu würde wahrscheinlich von »Schöpfung« sprechen, Schirin Ebadi von »Gerechtigkeit«, und im Vokabular des Dalai Lama würde es vermutlich »letzte Wirklichkeit« oder »menschliches Potenzial« heißen.) Ein Erzbischof, ein Mönch und eine Richterin folgen ihrer Natur und bitten uns, die jeweils aktuellen Nachrichten im Licht von Prinzipien zu sehen, die viel länger Bestand haben als nur einen Augenblick lang.

Man solle Amerikas Engagement im Irak einmal nicht nur im Hinblick auf Washingtons Beziehungen zum Nahen Osten, zum Mörder Saddam Hussein oder zum Eiferer George W. Bush betrachten, äußerte Ebadi in ihrer Rede, sondern mit Blick auf solche Grundgesetze wie etwa die Souveränität der Staaten und die Sorgen, die sich jede Nation macht, wenn diese Grundsätze vor ihren Augen missachtet werden. Schaut euch euer Leben an und wie ihr gelitten habt, sagte Tutu in seiner Kommission, aber seht keine große Sache, die alles andere verdrängt, sondern blickt sozusagen vom Himmel herab, sodass es nur noch ein kleiner Fleck auf einer Fläche ist, die viele Jahrhunderte und Kontinente umfasst. Seht euch Tibets Dialog mit China an, hat der Dalai Lama immer gesagt, nicht nur bezogen auf diese Führung oder jenen Verlust, sondern im Kontext einer schier endlosen Reihe von Ursachen und Wirkungen, die sich unendlich weit in die Zukunft erstreckt. China und Tibet würden immer Nachbarn und ihr Schicksal immer verflochten sein; bei der Sorge um das Wohl der Tibeter könnte man es sich folglich nicht leisten, die Prioritäten und Bedürfnisse der Chinesen zu übergehen.

Als Tutu nach vorn auf die Bühne gerufen wurde, um den großen schwarzen Ehrendoktorhut mit Quasten entgegenzunehmen, erinnerte er daran, dass er schon einmal einen solchen Hut empfangen hatte, in West Point. Der sei ihm, wie sich herausgestellt habe, viel zu groß gewesen, sagte er. »Jede Frau hätte in dem Moment gesagt: ›Ich glaube, wir brauchen einen kleineren.‹ Aber meine liebe Frau Leah, die mich schon so lange kennt, sagte nur: ›Da sieht man mal wieder, wie großkopfert mein Mann erscheint!‹«

Das Publikum lachte begeistert; Selbstironie war genau das, was es von einem Geistlichen erwartete, und Tutu wusste, wie er die Massen mit dem melodischen Auf und Ab seiner Stimme für sich einnehmen konnte. Und doch birgt der Scherz, wie so vieles, auch eine ernste Botschaft, dachte ich, denn ein Gottesmann wählt – ebenso wie ein Mönch oder eine Richterin – seine Worte sorgfältig: Erwarte nicht, dass die Welt sich in ihren Bedürfnissen dir anpasst; richte dich lieber mit deinen Bedürfnissen nach den Verhältnissen in der Welt.

Ich konnte mir gut vorstellen, was einige meiner Kollegen auf all das antworten würden – die Arbeit eines Journalisten (und die eines Buddhisten, würde der Dalai Lama vielleicht sagen) besteht nun einmal darin, solche Antworten zu finden. Alle drei Würdenträger waren Idealisten und in der glücklichen Lage, moralische Grundsätze aufstellen zu können, statt sich mit der realen Welt zu befassen, in der man sich viel öfter zwischen falsch und falsch als zwischen richtig und falsch entscheiden muss. Alle drei hatten gelitten und ihr Leid mit Würde überstanden, aber Leiden allein ist noch keine Garantie für Weisheit, geschweige denn für politische Autorität. Es hat seinen Grund, dass Staat und Kirche im Allgemeinen getrennt sind, nämlich den, dass die Kirche in der Ewigkeit für Gerechtigkeit eintritt, während die Politik in der viel eingeschränkteren Menschenwelt agiert.

Doch dann fiel mir ein, was ich gleich zu Anfang in Tutus jüngstem Buch gelesen und was mich zuerst bestürzt hatte.

»Ich bin kein Optimist«, schrieb er. »Der Optimismus hängt von äußeren Erscheinungen ab und schlägt schnell in Pessimismus um, wenn sich diese Erscheinungen verändern. Ich betrachte mich als Realisten.« Statt der verwundeten Gesellschaft einfach nur ein Heftpflaster aufzulegen, versuchte er es (und sein tibetischer Freund würde es wahrscheinlich genauso machen) mit einer radikalen Herzoperation. 62 Jahre im eigenen Land zu leben, ohne wählen zu dürfen, hatte ihm klargemacht, wie nutzlos es ist, sich eine Veränderung der Dinge nur zu wünschen, und als er die Welt gedrängt hatte, sein Land zu boykottieren, meinte er damit im Grunde, dass er und seine Schäfchen auf alles verzichten würden, wenn damit ein Regierungswechsel ausgelöst werden könnte, der ihr Leben bis ins Innerste verwandeln würde.

Ich schaute mir Ebadi an, die fest auf ihrem Stuhl saß, und dachte daran, dass sie bei ihrer Verteidigung von Dissidenten hin und wieder Listen von »Störenfrieden« entdeckt hatte, die ermordet werden sollten und auf denen unübersehbar auch ihr Name stand; Todesdrohungen waren ihr täglich Brot. Und ich sah den Dalai Lama, wie er sich auf seinem Platz vorbeugte und Gesichter in der Menge suchte, und dachte daran, dass er seit fast fünfzig Jahren noch immer mit dem gelben Flüchtlingsausweis herumreist. Das Gebet, erinnerte ich mich bei Emerson gelesen zu haben – eigentlich die beste Definition, die mir je begegnet ist –, ist nur »die Lebensbetrachtung vom höchsten Standpunkt aus«.

☸

Allein der Begriff »spiritueller Star« ist natürlich völlig absurd, und doch ist der spirituelle Star in einer Welt, in der Starruhm zur globalen Währung geworden ist, der Einzige, der den Begriff ummünzen und ihn zu etwas Kostbarerem, Lebenserhaltendem machen kann. Alle drei Gäste waren hier, weil sie sich nicht vom Lärm und von der Unrast der realen Alltagswelt abwenden wollten; aber darüber hinaus waren sie alle drei hier, weil sie entschlossen waren, in diesem Lärm den Keim oder die Andeutung von etwas Wertvollerem zu finden. Jetzt standen sie vor der Aufgabe, diesem Publikum das Gefühl eines echten, lebendigen menschlichen Kontakts zu geben, das ein Bildschirm nie vermitteln kann (die Zuschauer hatten schließlich monatelang auf diesen Tag gewartet); sie mussten etwas zurücklassen, das sie überdauern und den Leuten dazu verhelfen würde, später ein wenig anders mit dem Lärm und der Unrast der Welt umzugehen, etwa dadurch, dass sie sahen, wie sie die Welt verändern konnten, wenn sie ihre Sicht der Welt veränderten.

Als Tutu sich wieder gesetzt hat, betritt die Universitätsrektorin das Podium und liest die Rede ab, die sie vorbereitet hat. »Niemand in unserer heutigen Gesellschaft repräsentiert stärker Liebe, Mitgefühl und Selbstlosigkeit als der 14. Dalai Lama«, psalmodiert sie. Dann bittet sie ihn, vorzutreten. Eine Routineformulierung, wie ich glaube, aber es rührt mich, dass sie »unsere« sagt: Eine Bedeutung für die Bürger von Vancouver kann der Dalai Lama nur haben, wenn sie ihn als Teil ihrer Welt begreifen und er sie als Teil der seinen – im Grunde genau die Art von Verbindung, die nicht zustande kommen konnte, als Tibet noch hinter den höchsten Bergen der Welt lag, für die meisten von uns ein Fantasieland voller Menschen, für die wir wahrscheinlich gar nicht wirklich existierten.

Der Tibeter geht auf der Bühne ein paar Schritte nach vorn und sagt ein paar Sätze auf Englisch, immer eine gute Methode, bei seinen Zuhörern für Entspannung zu sorgen und uns mit seiner fehlerhaften Grammatik daran zu erinnern, dass er einer von uns ist, dass er sich in nichts von uns unterscheidet. Dann sagt er: »Ich brauche einen Krückstock für mein gebrochenes Englisch« und ruft den für diese Veranstaltung zuständigen Dolmetscher an seine Seite, einen hochintelligenten tibetischen Gelehrten und Philosophen mit Doktortiteln sowohl von tibetischen Instituten als auch von Cambridge, der derzeit in Kanada lebt und Tibet der Welt nahezubringen versucht und umgekehrt. »Solange es den unendlichen Raum und solange es fühlende Wesen gibt«, sagt der Dalai Lama auf Englisch in Anlehnung an sein Lieblingsgebet, die Verse des indischen Philosophen Shantideva aus dem 8. Jahrhundert, »möchte ich den Wesen von Nutzen sein.«

»Daran glaube ich«, fährt er fort, »das ist meine grundlegende Überzeugung. Es ist keine holistische Überzeugung; es ist eine eigennützige Überzeugung. Denn wenn ich an andere denke, empfinde ich eine enorme Befriedigung. Anderen zu dienen ist die beste Art, selbst tiefe Befriedigung zu empfinden. Ich versuche auf realistische Weise, menschliche Werte zu vermitteln.«

Schon wieder »Realismus«, denke ich. Und komplexe Vorstellungen in einfache Bausteine zerlegt wie im Baukasten eines Kindes (der Dalai Lama hat als Kind im Potala-Palast gern mit Stabilbauteilen gespielt). In den fünf Minuten, die ihm hier nur zur Verfügung stehen, muss er den Leuten möglichst etwas vermitteln, das so praktisch und klar ist, dass es ihnen in Erinnerung bleibt und mit nach Hause genommen werden kann.

Dann spricht er, wie immer, über sein neues Lieblingsthema, nämlich dass der Buddhismus möglicherweise den »Erkenntniswissenschaften und der Bewusstseinsforschung etwas zu bieten hat«, und über die Tatsache, dass bestimmte Eigenschaften von Geist und Gefühl nicht der buddhistischen Tradition angehören, sondern, wie Tests gezeigt haben, der ganzen Menschheit. Wir sehen ein Seil in unserem Zimmer, halten es für eine Schlange und sind entsetzt, sagen die Tibeter; aber sobald wir genauer hinschauen und sehen, dass es sich nur um ein Seil handelt, verfliegt alle Furcht. Wir selbst sind die Schöpfer unseres Entsetzens. Die Welt ist gar nicht so angsterregend, wenn wir sie richtig sehen. Anschließend spricht er von seinem alten Freund Tutu. »Da gibt es nur einen Unterschied«, sagt er und wendet sich strahlend dem ebenfalls strahlenden Erzbischof zu. »Den Schöpfer! Aber es ist das gleiche Ziel.« Das Publikum ist gleich von der freimütigen Aufrichtigkeit ohne jeden Schatten eingenommen: endlich ein Mann, der wirklich von Herzen spricht, ohne eine Ansicht oder Philosophie verkaufen zu wollen, geschweige denn sich selbst.

Was mich jedoch ebenso verblüfft wie das Thema des Vortrags, ist die Vortragsart. Der Dalai Lama beginnt seine Sätze auf Englisch oft mit den Worten *so therefore*, als wolle er damit seine Aussagen zu einer festen Abfolge von Ursache und Wirkung zusammenknoten. Zugleich beendet er seine Sätze oft mit den Worten »Das ist meine Auffassung« oder »Daran glaube ich fest«, wie um zu bekräftigen, dass es nur seine Gedanken sind und nicht die absolute Wahrheit. Außerdem sind seine Sätze gespickt mit sorgfältig gewählten Klauseln wie »im Allgemeinen«, »vielleicht«, »ich glaube«, wie er in normalen Gesprächen auch oft Daten anführt. Als er mir gegenüber einmal etwas zugunsten des Buddhismus gesagt hatte, brachte er wie zu seiner Entschuldigung in einer einzigen Antwort siebenmal das Wort »vielleicht« unter. Wie mir jetzt erneut auffällt, benutzt er besonders häufig die Begriffe »ruhig«, »aufrichtig«, »gesund« und »authentisch«, und ebenso gern verwendet er die beiden Worte »herzlich«

und »vorurteilsfrei«, als wolle er uns damit klarmachen, dass er um Objektivität bemüht ist, aber nicht um den Preis der Menschlichkeit.

An diesem Tag scheint er auch gern auf den New-Age-Begriff »holistisch« zurückzugreifen – wahrscheinlich hat ihm jemand gesagt, damit sei am besten die zentrale buddhistische Vorstellung wiederzugeben, dass alles wechselseitig miteinander verbunden ist und nichts unabhängig und für sich allein besteht. Nun mag es zwar das richtige Wort für diesen Gedanken sein, aber es klingt doch merkwürdig aus dem Munde eines Mannes, der das New-Age-Denken regelmäßig mit der Begründung abtut, es ermangele ihm an Stringenz.

Sein Dolmetscher, im Vergleich zu seinem stämmigen Boss ein kleiner Mann mit Bürstenschnitt, überträgt nach 20-jähriger Zusammenarbeit die wenigen tibetischen Worte sehr flüssig ins Englische. Als ehemaliger Mönch und professioneller Philosoph vermag er gut Schritt zu halten mit den manchmal sehr komplexen und differenzierten Ideen hinter den einfachen Worten. Während er übersetzt, lässt der Dalai Lama, wie in Nara, den Blick schweifen, macht sich Notizen, wie es scheint, und blickt mit unübersehbarem Interesse zur Decke hoch wie ein kleiner Junge, der sich plötzlich in einem Naturkundemuseum wiederfindet. Einmal jedoch, als der Dolmetscher von »Gesprächen mit Wissenschaftlern« spricht, schaltet er sich plötzlich ruhig ein, und ich merke, dass er die ganze Zeit bei der Sache war. »Nein«, sagt er lebhaft, »Dialoge!« Das ist, wie ich daraus schließe, ein wichtiger Begriff für ihn.

In Tibet, bei Tibetern in aller Welt und nicht zuletzt bei sich zu Hause in Dharamsala wird der Dalai Lama geradezu als Gott verehrt; in der Mitte eines jeden Ladens in Dharamsala gibt es ein gerahmtes Bild von ihm, und selbst die rebellischsten Tibeter, die zum neuesten Song der *Red Hot Chili Peppers* vor Mädchen aus dem Westen herumscharwenzeln, verstummen und bekommen feuchte Augen, wenn sie auf den Dalai Lama angesprochen werden (der gewissermaßen ihr Heimatland, ihren Glauben und ihr Selbstgefühl verkörpert). In der tibetischen Gemeinschaft schlichtet offiziell nach wie vor der Dalai Lama jede innere Auseinandersetzung, außerdem hat er eine ganze Generation von Mönchen ordiniert und besitzt eine solche kultische Autorität, dass selbst stolze, an der Columbia-Universität ausgebildete junge Tibeter (die ich kenne) zu nervös sind, um für ihn zu dolmetschen, und sich sofort vor ihm verneigen wie Untertanen vor ihrem König. Im Exil ist er mehr denn je das wichtigste Kapital der Tibeter.

Aber sonst, in der großen weiten Welt, ist der Dalai Lama nur eine Ikone, eine Art profane Gottheit, und dafür gibt es kaum Präzedenzfälle. Der Dalai Lama geht ungemein pragmatisch damit um, welchen Gebrauch alle Welt von ihm macht – wenn es Menschen gut tut, sein lächelndes Gesicht als Bildschirmschoner zu benutzen, sagt er, oder wenn es einen echten Nutzen bringt, seine Reden in Londoner Diskotheken zum Tanz abzuspielen, dann sollen sie ihn oder sonst etwas »Segensreiches« ruhig benutzen; ab einem bestimmten Punkt kann er die Vorstellungen, die sich Leute von ihm machen, oder die Hoffnungen, die sie in ihn setzen, nicht mehr beeinflussen, und ein Arzt hat die Aufgabe, zu helfen, wo immer es nötig ist. Das hat allerdings zur Folge, dass er selbst für Bücher, in denen junge Tibeter ihrer Ungeduld über seine Politik Luft machen, ein Vorwort schreibt und, wie ein enger Freund anmerkt, »Fragen beantwortet, die er besser nicht beantworten sollte«.

Vielleicht, denke ich manchmal, geben uns solche Leute eine Art Rätsel auf: Wie stark reagieren wir auf das Wesentliche, den unveränderlichen Kern dessen, was sie sagen, und wie oft sehen wir sie nur durch das Schlüsselloch unserer eigenen Prioritäten? Ich für meine Person weiß noch, wie klein und gerührt ich war, als ich am Tag nach der Ankündigung, dass er den Friedensnobelpreis erhalten sollte, mit dem Dalai Lama zusammentraf und er so offen und direkt mit mir sprach wie mit seinesgleichen, ohne sich im mindesten durch irgendeine imaginäre Schranke zwischen uns hindern zu lassen, so als sähe er gar keine. Am eingehendsten habe ich mich in jenem Jahr jedoch über das Fest zu seinem 54. Geburtstag ausgelassen, das ein paar Monate zuvor in den Hügeln von Malibu stattfand, als gewöhnliche Sterbliche wie ich stundenlang neben solchen glamourösen Stars wie Cindy Crawford und Tina Chow stehen durften. Wir sehen jeden, dem wir begegnen, meist im Lichte unserer momentanen Interessenlage.

Als ich zusehe, wie der Dalai Lama und Erzbischof Tutu den Saal verlassen, und ihnen in den kleinen Raum folge, in dem sie einem Kollegen und mir ein Fernsehinterview geben sollen, das in ganz Kanada ausgestrahlt wird, erkenne ich erst richtig, dass sie zwar vom »gleichen Ziel« reden, aber auf völlig unterschiedliche Art. Tutu bedient sich des ganzen melodischen Spektrums seiner Stimme, um auf Englisch die in der Sprache verborgenen Kräfte zu beschwören, für die Shakespeare und die King-James-Bibel gemeinsam einstehen; er fesselt seine Zuhörer, indem er erst in leisesten Tönen spricht, um dann immer lauter zu werden und uns mitzureißen. Der Dalai Lama spricht, besonders auf Englisch, viel langsamer und sorgfältiger in präzisen, runden Sätzen, die wie Bausteine sind, aus denen sich sein Denken zusammensetzt. Tutu ist jemand, der scherzt und sich zu Höhenflügen voller Glanz und Brillanz aufschwingt, und die Sätze, die er immerfort wiederholt, haben auf den Zuhörer eine Wirkung wie Licht, das durch ein buntes Glasfenster einfällt; der Dalai Lama ist eher Logiker als Dichter, wenn er spricht, und bietet (getreu seinen buddhistischen Prinzipien) Erklärungen an, die fast schon simpel klingen, bis man jedem Wort auf den Grund geht und den Gedankengang dahinter erkennt.

Der größte Unterschied zwischen den beiden Gästen zu diesem historischen Zeitpunkt jedoch sind einfach ihre gegensätzlichen Positionen in dem Kampf, für den sie stehen. Erzbischof Tutus Anliegen ist bis zu einem gewissen Grad erreicht; seine Schlacht ist gewonnen. Dank seines und Nelson Mandelas Einsatzes und der Bemühungen vieler anderer in Südafrika und im Ausland wurde die Apartheid abgeschafft, und obgleich die Gewalt, die Gefahr und die Verwirrung im Lande bisweilen schlimmere Ausmaße annehmen als zuvor, hat die Außenwelt ihr Teil dazugetan, dass die Macht jetzt wieder in den Händen der Mehrheit liegt. Wenn Tutu das Podium betritt, sagt er folglich: »Danke, danke und nochmals danke.« Danke den Menschen in Kanada und anderswo, sagt er, Südafrika feiert in einer Woche sein zehntes Friedensjahr. Es fällt schwer, sich nicht beschämt zu fühlen, wenn ein so würdevoller Mann Danke sagt.

Der Dalai Lama hingegen sagt: »Bitte.« Bitte, helft meinem Volk in Tibet, auch wenn ihr euch damit vielleicht kurzfristig bei der größten Nation der Welt unbeliebt macht. Bitte, wachst über euch selbst hinaus und seht ein, dass Verantwortlichkeit in eurem eigenen höchsten Interesse liegt. Wenn ihr wirklich glaubt, dass wir in einer globalen Welt leben, dann erkennt bitte, dass euer eigenes Wohlergehen ebenso von der Wohlfahrt Tibets abhängt wie umgekehrt.

Niemand hört gern inständige Bitten, vor allem nicht von einem Gast und schon gar nicht von einem Mann, den man mag und achtet. Der erste Impuls ist dann meist, die Bitte zu überhören und nur noch zu sehen, wie sehr man den Mann schätzt (noch dazu einen Mann, der allem Anschein nach sich selbst und seine Philosophie so gut beherrscht, dass man sich zwar leicht vorstellen kann, wie er unsereinem hilft, aber nicht, wie wir ihm helfen). Gerade die Art, wie der Dalai Lama aller Welt sagt, dass er sie braucht, verleitet viele auf dieser Welt zu der Annahme, dass er eigentlich darüber steht.

Trotz all der tiefer liegenden Spannungen ist es sehr bewegend, den Dalai Lama mit seinem alten Freund und Weggefährten zusammen zu sehen, so entspannt und zum Scherzen aufgelegt, wie wir nur in Gesellschaft von jemandem sein können, der weiß, welche Last wir tragen, und der unsere Ziele teilt. Während das Fernsehinterview seinen Fortgang nimmt, bemerke ich, dass der Tibeter Beispiele anführt, die ebenso überraschend wie treffend sind: Beim Hinweis darauf, dass Gewaltanwendung manchmal Gutes bewirkt, führt er den Koreakrieg an, den er als Jugendlicher mitverfolgt hat, während er sich selbst gerade in einem aussichtslosen Kampf mit China wiederfand. Und als er auf praktische Verbesserungsmöglichkeiten für die Welt zu sprechen kommt und von den Wasserarmen in Stockholm erzählt, deren Fauna und Flora einst völlig zerstört war, während es jetzt wieder überall reichlich Fisch gibt, wird mir klar, dass er durch Orte wie Vancouver seine Sicht der Welt schärft und auf den neuesten Stand bringt.

Wieder ist nichts davon neu, und das scheint manchmal

überhaupt der Sinn der Sache zu sein: Schließlich war es Buddha nicht so sehr darum zu tun, eine neue Lehre zu proklamieren oder eine Offenbarung zu verkünden, als uns dazu anzuregen, etwas zu suchen, was uns allen im tiefsten Innern längst bekannt und vertraut ist. Der Dalai Lama weiß inzwischen, wo sich die Kameraleute am besten aufstellen und dass sie von ihm knappe Äußerungen erwarten und keine zehn Minuten langen philosophischen Abhandlungen; was mich auch verblüfft, wenn ich an den Bericht meines Vaters von seiner ersten Begegnung mit dem Dalai Lama denke, ist, wie sehr der ältere Mann, dem ich gerade zuhöre, in seiner Gestik und allem anderen dem 24-jährigen Mönch mit dem Bürstenschnitt gleicht, der eben in Indien angekommen war.

»Er behauptete nie, perfekt oder unfehlbar zu sein, und man selbst dachte es auch nie«, hatte mein Vater damals geschrieben, »aber in seiner Gegenwart spürte ich die Frische einer ungeheuren persönlichen Lauterkeit.« Der Dalai Lama hatte meinem Vater eindringliche Fragen über seine Sicht der großen weiten Welt gestellt und betont, dass es wichtig sei, auch mit den eigenen angeblichen Feinden im Gespräch zu bleiben, weil sie eines Tages aufwachen würden. »Alterslos« wirkte er auf meinen Vater, und er war dazu in der Lage, »ohne jedes Getue die verschiedensten Posen einzunehmen und den Blick auf das Wesentliche zu richten«.

Als das Interview zu Ende ist, bietet mir der andere Journalist, ein liebenswerter, ehrlicher Kollege, der für religiöse Themen zuständig ist, an, mich in die Stadt mitzunehmen. »Ich weiß nicht, wie ich es sagen soll«, meint er, während wir durch den Verkehr fahren, wo auf jeder zweiten Werbefläche das Gesicht des Dalai Lama prangt, »weil ich es eigentlich nicht glauben kann, aber haben Sie nicht auch den Eindruck, dass der Dalai Lama nicht gerade das hellste Licht im Hafen ist?«

Er ist Doktor der Metaphysik, denke ich, er wird als glänzender Philosoph gerühmt und trägt in einer Fremdsprache vor; bei seiner Rede war er so etwas wie die Entsprechung zu Jimmy Connors, der sich bei einem Prominenten-Tennisturnier ein Match mit einem kleinen Jungen liefert. Eigentlich besteht bei ihm eher eine Neigung, sich in hochgestochenem Fachjargon auszudrücken, wenn er sich nicht – wie heute Morgen – bewusst auf seine Zuhörer konzentriert und die richtigen Worte für sie findet.

»Das Komische ist«, fährt der Mann fort (und ich merke jetzt, dass er sich eigentlich nur Sorgen macht, das Schwärmen für den Dalai Lama könnte für alle Beteiligten ermüdend werden), »dass viele Leute, die an nichts glauben, sterben würden, um einen Blick auf ihn werfen zu können. Es ist fast so, als hätten sie das Gefühl, dass sie durch seine Berührung, durch seinen Segen, fürs Leben gerüstet sind.«

»Genau das, sagt er ihnen immer, sollen sie nicht denken.« Ein echter Buddhist, sagt er, glaubt weder an blinde Frömmigkeit, noch treibt er Personenkult. Vertrauen und Respekt könnte man eigentlich sogar als Gegenteil unkritischen Glaubens bezeichnen. Und doch weiß ich genau, was mein neuer Freund meint. Überall und bestimmt auch auf dieser Station seiner Weltreisen erzählen mir Leute aufgeregt, wie es ihnen »bestimmt« gewesen sei, dem Dalai Lama zu begegnen, wie sie seinen Blick auf sich gezogen und gemerkt hätten, dass er nur zu ihnen sprach, wie er ihnen den Sinn des Universums enthüllt und mit seinem Blick in ihrer Seele gelesen hätte – als ob er nicht erheblich Dringlicheres im Kopf hat. Wenn wir ihn über Projektion und Täuschung reden hören, brauchen wir meist nicht weit zu gehen, um Beispiele dafür zu finden.

☸

Als der Dalai Lama im Exil ankam, waren ihm die Sitten und Gebräuche und die neuesten Technologien der modernen Welt zwangsläufig fremd; aber wenn ich mir anschaue, wie er jetzt seine Termine in Vancouver wahrnimmt, merke ich, dass er sich erstaunlich gut an die heutige Zeit angepasst hat. 1979, als ich ihn zum ersten Mal in der Neuen Welt sah, in Harvard, auf seiner ersten Amerikareise, wirkte er noch wie ein Wesen von einem anderen Stern; er hielt philosophische Vorträge, denen kaum jemand folgen konnte, und zu seinen Pressekonferenzen in den Achtzigerjahren in New York kamen nur wenige Journalisten, und das waren fast alles Tibeter.

Ich muss daran denken, dass er meinem Vater vor über 40 Jahren sagte, wenn die spirituellen Aspekte Tibets betont würden, müsse man auch über die politischen reden (und umgekehrt) und für »die spirituelle und religiöse Wahrheit ein politisches und soziales Forum schaffen«, und mir geht auf, wie sorgfältig er sich mit seinem gewohnten Empirismus in der Sprache der Welt geschult hat, wie er kaum jemals seine Position verändert, aber ständig neue Wege findet, sie deutlich zu machen. Nachdem er in Indien angekommen war, galt seine erste Sorge der Organisation aller Tibeter, dem Strom der Flüchtlinge, die mit ihm das Land verlassen hatten, und dem Aufbau eines neuen Tibets außerhalb von Tibet. Dann jedoch stürzte er sich, so berichten alte Freunde, auf seine Studien, zog sich auf lange Retreats zurück (was er im alten Tibet nie hätte machen können), in denen er das Desinteresse der Welt für sich nutzte, und bald darauf war der gelehrige Zwanzigjährige mit dem jungenhaften Gesicht eine viel besser gewappnete dynamische Gestalt.

Es war, als hätte er durch seine Abkehr von der Welt gelernt, zu ihr zu sprechen, sich ihr mit neuem Elan zielstrebig wieder zuzuwenden. 1967 ging er zum ersten Mal außerhalb Indiens, Chinas und Tibets auf Reisen und besuchte die buddhistischen Staaten Japan und Thailand; sechs Jahre später reiste er erstmals nach Europa. Weitere sechs Jahre später wurde ihm endlich die Einreise in die Vereinigten Staaten genehmigt, wo er zu Anfang nur Exiltibeter besuchte, seine Pilgerfahrten allmählich jedoch immer häufiger auch auf Zeitungsredaktionen, Politiker, den Kongress und am Ende sogar das Weiße Haus ausdehnte.

Als er merkte, dass seine Zuhörer weniger bereit waren, auf seine Darstellung der Situation Tibets hin aktiv zu werden als vielmehr seinen allgemeinen Moralvorstellungen zu folgen, begann er, die Ethik in den Vordergrund zu rücken (während er sich gleichzeitig weiter bemühte, in jedem Land die politischen Führer privat zu treffen und mit ihnen über Tibet zu reden). In der Erkenntnis, dass man mit Charme zwar Türen öffnet, aber nicht unbedingt den Beistand der realen Welt gewinnt, spricht er seit Kurzem, wie mir scheint, immer öfter aus einer starken, ja zornigen Position heraus, als müsse er das Haus säubern, ehe er es verlässt, und das Image des immer heiteren, jovialen Reisenden durch ein schärferes, schonungsloseres ersetzen.

Bei einem Mittagessen mit der *New York Times* regte (oder lockerte) er seine Gastgeber dadurch auf, dass er ein Gespräch mit dem Kellner begann; in einem besonders feierlichen Moment an der Seite François Mitterrands sprach er mit einigen Leibwächtern, an die er sich von einer Begegnung Jahre zuvor erinnerte. Und wenn ich ihn in Dharamsala aufsuchte, fielen mir in der Schlange der Wartenden stets Gestalten auf wie etwa ein ängstlicher Student aus Taiwan (Chinesischstämmigen hält der Dalai Lama besonders gern die Tür offen) oder ein Paar abgerissener Rucksacktouristen (die ihn über Tibet informieren können).

Trotz alledem ist es nach buddhistischer Auffassung unmöglich, Einfluss darauf zu nehmen, wie andere uns wahrnehmen, und das trifft, wie wir aus Erfahrung wissen, auch auf die Medien zu.

Ich habe mal eine Geschichte gelesen, in der der Geschäftsführer eines großen Unternehmens, ohne Zweifel ein aufrichtiger Mann, der mit seiner Macht etwas Nützliches anfangen wollte, den Dalai Lama zu einer Reihe von Gesprächen einlud. Einmal fragte er den tibetischen Mönch unvermittelt, ob er sich »John Lennon, dem Träumer, oder Gandhi, dem Politiker, näher fühlte« (die Antwort des Dalai Lama war in der Übersetzung, die ich gelesen habe, mit »?!« wiedergegeben). Der Mann blieb beharrlich und brachte ihn sogar dazu, den Text von John Lennons Lied *Imagine* vorzulesen. Immer wieder mit der Frage bedrängt, ob er ein »Träumer« oder ein »Macher« sei, sagte er schließlich: »Ich weiß es nicht.«

Dann sprach er plötzlich von der Arbeit für sein Volk und sagte: »Das stimmt mich sehr traurig.« Er habe »weder Macht noch ein Land«, sagte er. »Ich kann nichts dafür – aber ich fühle mich einfach verantwortlich für all die tibetischen Flüchtlinge, die eine so tiefe Verbindung zu ihrem Land haben.« Er kann nicht so sein, wie ihn sich der Fragesteller wünscht, könnte das heißen, und er kann auch nicht immer so sein, wie es seine Landsleute von ihm erwarten. Er ist auch nur ein Mensch.

Als sich der Aufenthalt in Vancouver dem Ende zuneigt, nehmen die Merkwürdigkeiten, die fast jede Reise des Dalai Lama kennzeichnen und denen manche Außenstehende mit Misstrauen begegnen, allmählich zu. Elegante Damen in schulterfreien Kleidern und Männer in fein gebügelter Nehru-Tracht versammeln sich vor einem Theater in der Innenstadt zu einem Friedenskonzert, drängen sich an den Obdachlosen vorbei, die zusammengekauert im Regen auf dem Bürgersteig lagern, nur wenige Häuserblocks von da entfernt, wo sich Drogensüchtige für ein paar Cents verkaufen. Eine multikulturelle Schar von Jugendlichen in Regenbogen-T-Shirts singt einen eigens komponierten Chorsatz, der mit *Om Mani Padme Hum, Dalai Lama Hum* beginnt und weitergeht mit: *Prayer flags in the breeze, floating laughter* … (»Gebetsfahnen im Wind, fernes Lachen …«), während zu beiden Seiten der Bühne das Bild des Mannes und seiner Mönche auf riesige Leinwände projiziert wird (»fernes Lachen« war allerdings in den letzten 50 Jahren in Tibet nur noch selten zu hören). Nur wenige Stunden später, kurz nach Einbruch der Dämmerung, zeigen sich die drei Friedensnobelpreisträger noch einmal in der *Christ Church Cathedral* in der Innenstadt, um eine Ehrenurkunde von der zweiten großen Hochschule der Stadt, der Simon-Fraser-Universität, entgegenzunehmen; die Kathedrale aus dem 19. Jahrhundert, sonst wegen Restaurierung geschlossen, ist eigens für diese Feier geöffnet worden.

Eine lange Prozession ergrauter Marxisten, strahlender Bengalen, indianischer Stammesführer mit Zöpfen, Rektoren, Geistlicher und Stadträte schiebt sich durch das Kirchenschiff, und mitten in dieser globalen Parade erscheint das Besuchertrio, der Dalai Lama in einer langen roten Robe, auf dem Kopf einen seltsamen blauen Hut, von dem gelbe Troddeln herabhängen, sodass er unglücklicherweise ein bisschen so aussieht wie der Narr aus einer Shakespeare-Komödie. (Die Fotografen haben wieder einmal keine Probleme, die Titelseiten zu füllen.) Ein »Kyrie Eleison« erklingt auf einer Empore, und während die Würdenträger langsam weiterschreiten, streckt ein elegant gekleideter Iraner in Anzug und Schlips neben mir bewegend in der klassischen islamischen Geste der Fürbitte und des Gebets die Arme mit den Handflächen nach oben aus. »Ich habe vor dir eine Tür aufgetan«, lautet der passende Spruch in der Kathedrale.

Wieder bekommt jeder der drei fünf Minuten Redezeit, und der Dalai Lama, der sich bewusst ist, dass er an einem Ort des Gebets weilt und nicht in einer Universität, sagt mehr oder weniger erwartungsgemäß: »Für mich selbst ist der Buddhismus natürlich das Beste. Aber das heißt nicht, dass der Buddhismus für die ganze Welt das Beste ist. Nein! Jeder Mensch, jeder Einzelne, kann das Beste für sich finden. Wie eine Arznei. Man kann nicht sagen: ›Nur weil ich es nehme, ist es das beste Mittel.‹ Für manche Menschen ist das Christentum das Beste, weil es für sie am wirksamsten ist.« Als ich ihn einmal nach der größten Überraschung seines Lebens fragte, antwortete er, er sei sehr überrascht und voller Bewunderung, dass der neue Papst Benedikt XVI. sage, in der christlichen Tradition müssten sich »Glaube und Vernunft vereinen«.

Das Wort »Übung«, wie es der Buddhist gebraucht, wenn er sagt, »die Begegnung mit Menschen aus anderen Traditionen hat meine eigene Übung vertieft«, soll uns an den Gedanken harter Arbeit und Disziplin gewöhnen (Übung verringert unsere Unvollkommenheit) und daran, dass wir uns auf die Abschlussprüfung vorbereiten müssen (in diesem Fall wohl den Tod). Das Wort »Weg«, das er ebenso gern verwendet wie »Fahrzeug«, weckt ein Gefühl, als gäbe es verschiedene

Möglichkeiten, die alle, auch wenn es die wildesten Pfade sind, zu einem ähnlichen Ziel führen.

In Anlehnung an das, was Tutu am Vortag sagte, endet er mit den Worten: »Ich glaube nicht, dass dieser Mensch hier mit dem neuen Ehrentitel etwas Besonderes ist. Ich bin nichts. Aber was die Aktivitäten betrifft – da ist möglicherweise ein gewisser Nutzen zu verzeichnen.«

Jetzt tritt Tutu ans Mikrofon und hält die herzergreifendste, erschütterndste Rede, die ich meines Erachtens je gehört habe. Er beginnt wieder mit leisen Dankesworten, sodass sich das Publikum nach vorn beugt, näher zu ihm hin: »Danke, vielen Dank. Danke. Danke.« Er neckt die Zuschauer, weil sie so nett und ruhig sind – Kanadier eben – und scherzt, dass er sie am liebsten alle in Afrikaner verwandeln möchte, die gern singen und tanzen. Er nimmt sich auch selbst auf die Schippe und sagt mit schelmisch funkelnden Augen, dass es eine wirkliche Verlockung sei für einen Mann, der gerne predigt, ihn ausgerechnet in einer wunderschönen Kirche ans Vortragspult zu rufen.

Dann, gerade als ich denke, dass er uns alle verzaubert hat und ich jemandem zuhöre, der das heutige Pendant zu Martin Luther King ist, sagt er: »›Ich habe einen Traum‹, sagte Martin Luther King. Ich glaube, Gott hat auch einen Traum, einen Traum für uns alle«, und jetzt erreicht seine Botschaft und seine Stimme Hetero- wie Homosexuelle (ein paar schwule Theoretiker auf der Bühne klatschen), Gesunde wie Behinderte, bis sich am Ende das Gefühl breitmacht, dass er uns alle zum Himmel emporgetragen hat und wir für einen kurzen Moment nicht von unten hinauf-, sondern von oben herabschauen, wie ein alles verzeihender, ewiger Gott vielleicht herabschaut. Einen Augenblick lang hat er uns erhoben in eine Vision der Vollkommenheit.

Danach holt uns seine Stimme wieder auf den Erdboden und geleitet uns sanft zu unseren Sitzen zurück, und Stille tritt ein in dem ganzen hell erleuchteten Saal. Ich werfe kurz einen Blick auf den Freund neben mir, schüttle im Stillen den Kopf und schaue zu Boden, damit er meine Tränen der Ergriffenheit nicht sieht.

☸

Ich gehe in den Regen hinaus – Fans der Vancouver Canucks in den Farben ihres Teams drängeln sich zwischen den Tibetern und Tibetophilen durch, von denen viele, wie ich der Tageszeitung entnommen habe, mehr als 2000 Kilometer gefahren sind, um den Dalai Lama zu hören – und versuche mich zu fassen und alles wieder in die rechte Perspektive zu rücken. Diese Männer verstehen sich nun einmal auf das Geschäft des Inspirierens und sind, wie andere Profis auch, gut in dem, was sie tun. Wie Tutu scherzhaft durchblicken ließ, sind ein Podium, eine Kirche und ein Mikrofon für ihn wahrscheinlich das Gleiche wie ein Hockeyschläger, ein Tor und Eis für einen Profi-Canuck. Wieder ist das Interessanteste an dem Ereignis in gewisser Weise der Unterschied in der Stimmlage: Der Dalai Lama führt uns mit wohlgesetzten Worten zu uns selbst, dorthin, wo (für einen Buddhisten) alle Macht und Verantwortung liegen. Tutu hingegen hebt uns über uns selbst hinaus dorthin, wo wir uns zu einem himmlischen Chor vereint fühlen, der unsere wahre Heimat sein könnte.

Nur eine Woche später jedoch, in einer kleinen Stadt zwei Fahrstunden von Seattle entfernt, treffe ich zufällig einen jungen Lehrer wieder, den ich im Souterrain der *Christ Church Cathedral* vor der Ehrenfeier kennengelernt hatte. Mein neuer Freund Christian gibt mir die Kopie eines Artikels, den er über das Ereignis verfasst hat, und sagt: »Wissen Sie, es hat wirklich etwas bewegt bei mir. Sobald ich wieder zu Hause war, bin ich herumgegangen und habe mich all meinen Nachbarn vorgestellt. Das ist nichts Weltbewegendes, aber es ist ein erster Schritt, glaube ich. So etwas habe ich vorher noch nie gemacht.«

Ich höre ihm zu, und mir wird klar, wie wenig meine Vorstellungen von Stars und Medien mit den vergangenen Tagen zu tun haben. Im Grunde war ich in Gedanken immer in meiner eigenen Welt statt in der des Dalai Lama. Ein Taschendieb begegnet einem Heiligen, sagen die Tibeter, und alles was er sieht, sind dessen Taschen.

Im Privatleben

Es ist ein bisschen peinlich, wenn man sich sein ganzes Leben lang mit dem Problem »Mensch« beschäftigt hat und am Ende merkt, dass man nur den einen Rat anzubieten hat: »Versuch ein wenig freundlicher zu sein.«

Aldous Huxley kurz vor seinem Tod

Der Philosoph

Stellen Sie sich einen Moment lang vor, Sie wären ein Körper (das ist gar nicht so schwer, denn zum Teil sind Sie das ja). Sie besitzen Augen, Ohren, Beine und Hände, und wenn Sie Glück haben, funktioniert das alles reibungslos. Solange Sie bei gesundem Verstand sind, kommen Sie nie auf den Gedanken, einen Ihrer Finger für ein von Ihnen getrenntes Gebilde zu halten (obgleich Sie vielleicht manchmal sagen: »Mein Zeh scheint ein Eigenleben zu führen.«) Solange Sie bei gesundem Verstand sind, fühlen Sie sich nie bemüßigt, sich selbst auf den Fuß zu treten, geschweige denn, ihn abzuschneiden; der einzige Verlierer bei solch einer Übung wären Sie selbst.

Stattdessen tun Sie alles, um dafür zu sorgen, dass Ihr Körper in allen Teilen gesund bleibt. Sie putzen sich regelmäßig die Zähne (bezeichnenderweise holt der Dalai Lama sogar bei zeremoniellen Anlässen eine Zahnbürste hervor und putzt sich die Zähne, als sei er zu Hause). Sie verschaffen sich Bewegung. Sie achten auf einen gesunden Schlaf und versuchen eine gewisse Kontrolle darüber auszuüben, was Sie zu sich nehmen. Sie stellen sozusagen sicher, dass Ihr rechter Fuß weiß, was der linke tut, denn wenn die beiden in entgegengesetzte Richtung strebten, würden Sie auf die Nase fallen.

Das spricht für sich selbst, so simpel ist es. Aber wenn ein Buddhist von wechselseitiger Abhängigkeit spricht (der Dalai Lama übersetzt den zentralen buddhistischen Begriff *Shunyata*, der oft mit »Leere« wiedergegeben wird, mit »leer von unabhängiger Identität«), will er damit im Grunde sagen, dass wir alle Teile eines einzigen Körpers sind und es völlig unsinnig ist, sich vorzustellen, das »Ich« und das »Du«, die rechte und die linke Hand, hätten unterschiedliche Interessen. Es ist verrückt, den Nachbarn in irgendetwas zu behindern, weil dieser ebenso zum eigenen Wohlbefinden gehört wie der eigene Daumen. Und es ist geradezu absurd, einen Kollegen überflügeln zu wollen – das ist so, als würde einem der rechte Zeh sagen, dass er dem linken unbedingt voraus sein möchte. Man darf China nicht verwünschen, denn China ist das eigene linke Auge (und Tibet das rechte); beide Augen sind natürlich unterschiedlich, möglicherweise auch ungleich gut – das eine ist vielleicht weitsichtig und das andere normalsichtig –, aber beide gehören zum selben Organismus und arbeiten letzten Endes auf das gleiche Ziel hin. Viele Buddhisten betrachten inzwischen den Cyberspace, das Ökosystem und sogar die Globalisierung als eine perfekte Entsprechung oder Metapher für ihre Weltsicht: ein komplex verknüpftes weltweites Netz wie jenes, das in der klassischen buddhistischen Philosophie »Indras Netz« genannt wird.

So ist es kaum verwunderlich, dass der 14. Dalai Lama gern unvermittelt loslacht, jäh in fast hilfloses Gekicher ausbricht oder sich vor Lachen ausschüttet – dafür ist er berühmt. Auf jemanden, der mehrere Stunden täglich meditiert und sich dahin begibt, wo alles miteinander verbunden ist, muss unsere Begeisterung für das Oberflächliche und angeblich Getrennte ja auch wahrhaft komisch wirken. Sich um Geld zu streiten ist ein wenig so, als würde man »Peter berauben, um Paul zu bezahlen«, um ein christliches Beispiel anzuführen; es ist so, als würde man eine Zehn-Dollar-Note aus der rechten Tasche ziehen und nach langen Auseinandersetzungen und viel Trara in die linke stecken. Von Freund und Feind zu reden ist ein bisschen so, als würde man an einem Haar am eigenen Arm zupfen und es einen Freund nennen, weil man es Tag für Tag sieht, ein Haar auf dem Rücken hingegen Feind nennen, weil man es nie sieht. Wenn man sich brüstet, Buddhist zu sein und deshalb gegen die jüdisch-christlichen Lehren ist, ist das so, als würde man feierlich verkünden, das rechte Nasenloch sei die Quelle alles Guten und das linke die Wurzel allen Übels. Die Lehre von der »universalen Verantwortung« ist nicht nur allgemeingültig, sondern auch einleuchtend: In diesem Fall wünscht man ja, dass Beine, Augen und Lunge gesund sind. Wenn ein Teil leidet, leidet alles andere mit.

Einfach gesagt, möchte man meinen, aber »es erfordert unvorstellbar viel Mut, anderen Menschen gegenüber vollkommen einfach zu sein«, schreibt Thomas Merton. Auf diesen Grundsatz gründen noch andere Wahrheiten, die ebenso selbstverständlich sind wie etwa die Tatsache, dass 2 + 2 = 4 und in diesem Fall 2 + 2 + 2 + 2 = 8 ist. Natürlich wird man anderen nichts Böses antun wollen, ebenso wie man sich nicht selbst in die Rippen boxen will. Natürlich wird man das große Ganze im Auge behalten, den größeren Blickwinkel einnehmen wollen (der Dalai Lama hat ein Faible für das englische Wort *wider*, »weiter« oder »größer«), denn auch wenn Ihnen morgen ein Haar abgeschnitten wird, funktioniert der Körper dennoch völlig normal, wie vorher. Es besteht kein Grund, den Verlust eines Zehennagels zu beklagen, denn der Fuß selbst lässt sich trotzdem weiterhin bewegen, und außerdem wird irgendwann jeder Teil des Körpers älter und stirbt.

Von einem alles umfassenden Verwandtschafts-, ja Identitätsgefühl zu sprechen ist ebenso weltumspannend und ökumenisch, als würde man seinen Nächsten wie sich selbst lieben. Aber der Buddhismus unterscheidet sich insofern von anderen Philosophien, als er sagt, dass der Erbauer, Verwalter und Hüter des gesamten Organismus nicht Allah, Gott oder eine ganze Reihe von Göttern wie im Hinduismus ist, sondern ein Netzwerk, von dem wir ein Teil sind (und das ein Teil von uns ist). Darum hat Buddha nicht wie der Apostel Paulus geraten, »ohne Unterlass zu beten«, sondern »sich unablässig zu bemühen«. Buddhisten suchen (oder brauchen) keine Lösungen außerhalb ihrer selbst, sondern müssen nur innerlich erwachen; in dem Augenblick, in dem wir einsehen, dass unsere Schicksale und unser Wohlergehen wechselseitig miteinander verknüpft sind, sagen sie, kommt man ganz von selbst zur Ruhe (Meditation scheint das Mittel zu sein, zu dieser Einsicht zu kommen, und logisches Denken das Mittel, diese zu konsolidieren).

Wer das glaubt, dem bietet das Leben noch viel mehr, worüber man täglich lachen kann, dass der Bauch wackelt, wie der Dalai Lama zeigt. Warum durch die ganze Welt, nach Lourdes, in die Toskana oder nach Tibet fahren, wenn in Wahrheit die Quelle aller Macht, die Lösung für alles, gleich hier, in uns selbst liegt? Warum soll ich mir das Leben schwer machen und mich einen Taugenichts schelten, wenn doch der Schlüssel zur Transformation im eigenen Innern liegt? Warum soll ich verzweifeln, wenn ich doch die Welt jeden Augenblick verändern kann, indem ich einsehe, dass die Person, die mein letztes Buch verrissen hat, ebenso ein Teil meines eigenen Wohlbefindens ist wie mein Daumen?

Um den Dalai Lama oder überhaupt einen ernsthaften Fulltime-Anhänger des Buddha verstehen zu können, besonders, wenn man (wie ich selbst) einer anderen Tradition angehört, ist es vielleicht am besten, in ihm einen Seelendoktor zu sehen. Der Buddha hat immer betont, mehr Arzt als Metaphysiker zu sein; wenn man von einem vergifteten

Pfeil getroffen worden ist, so das berühmte Gleichnis, fragt man nicht, welcher Handwerker ihn gemacht oder wer ihn abgeschossen hat, sondern zieht ihn einfach heraus.

Buddha hatte ein praktisches, sofort wirksames Heilmittel gegen Leiden und Unwissenheit anzubieten; abgehobene philosophische Fragen wie etwa die nach der Existenz der Seele beantwortete er normalerweise gar nicht, als wollte er damit andeuten, dass solche Erörterungen fruchtlos sind, wenn der Patient bereits auf dem Sterbebett liegt, aber noch die Möglichkeit besteht, ihm zu helfen. Somerset Maugham, der einst Medizin studierte, sein Leben lang um die Welt reiste und ein seltenes Talent hatte, sich in andere Charaktere hineinzuversetzen, schrieb einmal: »Buddha hat sich nur als Arzt bezeichnet, damit man einen Versuch mit ihm wagt und ihn dann an den Ergebnissen misst.«

Der Dalai Lama, immer ein treuer Schüler seines Lehrers, zieht häufig Vergleiche mit der Medizin heran, so auch in Vancouver, als er in der *Christ Church Cathedral* die Ehrendoktorwürde entgegennahm; er sagt den Leuten stets, dass es keine Religion gibt, die für alle die »richtige« ist. So wie manche Krebspatienten die Strahlentherapie bevorzugen, andere die Chemotherapie und wieder andere vielleicht eine Behandlung mit chinesischen Kräutern, mögen auch die einen den Buddhismus gut finden und die anderen das Christentum. Außerdem hat er 1989 in einem Interview gesagt: »Wir haben genügend Religionen. Genügend Religionen, aber nicht genügend wahre Menschen … Reden wir nicht so viel über Religion. Reden wir darüber, was menschlich ist.«

Wie ein Arzt befasst auch er sich nicht damit, Fremden seine Sicht des Universums aufzudrängen; wichtig ist ihm vielmehr, das jeweilige Problem zu diagnostizieren und ein entsprechendes Heilverfahren vorzuschlagen. Wenn kein

Problem vorliegt, kann er, wie er oft sagt, sich verabschieden; dann besteht kein Grund für einen Hausbesuch. Im Idealfall verschreibt er, sozusagen zur Vorbeugung, die Meditation oder die philosophische Ausbildung. Doch wie charmant, liebenswert oder intelligent der Arzt auch sein mag, seine Anwesenheit ist im Grunde nur von Nutzen, wenn er unser Leiden zu heilen vermag.

Wenn jemand mit Fragen zu seinem Sexualleben an den Dalai Lama herantritt, rät dieser ihm höchstwahrscheinlich wie ein Arzt: »Das fällt nicht in meinen Fachbereich. Da müssen Sie einen Spezialisten aufsuchen.« Aber wenn er, mitten in der Unterhaltung mit einem Abt, wie in Nara, ein kleines Mädchen im Rollstuhl sieht, bricht er das Gespräch sofort ab und eilt zu ihm hin, wie ein Arzt, der beim plötzlichen Knall eines Unfalls draußen seine Tischgenossen sitzen lässt und hinauseilt, um zu sehen, ob er vielleicht helfen kann. Der Arzt besitzt zwar das ganze Fachwissen über die komplexen Ursachen und Verlaufsformen einer Krankheit, seine Hauptaufgabe besteht jedoch darin, dieses Wissen in gut verständliche, konkrete Anweisungen für seine Patienten umzumünzen. Wir verlangen von einem Arzt vor allem, dass er uns nicht etwa aus Freundlichkeit oder Sympathie die Wahrheit vorenthält, dass er sie auch weder beschönigt noch umschreibt, sondern sie uns offen sagt, sodass wir wissen, woran wir sind.

Ein Arzt ist nicht allmächtig. Er hat, wie wir alle, ein Privatleben, und obwohl wir in bestimmten Lebensbereichen die Nutznießer seiner Spezialausbildung sind, erwarten wir keine Expertise von ihm, wenn es ums Tennisspielen, Fotografieren oder Vatersein geht. »Wenn Sie mit bestimmten Erwartungen an den Dalai Lama hierhergekommen sind«, habe ich den Dalai Lama einmal vor einem großen Publikum in der Schweiz sagen hören, »werden Sie wahrscheinlich enttäuscht sein. Wenn Sie glauben, der Dalai Lama besäße besondere Kräfte, sind Sie leider auf dem Holzweg. Wenn ich heilende Kräfte hätte« – an dieser Stelle fing er an zu husten –, »hätte ich jetzt nicht diese Halsentzündung.« Im Leben eines Arztes gibt es vieles, was nichts mit seiner Ausbildung zu tun hat, aber trotzdem ist er gewissermaßen ein Leben lang 24 Stunden am Tag im Dienst.

Ebenso wie andere Ärzte bemüht sich auch der Dalai Lama, immer auf dem neuesten Wissensstand zu sein und neue Erkenntnisse in seinem Fachgebiet mitzubekommen, deshalb reist er dauernd zu interreligiösen Konferenzen und Workshops in aller Welt. Oft wird er sogar bei geselligen Treffen um Rat gefragt – so wie jemand einen Arzt kennenlernt und dann vielleicht sagt: »Entschuldigen Sie bitte, dass ich Sie damit behellige, aber der Frau meines Vetters tut das und das weh ...« – und muss aufpassen, dass er sich dabei nicht auf ein Gebiet vorwagt, von dem er nichts versteht. Einem Mediziner, der den hippokratischen Eid ernst nimmt, erscheint die Vorstellung von einem prominenten Arzt sicher ein wenig skurril. Mag sein, dass er sich am Krankenbett vorbildlich verhält, dass er als Experte ins Fernsehen gerufen wird, dass er viele Bücher veröffentlicht hat, aber letztlich bezieht er sich nur auf ein Allgemeinwissen, das jedem zur Verfügung steht, der auf dem gleichen Gebiet tätig ist. Tritt er in den Ruhestand, wird ein anderer Arzt sein Nachfolger und offeriert uns die gleiche Diagnose und ein ähnliches Rezept wie er (nicht zuletzt deshalb, weil die Medizin eine objektive Wissenschaft ist, in der Diagnosen durch empirische Versuche, bekannte Fallgeschichten und statistische Wahrscheinlichkeit erreicht werden).

Vor allem aber muss ein Arzt einen klaren Blick haben; er

kann den Tod nicht für immer abwenden – früher oder später wird er viele seiner Patienten an ihn verlieren; er kann nur versuchen, dafür zu sorgen, dass jeder Tag für den Kranken möglichst ergiebig und glücklich verläuft. Im Idealfall ist es ihm egal, ob sein Patient ein Rucksackreisender oder ein Staatsoberhaupt ist (die Diagnose bleibt gleich); und er gibt sich auch nicht mit Belanglosigkeiten ab (auf die Frage, wie er Diskotheken rund um den Potala-Palast findet, antwortet der Dalai Lama stets mit den Worten: »Kein Problem«). Er wählt meist Worte – und auch das erinnert an den Arzt – wie »heilsam«, »nützlich« und »positive Wirkung«, die er meist noch vorsichtig einschränkt durch ein »normalerweise«.

Eines Tages sprach ich mit dem Dalai Lama über seine pausenlosen Reisen zu Politikern in aller Welt, mit denen er Gespräche führt (der frustrierendste Teil seiner Arbeit, wie er sagte, »denn das Problem ist so groß, dass diese Staatsmänner, selbst wenn sie ernsthaft helfen wollen, nichts machen können«, aber wenn keine solche Begegnung stattfände, würde sich überhaupt nichts bewegen). »Ich behandle alle Menschen, ob hoher Beamter oder Bettler, gleich – ohne jeden Unterschied«, sagte er.

»Aber Journalisten, Reporter«, fuhr er fort, vielleicht, weil er gerade mit einem sprach, »fragen immerzu. Für sie ist die wichtigste Frage, ob ich den Premierminister treffe oder nicht! Davon habe ich manchmal die Nase voll. Ich bin buddhistischer Mönch, ein Schüler des Buddha. Von da aus gesehen ist das andere unwichtig. Viel wichtiger ist ein einfacher, unschuldiger, aufrichtiger Mensch auf der spirituellen Suche – das ist viel wichtiger als irgendein Politiker oder Premierminister.«

»Meinem Gefühl nach spiegelt sich darin die mentale Einstellung von Journalisten«, fuhr er fort. »Sie halten meist die Politik für das Allerwichtigste. Deshalb ist die Begegnung mit Politikern so bedeutend für sie. Was mich selbst betrifft«, sagte er, »so trage ich durch die Begegnung mit normalen Menschen zumindest in gewissem Maße zum geistigen Frieden, zu einer Vertiefung des Bewusstseins für den Wert des Menschenlebens bei. Wenn dann gewisse Folgen erkennbar sind, habe ich wirklich das Gefühl: ›Heute habe ich ein bisschen was erreicht.‹«

Auf einer Reise nach Südafrika traf er, wie er mir erzählte, vor Kurzem Nelson Mandela und in Soweto einen Mann, der als Mentor Mandelas gilt. Er wollte eine typische Behausung dort besuchen, sah jedoch ein, dass das nicht so leicht war, und wartete im Auto, während ein Beamter auf die Suche nach jemandem ging, der gewillt war, einen Besucher aus Tibet in seinem Heim zu empfangen.

Es wurde ein Haus gefunden, und »es war wirklich das Heim von Menschen, von einer Menschenfamilie: sehr freundlich, sehr offen, sehr arglos. Ich fragte nach ihrem Lebensunterhalt, ihren Schwierigkeiten, ihrer Ausbildung – nach allem. Auch nach Morden und Verbrechen. Später gesellte sich jemand zu uns, der wohl gebildeter war, und der erklärte mir ganz betrübt, dass sie – die schwarzen Südafrikaner – glaubten, über nicht so viel Intelligenz zu verfügen wie die Weißen. Das habe ich als wirklich traurig empfunden.

Dagegen wandte ich mich und sagte: ›Das ist eine falsche Vorstellung. Ihr solltet das nicht denken. Alle Menschen haben die gleichen Möglichkeiten, das gleiche Intelligenzpotenzial. Hier tut Selbstvertrauen not.‹ Dann erklärte ich, ein schwieriger Punkt in meiner eigenen Situation sei die Einstellung der Chinesen zu Tibet – sie sähen immer auf Tibet als rückständig herab. Doch wenn sich den Tibetern eine entsprechende Gelegenheit böte, würden sie sogar besser abschneiden als die Chinesen; ihr Minderwertigkeitsgefühl entbehrt also jeder Grundlage.

Schließlich, nach langen Erläuterungen, veränderte sich sein Gesicht vollkommen. Mit Tränen in den Augen sagte er mir, dass er jetzt glaube, was ich gesagt hatte. ›Jetzt habe ich eine andere Einstellung.‹ Er sei zuversichtlicher, sagte er. Und ich hatte wirklich das Gefühl, etwas erreicht zu haben: ein Mensch, ein einziger Mensch Ende dreißig, dachte ich. Bis zu dem Tag hatte er im tiefsten Innern gedacht: ›Wir sind arm, wir sind minderwertig, wir haben keine Chance.‹ Mit dieser geistigen Einstellung kann man nicht in den Wettbewerb treten. Und ohne Wettbewerb gibt es keinen Fortschritt. Ich glaube auch, dass sich aufrichtiges gegenseitiges Vertrauen nur auf der Basis beiderseitigen Selbstvertrauens bilden kann. Wenn das fehlt, wenn sich eine Seite unterlegen fühlt, wie kann dann gegenseitiges Vertrauen entstehen? Sehr schwierig.

Darum hatte ich, nachdem er seine Einstellung geändert hatte, wirklich das Gefühl: ›Jetzt habe ich einen Beitrag geleistet.‹«

☸

Wenn man sich ins Gedächtnis ruft, dass der Dalai Lama vor allem dafür ausgebildet ist, bestimmte Gebrechen (die Unwissenheit und das Leiden, das daraus entsteht) zu heilen, muss man auch bedenken, dass der Mann selbst nicht das Maß aller Dinge ist: Er verkörpert nur eine Lehre, die von vielen anderen angewandt und weiterentwickelt werden kann; er steht in erster Linie für die Einsicht, dass jeder von uns selbst eine bedeutende Rolle bei der eigenen Heilung spielen kann. Die paradoxe Weisheit eines Arztes besteht oft darin, sich überflüssig zu machen; lauf eine halbe Stunde auf dem Laufband, rät er; iss Lachs, vermeide fette Speisen, genieße täglich einen Apfel, und wenn alles gut geht, brauchst du nicht mehr wiederzukommen. Im buddhistischen Kontext sagt ein Doktor (etwa der Philosophie) den Leuten nicht nur, dass sie sich selbst heilen können, er macht ihnen ferner klar, dass sie, wenn sie wollen, auch die medizinischen Fachbücher selbst lesen können, um zur Quelle aller Erkenntnisse über das Selbst vorzudringen. Das jeweils übermittelte Wissen hat wenig mit dem sterblichen, fehlbaren Menschen zu tun, der es weitergibt; im Grunde ist es sogar umso weniger zuverlässig, je mehr es mit dem Vermittler verknüpft ist.

Viele bedeutende Ärzte der Geschichte haben sich zum Teil dadurch auszeichnen und geniale Diagnosen stellen können, dass sie die Verbundenheit der Dinge wahrnahmen, etwa, wie ein Problem im Kopf die Körperfunktionen zu beeinträchtigen vermag oder wie das, was man in den Mund nimmt, die Säurebildung im Magen verstärkt. Der Körper ist ein einziger Organismus, bei dem ein Stoß hier möglicherweise eine starke Wirkung dort auslöst. So sei es auch mit der Welt, sagt der Dalai Lama – unsere diesbezüglichen Probleme seien alle miteinander verwoben und könnten unmöglich getrennt voneinander behandelt werden. Es tauge nichts, Leuten Frieden anzubieten, erklärt er, wenn dieselben Leute nichts zu essen und kein Wasser hätten; und es nütze nichts, ihnen Nahrung und Wasser anzubieten, wenn die Wälder und Flüsse verschmutzt seien. Es wäre nicht einmal von Nutzen, die Umwelt zu säubern, solange wir weiterhin innerlich verschmutzt seien. Kurz: Die Lösung all unserer Probleme – wirtschaftlicher, ökologischer, politischer und spiritueller Art – sei nur durch eine Rückkehr zu den Grundlagen zu erreichen, durch eine Änderung der Einstellung, die alles ändern könne, was mit dieser Einstellung betrachtet werde. Oberflächliche Reformen würden überhaupt nichts nützen.

Nicht zuletzt an dieser Betonung der inneren Kräfte liegt es, dass der Buddhismus solche Hoffnungen weckt, auch wenn einige Beobachter, die nur Augen dafür haben, dass es in der buddhistischen Weltanschauung keinen Gott gibt, dafür aber ständig vom Leiden (oder, wie manchmal besser übersetzt, von der »Unzufriedenheit«) die Rede ist, ihn »fatalistisch« oder pessimistisch nennen. Letztlich ist es schwer, andere zu ändern, aber fast immer möglich, sich selbst zu ändern. Es ist alles nur in deinem Kopf, könnte der Doktor sagen, obwohl mit »es« in diesem Fall nicht nur ein Problem, eine Illusion gemeint ist, sondern, in der Folge, auch die Möglichkeit oder Fähigkeit, Illusionen zu durchschneiden. »In gewisser Weise ist einer, der seine Religion ausübt, tatsächlich ein Soldat in einem kriegerischen Konflikt«, sagte der Dalai Lama einmal auf einer seiner ersten Amerikareisen in einem Kloster in New Jersey. »Nur sind es innere Feinde, mit denen er kämpft: Unwissenheit, Wut, Anhaften und Stolz.« Der Teufel ist, wie viele Christen wissen, keineswegs etwas, das von außen kommt.

In der Tat ist das Schöne am Buddhismus – wohl auch in den Augen des Dalai Lama –, dass er nichts Exklusives oder Elaborates ist; vieles von dem, was er verdeutlicht, ist genau das, was uns über Jahrhunderte hinweg immer wieder gesagt wurde, sei es von Anhängern des Vedanta, von Muslimen oder von Leuten, die sich keinen Namen gegeben haben. »Die Starken bedürfen des Arztes nicht«, lautet ein bekannter Ausspruch von Jesus (Matthäus 9, 12). Epiktet hat ebenfalls schon vor 2000 Jahren gesagt, dass nicht der Schmerz uns zu schaffen macht, sondern unsere Reaktion darauf, die Art und

Weise, wie wir ihn in unserem Geist wirksam werden lassen. Konfuzius, der Zeitgenosse Buddhas, sprach wie dieser von der Tugend der Bescheidenheit, von der Notwendigkeit des Nichtanhaftens in einer Welt permanenter Veränderung, von der Wahrheit der wechselseitigen Abhängigkeit und von unserer Aufgabe, Sorge zu tragen für das größere Ganze. Selbst Gandhi, ein Hindu, der manchmal als »christlicher Mohammedaner« bezeichnet wurde, beteuerte, seine Mission bestehe nicht darin, Leute aus schwierigen Situationen zu erretten, sondern vielmehr darin, aufzuzeigen, dass jeder Mann und jede Frau, wie schwach sie körperlich auch sein mögen, selbst Hüter ihrer Selbstachtung und Freiheit sind. Diese Tugenden buddhistisch zu nennen, fügt der Dalai Lama immer schnell hinzu, sei ebenso absurd, wie das Gesetz der Schwerkraft christlich zu nennen, nur weil es zufällig von einem Christen namens Isaac Newton formuliert wurde.

So setzte ich Stück für Stück das Puzzle zusammen, wie ich früher einmal eine komplizierte mathematische Gleichung zu enträtseln versucht hätte, und glaubte dadurch zumindest einen ersten Eindruck vom Sinn des Buddhismus zu haben – obschon den eines Anfängers und Außenseiters. Dann jedoch besuchte ich – fatalerweise – wieder einmal Ngari Rinpoche, den jüngeren Bruder des Dalai Lama, und alles, was ich verstanden zu haben meinte, löste bei ihm nur große Heiterkeit aus.

»Wir sind ein so winziges Pünktchen im Universum«, sagte ich mit Nachdruck, als wir uns im Frühlingssonnenschein auf die Terrasse setzten und die meilenweite Aussicht über das Kangra-Tal genossen. »Kaum mehr als ein Rauchwölkchen.«

Insgeheim war ich stolz auf mich; ich hatte ein wenig vom buddhistischen Unterschied zwischen dem falschen Selbst, das wir aufbauen, und dem wahren Selbst, das einfach ein Energiestrom innerhalb eines Netzwerks solcher Ströme ist, begriffen. Ich legte das Buch über Selbst, Wirklichkeit und Vernunft im tibetischen Buddhismus, das er mir geliehen hatte, auf den Tisch, um ihm zu zeigen, dass ich es gelesen hatte.

»Und nun?«, rief er und sprang dabei fast aus dem Sessel. »Wollen Sie mir sagen, dass ich einfach ein Gemüse sein soll – wie die Zenmönche in Japan? Wir brauchen ein gewisses Maß an begrifflichem Denken, und sei es nur als Wächter, damit wir ehrlich bleiben.«

»Einen anderen Menschen, meinen Sie?«

»Zur Überwachung.« Er hielt kurz inne. »Etwas, das über den Geist wacht, der im Verschwinden begriffen ist.«

Darauf wusste ich nichts zu sagen; er hatte mich unvorbereitet getroffen, gerade als ich dachte, eine schwer fassbare Wahrheit durchschaut zu haben.

»Betrachten Sie es einmal andersherum«, sagte er ruhig, als würde er ein Gesetz erlassen. »Vielleicht sind wir ja der Mittelpunkt des Universums. Wenn Sie sich als Pünktchen ansehen, besteht das Problem, dass Sie jede Selbstachtung verlieren.«

Mir fiel die rührende Geschichte des Dalai Lama von dem Mann in Soweto ein. Außerdem musste ich an all die Tibeter um mich herum denken, die mit schöner Regelmäßigkeit behaupteten, sie seien ein Nichts und alle Macht gehöre in die Hände des Dalai Lama.

»Wenn Sie stolz und streitbar sind«, fuhr er fort, »müssen Sie sich bewusst machen, dass das Selbst nichts ist. Aber wenn es Ihnen an Selbstachtung mangelt, müssen Sie an Ihre inneren Möglichkeiten denken, daran, wie viel Macht Sie innerlich haben.«

Ein Begriff, den man in Dharamsala immer wieder hörte, war »Mittlerer Weg«, womit ehrerbietig das Leitprinzip Buddhas bezeichnet wird, stets in der Mitte des Weges zu gehen, statt sich auf Extreme einzulassen. Und im Diamant-Sutra heißt es: »Der Bodhisattva entwickelt einen Geist, der sich nirgends niederlässt«, was nach Bejahung ständiger Mobilität klingt.

»Jemand muss das Enfant terrible sein«, setzte er hinzu, während wir ins Tal blickten. »Man mag mich nicht, weil ich für Ärger sorge. Ich bin streitlustig. Aber meine Landsleute müssen herausgefordert werden, damit sie angestrengter nachdenken.«

»Nicht nur Ihre Landsleute.« Genauso macht er es mit mir, dachte ich, er warnt mich vor den eingefahrenen Geleisen und den Annahmen, denen ich aufgesessen bin, und versucht mich aufzuwecken, während ich in seiner Philosophie herumspaziere.

»Es gibt keine höhere Macht da draußen«, sagte er weiter.

»Und was ist mit Karma? Ist das nicht ein Prozess, der uns übergeordnet ist und durch uns wirkt?«

Ngari Rinpoche schwieg eine lange Zeit. Wie jeder, der seine Freude an einem guten Match hat, trat er bereitwillig den Rückzug an, wenn ein Schlag gesessen hatte. Doch wenn jemand mit einem Problem zu ihm kam – ich weiß noch, mit welch gespannter Aufmerksamkeit er an jenem Gewitterabend Hiroko zugehört hatte –, war er gleich wieder der Arzt und neigte sich ihm mit offensichtlichem Mitgefühl zu.

An den meisten Tagen in Dharamsala, wenn ich über die belebte Kreuzung am Fuß des Hanges vor meinem Hotel schlenderte und den Haupttempel betrat, fühlte ich mich jäh wieder ins alte Tibet versetzt. Auf allen Seiten, auf dem schattigen Platz zwischen dem Tempel und der Residenz des Dalai Lama, auf dem Hauptweg, an den zum Tal weisenden Brüstungen, den steinernen Stufen, die zum Tempel hinaufführten, wimmelte es von jungen Mönchen, deren rote Gewänder die Szene in einen Garten voller Fragen verwandelten. In Gruppen zu dritt und zu viert oder auch paarweise standen sie unter einem Baum, an einer Mauer oder in dem Teil des Tempels, wo ein Gemälde des Potala-Palastes hängt. Und überall schienen heftige Streitereien im Gange zu sein.

Immer stand ein Mönch hoch aufgerichtet vor einem anderen Mönch, der auf dem Boden hockte, machte alle paar Sekunden einen großen Schritt nach vorn, holte weit aus und schlug klatschend mit der linken Hand auf seine rechte Handfläche, wobei er seinem Gegenüber maschinengewehrfeuerartig etwas zurief. Der unten Sitzende blieb davon vollkommen unbeeindruckt und antwortete ruhig, unberührt von der Herausforderung. Der stehende Mönch ging immer wieder auf ihn los und schoss eine Frage nach der anderen ab – »Wenn Materie immateriell ist, wie kann dann etwas sterben?« »Wenn man sagt: ›Ich traue dem Geist nicht‹, was ist das für ein ›Ich‹, das vom Geist getrennt ist?« –, und der andere blieb einfach sitzen und antwortete. Schließlich stand er auf, und sie wechselten die Plätze.

Diese täglichen Wortgefechte waren, wie ich erfuhr, so etwas wie Hausaufgaben für Mönche, die im Kloster oder am Institut für Buddhistische Dialektik unterrichtet wurden, und sollten sie sowohl in der wichtigen tibetischen Kunst des Debattierens trainieren als auch ihr Verständnis für grundlegende philosophische Fragen schärfen, vertiefen und erproben. Es war eine friedliche Form von bewaffnetem Kampf – sozusagen ein Gefecht von Geist zu Geist –, eine Entsprechung zu den Sticheleien und Frotzeleien, dem Dribbeln hinter dem Rücken und den plötzlichen Ausfällen, mit denen die Mönche auf der gegenüberliegenden Seite des Tals bei ihren Basketballspielen den Gegner zu zermürben und in die Enge zu treiben pflegten. Außerdem erreichte dadurch, wie ich sehen konnte, jeder Novize die Meisterschaft über Ruhe und Bewegung.

Wie ich dem Buch von Ngari Rinpoche entnahm, geriet der tibetische Buddhismus im 8. Jahrhundert an einen kritischen Punkt, der in gewisser Weise die schwierige geografische Lage widerspiegelte: Sollte er China folgen (der Chan-Tradition des Buddhismus, die später nach Japan gelangte und dort zum Zen wurde, mit Betonung der Meditation und einem unmittelbaren Bezug zur Diesseitigkeit), oder Indien, dem Riesen auf seiner anderen Flanke (und damit einem überwiegend philosophischen, metaphysischen Denkansatz)? Um das zu klären, fand von 792 bis 794 in Tibets erstem buddhistischen Kloster Samye eine große öffentliche Debatte statt, und nachdem die indische Tradition den Sieg davongetragen hatte, erkannten die tibetischen Buddhisten die führenden Philosophen der indischen Nalanda-Universität als Lehrer an. Viele von ihnen widmeten sich fortan hauptamtlich dem logischen Denken und Schlussfolgern, ein wenig so wie im Westen die Jesuiten. Innerhalb des tibetischen Buddhismus legen die Nyingma- und Kagyü-Schulen mehr Gewicht auf Meditation und Mystik, während die Gelug-Schule, der der Dalai Lama angehört, fest im Debattieren und in der Wissenschaft gründet. Mir fiel wieder ein, wie der Dalai Lama das eine Mal in Vancouver seinem Dolmetscher ins Wort gefallen war, als der redegewandte junge Philosoph »Gespräche« statt »Dialoge« gesagt hatte.

Diese Sitte des Debattierens hatte mich immer als ein Mittel des tibetischen Buddhismus beeindruckt, ehrlich und wachsam zu bleiben, bereit, jede Herausforderung anzunehmen und nicht im Dogma oder einem Gefühl von Sicherheit zu erstarren. Eine der Stärken auch des Katholizismus liegt für einen Außenstehenden wie mich darin, wie furchtlos die Intellektuellen unter seinen Anhängern allem, was uns beunruhigt, Leben einhauchen und eine Gestalt geben: Graham Greene stellte angsterfüllte, einsame Menschen, die plötzlich gefordert waren, über sich hinauszuwachsen, in den Mittelpunkt seiner Erzählungen; die Rockband U2 dramatisiert ihren Einsatz für ein Leben in der Verantwortung des Gewissens, indem sie einen »echten« Teufel und alles, was uns zu Glamour, Reichtum oder Stolz verlockt, auf die Bühne bringt. Flannery O'Connor hat eine Figur erfunden, die sein Interesse an Jesus zeigt, indem sie dessen Existenz leugnet, und Martin Scorsese dreht Filme, in denen ein Leben der Klarheit und Zielgerichtetheit in Abwesenheit ebendieser Klarheit und Zielgerichtetheit gesucht wird und wir in eine Gegenwelt hineingezogen werden, die von Miltons Satan regiert zu werden scheint; damit verleiht er einer Überzeugung Ausdruck, die einer seiner Protagonisten ausspricht: »Man bezahlt für seine Sünden nicht in der Kirche, sondern auf der Straße.«

Die Entsprechung zu alledem ist für die tibetischen Buddhisten das Ritual des Debattierens, und es wird ihnen so sehr zur zweiten Natur, dass ich jedes Mal, wenn ich mit dem Dalai Lama oder Ngari Rinpoche sprach, auch von ihnen hörte: »Betrachte es einmal von der anderen Seite« oder: »Wenn du dieses glaubst, wie steht es dann mit jenem?« (Das Gegenteil einer Grundwahrheit, hat Niels Bohr einmal gesagt, ist eine weitere Grundwahrheit.) Der Dalai Lama genießt angeblich solche Debattierrunden am meisten, in denen er sich mit fortgeschrittenen Mönchen in scharfer Dialektik misst. Zuerst liest er einen klassischen Text vor, dann fordert er die anderen auf, ihn zu zerpflücken; oder er bittet einen Mönch um dessen Interpretation und teilt dann selbst aus seiner Position freizügig Kritik aus. Das ist nicht nur ein Mittel, um das Instrument »Geist« zu schulen und zu lernen, wie man die eigene Position verteidigen kann, sondern vor allem eine Möglichkeit, sich in der Welt flexibel und unvoreingenommen zu bewegen.

Einer der leidenschaftlichsten und wortgewaltigsten Dissidenten in Dharamsala hat mir beim Tee auf einer sonnigen Frühlingswiese einmal erzählt, dass er als junger Mensch ein Stipendium für ein Medizinstudium in Amerika angeboten bekommen habe. Als Jüngling mit einschlägiger Gesinnung hätte er jedoch den Wunsch gehabt, sich nach einem CIA-Training der Guerilla anzuschließen, die damals für Tibet kämpfte.

Er ging also zum Dalai Lama, um ihn von seiner Entscheidung zu unterrichten, und der war, wie er mir erzählte, außer sich, dass er die Chance vertun wollte, eine sinnvolle Ausbildung zu absolvieren (und damit möglicherweise auch anderen jungen Tibetern die Chance eines Auslandsstipendiums verbaute). »Ich glaube, ich kann Tibet besser helfen, wenn ich da bin, wofür ich kämpfe – bei meinem Volk und in meiner Kultur«, sagte der aufrechte Rebell. Wie er weiter erzählte, lenkte der Dalai Lama sofort ein: Da die Entscheidung wohldurchdacht und wohlbegründet zu sein schien, respektierte er sie.

Diese Schulung im logischen Argumentieren (deren eigentliches Ziel es ist, durch die Äußerlichkeiten hindurch wieder zum Urgrund zurückzufinden, zum Grundprinzip, aus dem alles andere folgt) erklärt vielleicht die Schnelligkeit, mit der manche Buddhisten zum Kern einer Sache kommen, zu dem, was sie für wesentlich halten. Alles Geld der Welt kann nichts gegen geistige Störungen ausrichten, hat der Dalai Lama einmal gesagt, um darauf hinzuweisen, welch großen Wert es hat, die eigenen inneren Möglichkeiten zu erforschen. Wer nur an der Oberfläche bleibt, während das eigentliche Problem im Innern liegt, wird von der Möglichkeit der Heilung abgelenkt.

Nur ein Narr, würde ein Buddhist wahrscheinlich sagen, wird wütend, weil 2 + 2 = 4 ist; es ist einfach ein Lebensgrundsatz, den man akzeptieren muss, um damit arbeiten zu können. Für Rationalisten wie tibetische Buddhisten der Gelug-Schule ist es das von mir Ngari Rinpoche gegenüber erwähnte Hauptgesetz von Ursache und Wirkung, das durch das Universum läuft wie ein Rad: das Karma, diese subtile, netzartige Form der Verknüpfung, die ebenso stark ist wie die Newtonschen Gesetze, die Lebensspanne um Lebensspanne zurückreicht und nicht nur bedeutet, dass alles miteinander verwoben ist, sondern auch, dass wir auf eine Weise, die zu kompliziert ist, um ganz verständlich für uns zu sein, ernten werden, was wir gesät haben. Darum, so glauben die Tibeter, werden manche Kinder mit Aids geboren, obwohl sie gar nichts Unrechtes getan haben in ihrem Leben – vielmehr sind es die Auswirkungen eines früheren Lebens. Darum erkrankt eine Nonne, die ihr ganzes Leben in den Dienst von Kindern gestellt hat, plötzlich unheilbar an Krebs – in unseren Augen völlig widersinnig. Es ist auch, wie manche meinen, der Grund dafür, warum Tibet plötzlich von China überrannt wurde. Zum einen wurden konkrete Fehler gemacht (zum Beispiel weigerte man sich, dem Völkerbund beizutreten, als in den 1920er Jahren eine entsprechende Einladung ausgesprochen wurde; auch wurde versäumt, eine Armee nach modernen Standards aufzubauen, wie der 13. Dalai Lama geraten hatte; außerdem blieb das Land zu isoliert), aber zum anderen können auch Ursachen und Umstände dafür verantwortlich sein, die zu verwickelt sind, um sie nachzuverfolgen. Um es mit den Worten von William James zu sagen: »Wir sind wie Hunde, die ein Gebell anstimmen über die Ungerechtigkeit des Universums, wenn unser Herr ausgeht, um neues Futter für uns zu kaufen.«

Die Evangelien berichten uns bezeichnenderweise wenig über die spirituelle Ausrichtung Jesu, sondern konzentrieren sich überwiegend auf seine Worte und Taten. Im Vergleich dazu wird in der Buddhageschichte vor allem Wert darauf gelegt, wie Siddhartha die Erleuchtung erlangte – auf den Prozess (dem im Prinzip bis zum heutigen Tag jeder folgen kann) –, wohingegen die besonderen Einzelheiten seiner darauffolgenden Lehren und Wanderungen kaum erwähnt werden. Selbst Nichtchristen kennen mitunter ein paar Worte Jesu, doch ein typischer Buddhist kennt meist nicht einmal eine der Lehrreden des Buddha. Buddha ist eher Beispiel als Prophet; Jesus verkörpert, wie er selbst sagt, auf dieser Welt den Weg, die Wahrheit und das Leben, während Buddha zu der Überzeugung gelangte, dass der Weg jedem selbst überlassen ist, dass die »Wahrheit« oft unbeständig ist und das Licht kommt und geht, kommt und geht, bis wir im eigenen Innern etwas Unwandelbares gefunden haben.

☸

Inzwischen waren rings um den Tempel und an der Residenz des Dalai Lama immer mehr Aussätzige aufgetaucht, darunter auch ein jammernder Blinder mit einem kleinen Jungen an seiner Seite, der wohl sein Beschützer sein sollte. Sobald ich den Debattierplatz betrat, umringten mich armlose und verkrüppelte Männer, während die Frauen sich mit ihren Saris verhüllten und »*Namaste!* Sir, Sir!« riefen. Wie überall in Indien – hier waren sie allerdings noch aufdringlicher, wegen der großen Anzahl von ausländischen Touristen und Tibetern, die glauben, Verdienste zu erwerben, wenn sie Almosen verteilen – sammelten sich Frauen mit ihren Babys neben alt aussehenden Männern in Lumpen in großen Gruppen am Straßenrand und schürten im Dunkeln ihre winzigen Feuer, und wenn der Regen niederrauschte, suchten sie Schutz unter den Vordächern baufälliger Behausungen. An Orten wie Dharamsala, wo überall von Leid und Heilung die Rede ist, ist das Thema Gerechtigkeit und die Frage, warum Menschen solche Lasten tragen müssen, nicht bloß reine Theorie.

Der Dalai Lama befolgt also die Lehren des Buddha so vertrauensvoll und sorgfältig wie ein Arzt die Anweisungen seines Anatomiebuches. Wie seine jüngere Schwester in ihren Memoiren berichtet, stand er ihr unablässig mit Trost und Beistand zur Seite, als sie bei einem Autounfall ihren Mann verlor, ermahnte sie aber auch, wie es wahrscheinlich jeder buddhistische Mönch tun würde, daran zu denken, dass sie nicht allein auf der Welt war und dass der Tod ein Ereignis ist, das uns vielleicht ebenso stark miteinander verbindet, wie es uns trennt. Über den Verlust seines Heimatlandes sagt er immer wieder: »Jetzt ist nicht die Zeit, so zu tun, als sei alles wunderbar. Das ist etwas Reales. Man fühlt sich der Wirklichkeit ausgeliefert«, und klingt dann ein wenig wie ein Arzt, der sich weigert, eine Diagnose schön zu verpacken (unser Leben, sagen einige Buddhisten, gleicht einem brennenden Haus). Selbst wenn er manchmal etwas bekümmert von all den Erwartungen spricht, die seine Landsleute an ihn knüpfen, wirkt er, wie sein Urahn wohl auch bisweilen, als wäre er ein Arzt im Krieg in einem Feldlazarett, der sich fragt, wie er je mit dem nie versiegenden Strom von Notfallpatienten fertig werden soll.

Das alles gehört jedoch zu seiner Aufgabe: Alle buddhistischen Priester und jedenfalls alle 13 Dalai Lamas vor ihm mussten auf ebendiese Weise als gute Hirten für ihre Schafe sorgen. Das Einzigartige an der gegenwärtigen Inkarnation – das ihm in aller Welt einen besonderen Reiz gibt und neue Möglichkeiten für ihn eröffnet – ist, dass der 14. Dalai Lama seine Lehre fremden Kulturen übermittelt und daher meist in einer Fremdsprache unterrichtet, und zwar Leute, die so gut wie nichts von seiner Tradition wissen, sodass es doppelt wichtig wird, sich möglichst unkompliziert auszudrücken und allgemeine Bedürfnisse anzusprechen. Er ist, um bei dem Vergleich zu bleiben, ein Arzt, der eine Schulklasse in einer Sprache unterrichtet, die nicht seine eigene ist, während er Fragen behandelt, bei denen es um Leben und Tod geht, wie er weiß. Kein Wunder, dass vieles von dem, was die Schüler hören (mir fällt da der Reporter in Vancouver und seine verständliche Enttäuschung ein), kindisch klingt.

Schon bald nachdem der Dalai Lama die ersten Reisen in den Westen unternommen hatte, merkte er, wie gesagt, dass er nichts erreichte, wenn er solche hochspezialisierten Vorträge über Erkenntnistheorie und Metaphysik hielt wie 1979. Buddha selbst wurde gerühmt für seine »geschickte Wahl der Mittel«, insbesondere für seine Fähigkeit, mit denen ins Gespräch zu kommen, die nichts von seiner Lehre wussten oder ihr sogar misstrauten (indem er beispielsweise den richtigen Ton fand, um aufgebrachte Eltern zu beschwichtigen, die ihre Kinder an ihn verloren hatten). Infolgedessen ging der 14. Dalai Lama allmählich dazu über, Vorträge über »menschliche Grundwerte« – wie er es nennt – zu halten, die für jeden von Nutzen sein können und dem Zuhörer nicht nur neue Theorien unterbreiten, sondern auch praktische Lebenshilfen geben. Dieses Grundwissen – dass Wut ein Schuss ist, der nach hinten losgeht, dass Freundlichkeit weiterhilft, wenn auch vielleicht nur, weil man sich dann wohler fühlt, oder dass es auf die Dauer Probleme schafft, anderer Menschen Sicht der Dinge zu ignorieren – ist für einen Buddhisten ebenso elementar wie das Wissen, dass die Erde etwa hundertfünfzig Millionen Kilometer von der Sonne entfernt ist. Jede Kultur hat eigene Zahlworte oder sogar eigene Zeichen für solche Fakten, aber die universalen Gesetze sind überall gleich.

Doch während ich seinen alljährlichen Lehrvorträgen in Dharamsala (oder anderswo auf der Welt) beiwohne, höre ich durch die Kopfhörer nur die Übersetzung seines auf Tibetisch gehaltenen Vortrags und erfahre, dass ein Selbst nicht existiert, aber dass es auch *nicht* nicht existiert, was für mich ebenso verständlich ist wie die mathematisch durchnummerierten Sätze und Absätze des *Tractatus Logico-Philosophicus* von Wittgenstein. Einige Stunden später, als derselbe Redner vor einem Laienpublikum spricht, findet er zu einer lebendigen, klaren Ausdrucksweise, deren einfache (universelle und jetzt ins Englische übertragene) Maximen ihr Gewicht und ihre Autorität zum Teil durch die Gestalt des Vortragenden selbst erhalten. »Tempel sind nicht nötig«, sagt er beispielsweise, »und eine komplizierte Philosophie auch nicht. Der eigene Geist, das eigene Herz ist der Tempel.«

In seinem brillanten letzten Roman *Magische Saat* schickt V.S. Naipaul seinen Helden, den Mischling Willie Somerset Chandran, dahintreibender Sohn eines selbsternannten Hinduheiligen – eines indischen Somerset Maugham, wie man vielleicht sagen könnte – in den Dschungel, wo er Revolutionär werden will, und dann ins Gefängnis, wo er das Revolutionärsschicksal teilt. Im Gefängnis wird Willie von einem Schild begrüßt, auf dem »Die Sünde hassen, nicht den Sünder« steht, und verwirrt, wie er ist, weiß er nicht genau, ob der Spruch von Gandhi oder aus dem Neuen Testament stammt. Später sieht er noch andere Sprüche dieser Art auf den Wänden: »Die Wahrheit obsiegt« und »Zorn ist des Menschen größter Feind«. Eine Art von Placebos, wird uns suggeriert, kaum substanzieller als die revolutionären Parolen, mit denen nur die Gefangenen beruhigt werden sollen. »Barmherzigkeit ist die größte Religion.« »Gewaltlosigkeit ist die größte aller Religionen.«

Alle diese »frommen Sprüche«, wie Naipaul sie nennt, unterscheiden sich gar nicht so sehr von den Äußerungen des Dalai Lama, die sich in der ganzen Welt verbreiten – Binsenweisheiten, wie es scheint, die nicht mehr aussagen als jede andere goldene Regel oder jede Anweisung aus dem Pfadfinderhandbuch auch. Der Dalai Lama weiß natürlich, dass sich das Leben in seiner Komplexität nicht auf so einfache Formeln reduzieren lässt, er weiß auch (um auf das Beispiel des Körpers zurückzugreifen), dass man manchmal mehr auf das eine als auf das andere Glied angewiesen ist (zum Beispiel, wenn man auf den Zehenspitzen steht), und er weiß, dass es manchmal echte Differenzen zwischen den einzelnen Körperteilen gibt (wenn etwa der Geist nach einem scharfen Thai-Curry giert, wogegen der Magen jedoch protestiert). Seine kleinen prägnanten Sprüche, die durch Buttons und

Aufkleber verbreitet werden, ergeben ebenso wenig Sinn wie ein einzelner Faden, der aus einem Perserteppich, einem sehr komplexen Gewebe, gezogen und als schön ausgegeben wird. Als ich einmal einen berühmten Text über das »Paradox des Jahrhunderts« erwähnte, der überall auf T-Shirts und Postern (selbst in tibetischen Tempeln) prangte, konnte einer der langjährigen Übersetzer des Dalai Lama kaum seinen Unmut zügeln. »Alles Unsinn!«, rief er. »All das Zeug, das man ihm zuschreibt, ist größtenteils erfunden!«

Dennoch findet es der Dalai Lama wie jeder, der einem Gastgeber ein Geschenk mitbringt, sinnvoll, nur etwas anzubieten, was der andere auch brauchen kann. Komplexes buddhistisches Wissen hat für den typischen Nichtbuddhisten oder einen Anfänger keinen Wert; es kann ihn sogar von der Aufgabe, die vor ihm liegt, abbringen. Unter Umständen beschäftigen sich die Leute so intensiv mit der Existenz oder Nichtexistenz des Bewusstseins, dass sie den hungrigen Menschen, der an ihre Tür klopft, gar nicht bemerken. In meiner Heimatstadt besuchen nobelpreisgekrönte Physiker manchmal Schulen, um mit Schülern der Mittelstufe zu diskutieren, und dort wird ihre Intelligenz nicht daran gemessen, wie glänzend sie sich ausdrücken können, sondern wie einfach.

Der Dalai Lama sagt jedenfalls nie: »*All you need is love*«, und wenn er es doch täte, würde ihn sein eigenes Leben daran erinnern, dass die gute Absicht allein wenig nützt. Tibetische Tempel wimmeln nicht umsonst von zornigen Gottheiten, und selbst wenn einem erklärt wird, dass der triumphale Tanz totenköpfiger Geister an deren Wänden nur den Sieg über Unwissenheit und Täuschung symbolisiert, kann man die Bilder der Gewalt lange nicht vergessen. Die vielen Jahre, in denen er sich mit einer unnachgiebigen kommunistischen Regierung anlegte, die entschlossen war, alles Religiöse zu vernichten, sind eine mahnende Erinnerung für ihn, wie ineffektiv es ist, von Idealen und Mitgefühl bloß zu reden. Abraham Joshua Heschel, der unablässig die Paradoxe des spirituellen Lebens im 20. Jahrhundert ergründet hat, schreibt in *Der Mensch ist nicht allein*, dass das Leben oft ein Krieg ist, »ein Krieg, der nicht durch edle Magie oder die bloße Erinnerung an eine goldene Regel gewonnen werden kann... Die Vernunft ist in der Seele ein einsamer Fremder, während die irrationalen Kräfte dort zu Hause und stets in der Mehrzahl sind. Warum um der Tugend willen Mühen auf sich nehmen?«

Während ich dem Dalai Lama überallhin folgte, fiel mir auf, dass er, wenn er in komprimierter, einfacher Form Englisch sprach, oft nicht ernst genommen wurde von Leuten, die in Erwartung eines Feuerwerks von zündenden Ideen gekommen waren; aber wenn er doch einmal auf Tibetisch hochgestochene, komplizierte philosophische Argumente vortrug, die eines Thomas von Aquin würdig gewesen wären, wie mir ein christlicher Professor einmal sagte, verlor man auch bald das Interesse daran. In den sechs Wochen eines Frühlingsaufenthalts in Dharamsala mit täglichen Lehrvorträgen hörte ich nur zwei Menschen inhaltlich auf das eingehen, wovon der Dalai Lama gesprochen hatte; alle Übrigen redeten eher allgemein von seiner »Präsenz«, Wärme und Güte, wie die Tibeter wahrscheinlich auch. Immerhin konnte man meist feststellen, dass seine Persönlichkeit und sein Handeln einfach für sich sprachen, etwa wenn er aufpasste, dass ein alter Mann hinten im Saal einen Sitzplatz erhielt, oder frohgemut eine äußerst unkleidsame Baseballmütze mit orangenem Schirm aufsetzte, während er über »Stufen auf dem Weg« referierte, als wolle er dadurch weniger würdevoll und unnahbar erscheinen.

Ich, der ich im Westen geboren bin und an einigen besten

Universitäten in der hohen Kunst des Zweifelns unterwiesen wurde, hatte oft große Schwierigkeiten, den verwickelten philosophischen Gedanken zu folgen, die sein täglich Brot sind. Aber wenn ich mich auf den Straßen von Dharamsala oder auch im Jemen oder in Bolivien umschaute, ging mir allmählich auf, dass die einzige uns bekannte Wirklichkeit die Unzufriedenheit ist und dass genau darin unsere Chancen liegen. Tag für Tag an meinem Schreibtisch sitzend, merkte ich ganz konkret, dass alles bloß eine Folge meiner eigenen inneren Wetterlage war und dass die Seite, die mir gestern noch brillant erschien, heute tot und glanzlos wirkte. Und während ich darüber nachdachte, wie ich besser mit den Menschen, die ich kannte, und mit meinen Lebensumständen zurechtkommen könnte, sah ich, dass alles wirklich davon abhängt, wie man es betrachtet: Nannte ich einen Menschen Freund oder Freundin und fasste statt seiner Schwächen seine guten Seiten ins Auge, konnte durchaus etwas Brauchbares daraus entstehen.

Eines Tages beobachtete ich, so ähnlich wie mein neuer Freund Christian, dass das Oberhaupt der Tibeter mitten in einer langen Abhandlung über die tibetische Geschichte eher als ich selbst bemerkte, dass meine Teetasse leer war. Mir fiel ein, dass die Person, die am vehementesten den Preis für einen Lehrvortrag des Dalai Lama zu drücken versuchte, der Dalai Lama selbst war. Und ich erinnerte mich, dass er es war, der mich darauf aufmerksam machte, dass er selbst einst den japanischen Sektenführer Shoko Asahara, der später durchdrehte, gebilligt hatte, was er als Beweis dafür wertete, kein »lebender Buddha« zu sein. Irgendetwas in mir war jedes Mal, wenn ich ihn verließ, verändert, auch wenn ich meinen Freunden gegenüber hitzig behauptete, Menschen würden sich nie wirklich ändern.

Hinter dem, was wir zu sein glauben,
sind wir etwas anderes,
können wir fast alles sein.

D. H. Lawrence

Der Mystiker

Eines Tages in Dharamsala wachte ich sehr früh auf und ging im Dunkeln aus dem Haus. Hunde rannten an den schlammigen Abwasserrinnen entlang und auf den steilen Hängen der Siedlung herum, und auf der schmalen Bergstraße, die sich ins Tal hinabwindet, waren gruppenweise Scharen von Leuten zu sehen, die sich schnell bewegten – Tibeter, wie ich bald erkannte, beladen mit weißen Schals, und die schemenhaften Umrisse von Mönchen. Ich folgte ihnen im Dunkeln bis zu der Ansammlung von ziemlich heruntergekommenen Gebäuden, in denen die Exilregierung und ihre Bibliothek untergebracht sind – »Stimme Tibets« (Stimme der Stimmlosen) stand auf einer Tür und »Tibetisches Programm für überlebende Folteropfer« auf einer anderen. Dann kam ich an einen kleinen Tempel zwischen der Bibliothek mit ihren gelben Wänden und dem tiefen Tal, und eine lange Reihe von überwiegend zerlumpten Pilgern schlängelte sich die Gänge außen entlang.

Ich hätte wieder in Tibet sein können, so glanzlos und atavistisch war die Szene: zahnlose alte Männer mit Cowboyhüten, die wie geschaffen waren für tibetische Hochebenen, und Frauen, deren Augen nichts vom Stadtleben zu wissen schienen und die nicht daran gewöhnt waren, sich in Häusern aufzuhalten, schon gar nicht in solchen. Die lange, gewundene Schlange der Bittsteller und Nomaden wurde jede Sekunde länger, und als sich der schwarzblaue Himmel über dem Tal allmählich aufhellte, keuchten die jüngsten

Mönche des Tempels an uns vorbei, sieben- oder achtjährige Jungen mit riesigen grauen Eimern und großen schaukelnden Kesseln, aus denen sie Schalen voller tibetischem Tee und Reisklumpen austeilten.

Sehr pünktlich, ein paar Minuten vor sieben Uhr, schwangen die großen, goldbeschlagenen Tore des Tempels auf, und die relativ wenigen anwesenden Ausländer (aus unerfindlichen Gründen so gut wie keine Tibeter) wurden in eine kleine Halle eingelassen, die angefüllt war mit den Dunstschwaden von geschmolzener Butter und dem üblichen Rauch von Räucherstäbchen, die in Coca-Cola- und Fanta-Flaschen steckten. Etwa 80 Menschen zwängten sich in den engen Raum – der Präsident von Kalmykien und sein Gefolge saßen mit gekreuzten Beinen vorn –, und nur ein einziges tibetisches Paar gesellte sich zu uns, mit wildem Blick und ebenso ungehobelt wie die anderen Tibeter. Kurz darauf – ich kam nicht umhin, es mitanzusehen – heulte die Frau auf, verdrehte die Augen und verfiel in konvulsivische Zuckungen, während ihr Ehemann, offensichtlich unbeeindruckt davon, neben ihr saß, als geschähe das jeden Tag.

Punkt sieben – in Dharamsala läuft sonst nicht immer alles so pünktlich ab – öffnete sich eine Seitentür, und einer der Tempelmönche trat heraus, ein paar Helfer im Gefolge. Er sah ungewöhnlich milde und sanftmütig aus. Er stellte sich neben den erhöhten Thron in der Mitte – alles war still –, und nun hüllten ihn seine drei Begleiter in mehrere Lagen dicken, goldbestickten Seidenbrokat und legten ihm eine runde Brustplatte mit einem Spiegel in der Mitte an, die mit Amethysten und Türkisen verziert war. Darauf folgte ein silberner Köcher und ein meterlanges Schwert in silberner Scheide, dann wurde ihm eine Art Harnisch angelegt – alles zusammen etwa dreißig Kilo schwer (wie ich später erfuhr) –

und schließlich ein riesiger Kopfschmuck von weiteren 15 Kilogramm Gewicht. Diese unförmige Figur – jetzt weniger ein Mensch als vielmehr eine wandelnde Staffage von Insignien – wurde auf den Thron gesetzt und dort, wie es schien, festgeschnallt: Es entstand der seltsame Eindruck eines Astronauten, der auf eine lange, gefährliche Reise vorbereitet wird, die allerdings nicht in den äußeren Raum, sondern in die Innenwelt führen sollte.

Weiter geschah nichts. Der Mönch mit dem sanften Gesicht saß zehn Minuten oder länger mit geschlossenen Augen vollkommen still da – auch im Raum herrschte Stille –, und man konnte förmlich sehen, wie er in die Innenwelt abstieg. So etwas hatte ich noch nie erlebt, es war, als sähen wir zu, wie er immer tiefer hinabtauchte in den innersten Quell seiner Seele. Es war, als sammle er sich, als sammle er Kraft und verschwände vor unseren Augen, um zu dem zurückzukehren, der er unter der Oberfläche war.

Auf einmal, ohne Warnung, zuckte der seltsame Koloss nach hinten. Er begann, sich ganz von selbst konvulsivisch zu bewegen; drei Mönche eilten herbei, um ihn zu packen und ihm Halt zu geben, während er sich torkelnd erhob. Man hatte den schrecklichen, unglaubhaften Eindruck eines Kindes, das einen Wutanfall bekommt, und sein Gesicht zerknautschte wie ein Ballon, der angestochen wird. Lippen und Augen waren verschwollen, sodass es aussah, als schluchze er, weil ihm seine Lieblingsspeise versagt wurde. Jetzt begann sich die Figur krampfhaft zu drehen und spie dabei schwallweise Wasser aus, und die Helfer tupften ihr immer wieder die Wangen, während der riesige, eingeschnürte Leib unkontrollierbar wankte.

Die Tibeterin, die wie ohnmächtig rückwärts auf den harten Fußboden gefallen war und den Kopf wild geschüttelt hatte, verfiel nun in eine noch intensivere Trance, sie warf den Kopf hin und her, stieß grauenerregende Schreie aus und verwandelte sich vor aller Augen in jemand anders, während das Staatsorakel wieder auf seinen Thron gesetzt wurde und die Menschen sich aufreihten, um sich an der bebenden Gestalt vorbeizudrängen und ihren Segen zu erhalten. Die hysterische Frau war als Erste an der Reihe – war sie besessen? War das eine Art Anfall? –, und dann drängte die ganze Menge nach vorn, und jeder hob einen weißen Schal zu der Gestalt auf dem Thron empor und blieb einen Augenblick vor deren verkrampftem, verquollenem Antlitz stehen, aus dem noch immer schwallweise Speichel strömte. Irgendwie gab die Figur trotz ihrer Ekstase bei jedem weißen Schal, der ihr gereicht wurde, reflexartig ihren Segen und schüttete kleine braune Samenkörner in jede ausgestreckte Hand; dann stand sie abrupt auf und polterte durch die Halle auf die sonnige Terrasse im Freien hinaus, wo sie sich auf dem herbeigebrachten Thron niederließ, jetzt der großen Menge aller versammelten Tibeter sichtbar, und vor sich hin zu murmeln begann, während sich die Leute zu ihr drängten und schoben.

Die anderen Mönche bezogen rundherum Stellung, zwei ganz nahe bei der Gestalt, um zu übermitteln, was sie sagte, während ein dritter in Habachtstellung daneben stand und wie wild ein Blättchen Papier nach dem anderen füllte. Das Diktat dauerte schier endlos, zehn Minuten und länger, bis die ganze Gruppe einschließlich des Vermummten urplötzlich in den Tempel zurückwankte und sich die hohen Tore wieder hinter ihr schlossen. Was es auch war, das die über Tibet wachende Schutzgottheit durch das menschliche Medium kundtun wollte, es war übermittelt worden.

Der Dalai Lama befragt, wie er selbst sagt, seine Orakel (deren bedeutendstes *Nechung* ist, dessen Trance wir gerade beiwohnten) wie seine linke Hand und sein Kabinett wie seine rechte Hand, wobei er sich bemüht, die sichtbare und die unsichtbare Welt miteinander ins Gleichgewicht zu bringen – wie der Mittlere Weg es nahelegt. (Allerdings gibt er zu, dass er das Medium, aus dem die Schutzgottheit Tibets spricht, als sein »Oberhaus« betrachtet und seine offiziellen politischen Berater als sein »Unterhaus«, vielleicht, weil aus dem Orakel eine Weisheit spricht, die jenseits des Menschlichen und außerhalb des Bereiches liegt, in dem Menschen herumpfuschen können. Es war schließlich das Orakel von Nechung, das ihm, dem gerade erst Fünfzehnjährigen, riet, frühzeitig die weltliche Macht zu übernehmen, weil die Chinesen auf Tibet zumarschierten; und es war das Orakel von Nechung, das ihm 1959 sagte, er müsse noch in der gleichen Nacht aus Lhasa fliehen, und das ihm eine genaue Wegbeschreibung gab. Der Dalai Lama betont, dass das Orakel ein Beschützer und manchmal sogar ein Heiler ist und dass sein Zweck nicht einfach das Voraussagen der Zukunft ist, aber Tatsache ist doch, dass es in einem mystischen Reich weilt, das sich stark von der klaren, analytischen Arztlogik unterscheidet, die die öffentlichen Vorträge des Dalai Lama vor großen Menschenmassen in aller Welt kennzeichnet.

Wie alles hat auch der tibetische Buddhismus eine Licht- und eine Schattenseite, eine Seite, die der Öffentlichkeit, der sichtbaren Welt angehört, und eine, die ins Reich der Träume, Vorahnungen und all dessen gehört, was sich dem Zugriff des bewussten Denkens entzieht. Die meisten von uns assoziieren den Dalai Lama, der vor Tagesanbruch erwacht und kurz nach Sonnenuntergang schlafen geht, mit dem Tag, dabei tritt er im Schlaf, wie er bereitwillig erklärt, in eine weitere, ganz andere Übungsphase ein, die sogar bis in seine Träume hineinreicht. Während ich zusah, wie er Tibet und die tibetische Form des Buddhismus in die Welt hineintrug, bemerkte ich, dass er gewissermaßen das Neutestamentliche der Überlieferung viel stärker betonte als das Alttestamentliche und die Vielschichtigkeit, die Heschel beschrieb und die Hiob durchlebte, zugunsten elementarerer, praktikabler Grundsätze in den Hintergrund drängte. Er tendierte dazu, die esoterische Seite des tibetischen Buddhismus vor den Augen der Welt zu verbergen, so wie man ein geladenes Gewehr in einem Schrank einschließt, damit die Kinder nicht damit spielen und es nicht in falsche Hände gerät. Aber das änderte nichts an der Tatsache, dass diese rätselhafte, mystische Seite – dieser jenseits von mathematischen Formeln angesiedelte Teil – ebenso zu seiner Übungspraxis gehörte wie die Logik und das Debattieren; man braucht sich nur einmal eine Wand in einem tibetischen Tempel oder ein *Thangka* anzuschauen, auf denen es nur so wimmelt von totenköpfigen Wesen, die auf Ungeheuern reiten, von kopulierenden Gottheiten (die weibliche Gottheit milchweiß, die männliche meist dunkel), oder das nächstbeste Mandala zu betrachten, auf dem alle sichtbaren und unsichtbaren Welten zu einem einzigen mystischen Diagramm kondensiert sind, um zu erkennen, dass der tibetische Buddhismus das Analytische wie das Nichtanalytische seiner Tradition ins Extrem getrieben hat.

Meiner Beobachtung nach hat es den Dalai Lama auf seinen Weltreisen immer wieder verblüfft, dass gerade diese so brisante und spezielle esoterische Seite des tibetischen Buddhismus – voller »Magie und Geheimnis«, worüber Forscher wie Alexandra David-Néel begeistert schrieben – seit Langem die Hauptursache für die Faszination ist, die er auf Außenstehende ausübt. Aber wer vom Sonntagsschulglauben seiner eigenen Tradition abgefallen ist, will sich im Tausch dafür nicht unbedingt Schulweisheiten aus Tibet einhandeln (oder einen Vortrag über analytische Gelehrsamkeit, wissenschaftliche Exaktheit und harte Arbeit, wovon der Dalai Lama ständig redet, anhören). Der Dalai Lama hat mit großer Umsicht überall auf der Welt die Prinzipien der Selbstlosigkeit und des Mitgefühls verbreitet und Beispiele der Verantwortlichkeit angeführt, die von der buddhistischen Vorstellung einer wechselseitigen Verbundenheit ausgehen und die Praxis der Menschlichkeit betonen, aber gewissermaßen ohne ständige Orientierung an religiösen Riten und Schriften auskommen. Was sich so mancher Ausländer unter seinen Zuhörern allerdings wünschte (und vielleicht sogar fand, ob mit oder ohne sein Zutun), waren Feuer und Rauch.

Einmal besuchte ich meine örtliche Universitätsbibliothek, um etwas über den tibetischen Buddhismus zu lesen und meine Kenntnisse zu vertiefen, und fand in den Regalen haufenweise Titel wie *Mönche, Magier und Schamanen* oder *Geheimes, heiliges Tibet*, was mich nicht überraschte. Immer wieder wurde das aufgetischt, was man die mystische Seite Tibets nennen könnte – dieses Landes, das für uns schon so lange ein Märchen wie aus Tausendundeiner Nacht ist – symbolisiert durch einen fernen Mönch, der weltabgewandt innere Kräfte entwickelt und eine innere Landkarte entwirft – die Geografie des Geistes –, während die Forscher von Königin Victoria nach den Quellen des Nil suchten und die Schluchten Afghanistans kartografierten. Allem Anschein nach hat Tibet wie jeder, der viel Zeit mit sich allein verbringt, seine inneren Reichtümer genauestens ausgelotet und seinen Geist und seine Träume so intensiv erforscht, dass das, was dabei herausgekommen ist, dem Außenstehenden wie Genie oder

Wahnsinn erscheint oder, was wahrscheinlicher ist, wie eine wirre Mischung von beidem.

Gerade mal 700 Jahre ist es her, dass Marco Polo sein Publikum in Venedig mit Erzählungen von tibetischen Lamas unterhielt, die angeblich dafür sorgten, dass einem Khan die Teeschale an die Lippen schwebte, und noch im letzten Jahrhundert faszinierte Alexandra David-Néel Scharen von Lesern mit ihren Berichten von tibetischen Mönchen, die sich im eiskalten Himalaja-Hochland nur durch die Kraft ihrer Meditation warm hielten oder in Trance 300 Kilometer im Dauerlauf zurückzulegen vermochten. Die Einzigartigkeit jener Schule des Buddhismus, die Tibet zur höchsten Vollendung gebracht hat – des Vajrayana oder »Diamantfahrzeugs« – lag ja gerade in der außerordentlichen Behauptung begründet, dass man durch die Meisterung bestimmter sehr fortgeschrittener und geheimer Techniken tatsächlich in einer einzigen Lebensspanne die Erleuchtung erlangen könne.

Der Dalai Lama hingegen sprach immer davon, dass tägliche Übung über viele Leben hinweg vonnöten sei, dass Millionen von Inkarnationen hindurch keine Belohnungen zu erwarten seien und dass man nicht das strahlende Licht und die sofortige Macht anstreben sollte, die sich manche Anfänger von exotischen Übungen erhofften. Doch selbst er sagt, wenn er darauf angesprochen wird, mit der für ihn charakteristischen Unumwundenheit, dass man durch allmorgendliche Meditation über größere Zeiträume hinweg sein Gedächtnis verbessern und »am Ende hellsichtig« werden könne, und selbst er gibt in seiner zweiten Autobiografie zu, dass vieles vom tibetischen Leben und von der tibetischen Kultur seinen wissenschaftlichen Anschauungen zuwiderläuft: Einmal berichtete er von einem Stück Knochen vom

Schädel eines Rinpoche, das irgendwie die Glut der Feuerbestattung überdauert hatte (was die Tibeter für möglich halten) und auf dem deutlich das tibetische Schriftzeichen für die Schutzgottheit des betreffenden Rinpoche zu erkennen gewesen sei. Immer, wenn ich solche Sätze las, kam es mir so vor, als wäre diese menschliche, erfreulich zugängliche Person, die ich gesehen und berührt hatte, in Sekundenschnelle hinter einer verschlossenen Tür verschwunden.

☸

Wie für den Wissenschaftler Michael Faraday besteht die Welt auch für tibetische Buddhisten nicht bloß aus Materie, sondern aus Energiefeldern, aus Wellen, die nach Auffassung der Tibeter das, was sie »feinstoffliche Hüllen« nennen, mit den »grobstofflichen Hüllen« verbinden, die Höllenbereiche oder das Land der hungrigen Geister mit der Welt der Schutzgeister und -gottheiten. Für den wahren Übenden haben all diese Figuren, um es noch einmal zu sagen, nur eine symbolische Bedeutung: Der Dalai Lama weist stets darauf hin, dass die Wesen, die bluttriefende Totenschädel tragen, die nackten, einander umschlingenden Gestalten mit herausgestreckten Zungen, nur ungewöhnlich drastische Darstellungen der Kräfte sind, die in uns ihr Spiel treiben, und manchmal auch der Kräfte, die wir in uns aufbieten müssen, um den Verlockungen von Hass, Unwissenheit und Gier zu widerstehen. Doch auf einem entlegenen Hochplateau fast fünftausend Meter über dem Meeresspiegel, wo die Menschen unendlich weit entfernt voneinander in einer energetisch dichten, geradezu jenseitigen Atmosphäre wohnen, wo der Himmel ganz nah zu sein scheint und jede Veränderung, jeder Wetterwechsel starke, ausgeprägte Auswirkungen auf die Erde hat, füllen sich die Bilder und Symbole wahrscheinlich mit wirklichem Leben.

Auch das ist ein Element, das zu solchen Buchtiteln führt wie *Wildes heiliges Tibet*, *Wie in einem Traum* und *Geheimnisvolles Tibet*; aufgrund seiner vollkommen isolierten Lage und weil seine Mönche und Selbsterforscher innere Techniken entwickelten, während andere Länder an Autos und Flugzeugen bastelten, scheint es einer früheren Zeit anzugehören, sodass es auf viele von uns fast wie eine vorbewusste Erinnerung wirkt, eine überkommene Weisheit, die wir (nicht zuletzt durch all die großen technischen Errungenschaften) verloren haben. Es gibt eine Welt, in der die Tibeter bis vor Kurzem noch lebten (und in der sie stellenweise heute noch leben), die ähnlich schaurig-schön war wie die frühchristliche, mitten in dem, was Edward Gibbon eine »ununterbrochene Abfolge von wundersamen Kräften, die Gabe des In-Zungen-Redens, der Einbildungskraft und Prophetie« nennt. Die tibetische Kultur ist der Welt Shakespeares, in der jeder Komet und jede Wolkenformation eine unmittelbare Botschaft der Götter an die Menschen war (und der damalige König Jakob I. mit seinem Buch *Dämonologie* berühmt wurde), viel näher als der unseren; die tibetische Religion hält ein Universum lebendig, das wir heute allenfalls mit den alten Griechen oder Römern assoziieren und in dem die Verbindung zwischen den Anderwelten und unserer eigenen Welt noch nicht abgebrochen ist. Es ist schließlich erst wenige Jahrhunderte her, dass Mörder in Europa dadurch ihrer Gefangennahme zu entgehen hofften, dass sie eine Mahlzeit auf den Leichen ihrer Opfer zu sich nahmen, oder dass Einbrecher sich verkleidet in die Häuser stahlen und dabei als Kerzen die Hände totgeborener Kinder benutzten.

»Unterhalb und jenseits des bewussten Selbst liegen riesige

Bereiche unterbewusster Tätigkeit«, schrieb Aldous Huxley, als er die Massenhysterie und den Hexenwahn untersuchte, die im 17. Jahrhundert im katholischen Frankreich ausbrachen, »manche davon schlimmer als das Ego und manche besser, manche dümmer und manche in gewisser Hinsicht weit intelligenter.« Es hatte fast Methode, dass Tibet sich bis vor Kurzem der Modernität verschloss, vielleicht, um wenigstens noch mit einem Fuß in der anderen Welt zu stehen – trotz einer analytischen Tradition, die jedem gelehrten philosophischen Diskurs mit einem Platoniker oder Positivisten standhalten würde. Seine Geisteswissenschaftler sprechen von 77000 Abteilungen des »feinstofflichen Körpers« und 84000 »leiderzeugenden Emotionen« in der Menschensphäre (sowie 84000 »Toren der Transformation«); der Buddhismus ist stets der Wirklichkeit verpflichtet, aber die Wirklichkeit ist, wie Picasso uns gezeigt hat, nicht bloß das, was wir sehen, sondern auch alles, was wir daraus machen, all die Träume und Impulse, die daraus entstehen, all die verschiedenen Arten, wie sich eine äußere, sichtbare Landschaft auf innerem, unsichtbarem Terrain ausbreitet. Rationalität allein ist nicht unbedingt immer das Vernünftigste.

Nach der großen Debatte in Samye, in der Tibet sich dafür entschied, eher dem indischen Pfad der Philosophie zu folgen als dem pragmatischen, die Meditation in den Vordergrund stellenden chinesischen Pfad, und besonders nachdem Tsongkhapa im 15. Jahrhundert die Gelug-Schule des tibetischen Buddhismus gegründet hatte, versammelten sich viele tibetische Mönche in Klöstern, die neben anderem auch großartige philosophische Forschungsstätten zur Untersuchung und auch Erweiterung der Ideen von Nagarjuna, Shantideva und anderen großen buddhistischen

Philosophen waren. Doch es wanderten auch viele Mönche über das riesige leere tibetische Hochplateau, suchten sich Höhlen, in denen sie jahrelang meditierten, und entwickelten spirituelle Fähigkeiten, die eher dem Bereich der Religion als dem der Philosophie zuzuordnen sind. Der Dalai Lama steht für einen pragmatischen Buddhismus, der durch seine Normalität, Ausgewogenheit und Klarheit besticht und den gesunden Menschenverstand ebenso anspricht wie die anderen Sinne. Aber andere tibetische Lamas haben über Jahrhunderte hinweg eine erheblich wildere, radikalere Form von Buddhismus ausgeübt, die sich mitunter in etwas manifestiert, was »verrückte Weisheit« genannt wird, in Ideen und Taten, die so stark von der Norm abweichen, dass wir normalen Sterblichen nichts damit anfangen können (und sicher keine Handhabe haben, darüber zu urteilen).

Tantra, wie der esoterische Buddhismus genannt wird, ist nach Aussage des Dalai Lama eine sehr spezielle und geheime Praxis zur Vorbereitung auf den Tod und eine sehr gefährliche Form der Übung, die nur unter sorgfältiger Aufsicht und fachkundiger Leitung durchgeführt werden darf. Vieles von dem, was die Tibeter den sogenannten »groben« Bewusstseinszuständen zuordnen – Sex, berauschende Getränke und Sinnestäuschungen zum Beispiel – wird dabei auf die feinstoffliche Ebene gehoben, ganz ähnlich, sagt der Dalai Lama, wie ayurvedische Ärzte Quecksilber, das unbearbeitet hochgiftig ist, als Arzneimittel einsetzen. Weit entfernt von dem, was der Dalai Lama Außenstehenden über Mitgefühl und Selbstlosigkeit erzählt, bekräftigt Tantra die gefährliche Tatsache, dass Menschlichkeit nicht das gleiche wie Menschenfreundlichkeit ist und Transzendenz ihrem Wesen nach weit über die konventionellen Denkkategorien von Gut und Böse hinausgeht. »Die eigene Vorstellung vom

Gutsein aufzugeben«, hat William James geschrieben, »ist das einzige Tor zu den tieferen Gründen des Universums.« Tibet selbst, so heißt es im tibetischen Volksgut, sei aus der Vereinigung eines Bodhisattvas mit einem weiblichen Dämon hervorgegangen.

Das hat zur Folge – so ein Politologe 1979 in Berkeley, der mithalf, den Buddhismus in der Neuen Welt einzuführen –, dass im Tantrismus »nahezu alles zu finden ist, was mit der gängigen westlichen Vorstellung von Magie einhergeht: Geheimlehren, kodierte Schriften, die Praxis, Symbole in den Sand zu zeichnen und Beschwörungsformeln zu murmeln, um Gottheiten anzurufen, und übernatürliche Kräfte, die zum Guten oder zum Bösen verwendet werden können«. Und wie ein anderer westlicher Gelehrter ruhig (und zutreffend) schreibt, schützt man sich im klassischen Tibet gegen Lepra oder die Möglichkeit, vergiftet zu werden, indem man eine Göttin visualisiert und dann den eigenen Körper als fette Leiche. Weiter stellt man sich vor, wie die Göttin den Kopf der Leiche abtrennt und den Schädel in ein Gefäß wirft, dazu noch einige Knochenstücke für ein anderes überirdisches Wesen, das kommen und diese roh verschlingen wird. In der großen Höhe und dünnen Luft Tibets, wo die animistischen Geister der traditionellen Bön-Religion noch immer lebendig sind, ist, wie in vielen Volkstraditionen, das Verbrennen von jemandes Abbild nach wie vor weit verbreitet, und selbst hohe Beamte befragen erst die Würfel, bevor sie Entscheidungen treffen, werfen Teigklumpen in die Luft oder nehmen ihre Zuflucht zu anderen Methoden der Wahrsagung.

Das erinnert vielleicht an die Geschichte eines Propheten, der Tote auferweckte, Wasser in Wein verwandelte und über das Wasser ging. Im Frankreich des 17. Jahrhunderts galt es laut Huxley als absolut gottlos, *nicht* an Hexen zu glauben (und nicht an Satan und die Vorstellung vom gefallenen Engel zu glauben war fast so schlimm, wie nicht an Gott und dementsprechend an die Reinheit der Engel zu glauben). Für eine katholische Kirche, die noch immer Exorzismus ausübt, oder einen frommen Christen, der behauptet, sein Körper würde wärmer (und sich manchmal sogar unangenehm erhitzen), wenn er das Herzensgebet spricht, dürfte das alles eigentlich nichts Besonderes sein. Auch was aus dem Leben großer christlicher Mystiker berichtet wird, gehört in einen Bereich der ekstatischen Zustände und physischen Intensität, der sich unserer Vernunft entzieht.

Wenn ich allerdings den Dalai Lama beobachtete, wie er seine Tradition sehr behutsam aus der Jahrhunderte währenden Isolation herausführte ins blendende Licht der modernen Welt (wobei er stets seiner Meinung Ausdruck gab, dass die tibetische Kultur nicht so abgeschirmt bleiben dürfe, sondern in engere Berührung mit der Moderne kommen müsse), hatte ich das Gefühl, dass er außer Erdteilen auch Jahrhunderte durcheilte, indem er einige der dunklen Geheimnisse der Menschengemeinschaft, die lange Zeit gewissermaßen unter Spinnweben in einer Truhe auf dem Speicher geschlummert hatten, ans helle Tageslicht brachte. Wenn er tantrische Lehren unterrichtete, kam oftmals ein Augenblick, in dem er diejenigen, die nicht die erforderlichen Gelübde abgelegt oder sich nicht ernsthaft genug der buddhistischen Übungspraxis verschrieben hatten, bat, den Saal zu verlassen, weil er Ermächtigungen und Einweihungen vornehmen wolle, die gefährlich sein könnten, wenn es an der richtigen Motivation mangele. Trotzdem hat er mehr Initiationen in das Kalachakra-Tantra (das Rad der Zeit) vorgenommen als alle 13 Dalai Lamas vor ihm, viele davon an Orten wie Toronto, Barcelona oder Madison in Wisconsin.

In der Tat hat er der Welt zwei nicht unbedingt in Zusammenhang stehende Schätze gebracht, beide auf ihre Art Sprengstoff: Der eine ist Tibet und seine Kultur, die oft kaum in eine verständliche Sprache zu übersetzen sind, und der andere ist seine besondere Form des Buddhismus. Vor einem allgemeinen Massenpublikum betonte er immer die »normale« (im Gegensatz zur »verrückten«) Weisheit, wie man sagen könnte, denn seine Philosophie schien ein Mittel zu sein, durch alle Unterschiede hindurch zu einem universellen menschlichen Kern vorzudringen. (»Sektierertum ist Gift«, schreibt er mit ungewöhnlicher Schärfe in seiner Autobiografie.) Als er in Würdigung der alten buddhistischen Universität in Indien vom »Nalanda-Buddhismus« sprach, aus dem die bedeutenden Philosophen seiner Tradition hervorgegangen sind, wollte er wohl darauf hinweisen, dass Vernunft und Universalität der Ort sein könnten, an dem die Anhänger der Gelug- und der Kagyü-Schulen, Osttibet und Zentraltibet, Amerikaner und Chinesen zusammenkommen könnten.

Zugleich aber konfrontierte er uns mit einer Reihe von sehr komplizierten Ritualen, Visualisationstechniken und Mandalas, die ihn wieder hinter die verschlossenen Türen stellten; bei seinen Reisen hat er stets *Thangkas* und Statuen bei sich, die eindeutig esoterische Bedeutung haben, ferner verschlossene Kisten mit privaten Dingen, die nur ein Dalai Lama braucht und die dem Blick des Wissenschaftlers verborgen bleiben. Mehr als einmal antwortete er mir auf die Frage, ob Tibets derzeitiges Leid eine Folge seines kollektiven Karma sei: »Das ist nicht so einfach« oder »Das ist ein Rätsel«, als wollte er mir zu verstehen geben, dass dies Welten angehöre, zu denen ich keinen Zugang hätte und die ich nicht verstehen würde.

Während der 30 Jahre, die ich beobachtete, wie er all

das herumtrug von Harvard bis nach Japan, hatte es einen eigenen Reiz für mich, zu sehen, wie er ganz offensichtlich überall Anhaltspunkte dafür sammelte, welche Teile seines Lehrvortrags ihr Ziel erreicht und welche Verwirrung gestiftet hatten, inwiefern sie missverstanden oder sogar verzerrt worden waren, und wie er seine Methode ständig anpasste. Im Lauf der Jahre ermahnte er Ausländer immer öfter, ihre eigenen Traditionen nicht aufzugeben, um Buddhisten zu werden (wenn auch vielleicht nur, weil er erkannt hatte, welche Missverständnisse daraus entstehen können); häufig spielte er den Wert der Meditation im Westen herunter, vielleicht weil er meinte, dass sie dort nur als eine spannende oder gar exotische Technik angesehen wurde und dazu angetan war, die Menschen von ihrer alltäglichen Verantwortung und der notwendigen Achtsamkeit und Güte abzubringen. Wenn er über Meditation sprach, betonte er stets das damit verbundene harte Training, ohne auf das zu verweisen, was er als »mystische Gaben« bezeichnet. Auch warnte er Ausländer immer häufiger vor tibetischen Lamas und Lehrern, die möglicherweise mit Anfängern »verrückte Weisheit« praktizierten, obwohl diese gar nicht in der Lage waren, Verrücktheit von Weisheit zu unterscheiden. Ich erzählte einmal Ngari Rinpoche, ich hätte gehört, dass viele Chinesen Schüler von tibetischen Lamas geworden seien. »Sie werden schnell die Lust daran verlieren«, lautete der für den jüngeren Bruder des Dalai Lama typische Kommentar. »Leider ist es fast immer die gleiche alte Geschichte.«

Es war ein Zeichen von neu gewonnener Zuversicht und Selbstvertrauen, dass es dem Dalai Lama immer leichter fiel, ausländischen Zuhörern genau das zu erzählen, was sie nicht hören mochten; aber manchmal musste ich daran denken, dass einigen Berichten zufolge selbst Buddha nicht immer zu kontrollieren oder zu beeinflussen vermochte, was in seinem Namen gesagt und getan wurde. Bis fünfhundert Jahre nach seinem Tod achteten die Leute seinen Wunsch, dass man keine Bildnisse von ihm herstellen sollte (da Bildnisse von der Lehre wegführen und außerdem den Anschein erwecken, er sei etwas Besseres als ein gewöhnlicher Mensch gewesen, obwohl er doch gerade wegen seiner Menschlichkeit so inspirierend und bewegend gewesen ist). Wenn er dargestellt wurde, dann allenfalls als Fußabdruck (unterwegs auf der endlosen Straße), als Baum (der Schatten spendet – und daran erinnert, wo er die Erleuchtung erlangte) oder auch als Rad (das Rad der Dharma-Lehre, das den Edlen Achtfachen Pfad entlangrollt).

Aber als der Buddhismus die Grenzen des asiatischen Raums erreicht hatte – und sozusagen seiner eigenen Popularität zum Opfer fiel –, geriet er in die Hände griechischer Bildhauer, die sogleich das Buddhahaupt abzubilden begannen (das bei ihnen dem Antlitz Apollos verblüffend ähnlich sah). Später fügten chinesische Kunsthandwerker dem Haupt eine Krone hinzu. Inzwischen gibt es so gewaltige Buddhastatuen in so vielen Tempeln – wie etwa dem Todaiji in Nara, den ich mit dem Dalai Lama besuchte –, dass man sich kaum noch daran erinnert, dass Buddha vor allem von der Leere aller Formen und der Unbeständigkeit der Dinge und nicht zuletzt des Menschen gesprochen hat.

☸

»Wir Tibeter sind keine echten Buddhisten«, sagte Ngari Rinpoche eines Morgens zu mir, als ich gerade meinen Platz auf seiner Terrasse eingenommen hatte und er mir Tee und einen Teller Gebäck reichte. »Zu viele Geister, zu viele Gottheiten. Wir halten immer nach etwas außerhalb von uns selbst Ausschau, das zu unserer Rettung herbeieilt. Das ist kein Buddhismus.«

»Aber menschlich«, warf ich ein. »Man kann nicht von den Leuten erwarten, dass sie ohne Gebete und Talismane irgendwelcher Art auskommen. Theoretisch mag man ja hohe Ziele verfolgen und behaupten, an nichts anzuhaften, aber in der Praxis brauchen die Leute etwas, das ihnen ihre Ängste überwinden hilft.« Mir fiel ein, dass mir der Dalai Lama selbst erzählt hatte, wie er als Kind zweimal solche Angst im Dunkeln gehabt hatte, dass er eine Katze durch das Zimmer hatte springen sehen (als er sich später die Nachbarskatzen prüfend anschaute, stellte sich heraus, dass sie keine Ähnlichkeit mit der von ihm gesehenen hatten.)

»Das ist aber kein Buddhismus. Ich finde, wir sollten Kontrollpolizisten zu all den Organisationen, all den tibetischen Zentren in aller Welt schicken, die das, was da gelehrt wird, unter die Lupe nehmen.« Sein Lächeln verriet mir, was als Nächstes kam. »Und ich würde mich liebend gern freiwillig für den Job zur Verfügung stellen!«

Er brach in lautes, ansteckendes Gelächter aus, das seinen ganzen Körper erschütterte – genau das Lachen, mit dem sein älterer Bruder in der ganzen Welt bekannt geworden war. Der tibetische Buddhismus versöhnt oft Avalokiteshvara, den Gott des Mitgefühls, mit Manjushri, dem Gott der Weisheit, der im Allgemeinen mit erhobenem Schwert dargestellt wird, das die Illusionen durchschneidet. Güte ohne Weisheit ist manchmal alles andere als Güte.

»Vor Hunderten von Jahren war es in Tibet doch nicht anders. Und in Japan – oder Thailand oder einem anderen buddhistischen Land – auch nicht. Nicht einmal in Indien, woher der Buddha stammt.«

»Aber wir Tibeter sind die schlimmsten Missetäter«, sagte er, nicht gewillt, sich beschwichtigen zu lassen; auf der anderen Seite des Zauns ist das Gras immer grüner. »Wir haben all diese *Pujas*, all diese Rituale, aber die Bedeutung des Buddha kennen wir nicht. Wir können nicht behaupten, dass wir Buddhisten sind.«

Es war ein ruhiger Morgen; er schaute mich an und hielt meinen Blick fest, während ich mir eine Erwiderung überlegte. So hoch oben über dem Talgrund konnten wir kaum ein Geräusch von der Straße unten hören. Ein Blatt Papier raschelte im Wind, und ich griff nach einem Plätzchen auf dem Teller.

»Es tut gut, hin und her zu schwanken«, sagte er mit völlig veränderter Stimme, viel sanfter, und mir fiel ein, dass er sich unter anderem »des Teufels Advokat« genannt hatte, um seine Arbeit zu beschreiben. »Wenn Sie mich das nächste Mal sehen, werde ich etwas völlig anderes sagen oder tun. Alles verändert sich ständig, ist dauernd in Bewegung. Das Blatt Papier dort, Sie, ich, diese Terrasse – nichts ist mehr so wie noch vor einer Sekunde.«

☸

Während wir uns unterhielten, führten Wissenschaftler in Berkeley, Princeton, Wisconsin und anderswo, wie der Dalai Lama den Akademikern in Nara mitgeteilt hatte, gerade eine Reihe von Experimenten fort, die seit Jahrzehnten stattfinden und über die laufend in der Zeitschrift *Nature*, den *Proceedings of the National Academy of Sciences* sowie anderen sehr geachteten wissenschaftlichen Magazinen berichtet wird. Prüfungen ergaben, dass die angeblich stark übertriebenen Geschichten, die Alexandra David-Néel verbreitet hat, letztlich gar nicht so abwegig sind. Erfahrene Mönche und bewährte Meditierende können wirklich in weniger als einer Stunde nasse Bettlaken trocknen, wie die Versuchsleiter herausgefunden hatten, und nur durch die Kraft ihrer Meditation grimmigster Kälte widerstehen. Ein Mönch hatte seinen Herzrhythmus auf unvorstellbare fünf Schläge pro Minute verlangsamt, und Hirnmessungen zeigten sowohl sichtbar als auch quantifizierbar, dass manche Mönche eine Ebene der Ruhe und Selbstbeherrschung erreichen, die keine Tabelle mehr erfasst.

Meditation wurde jetzt auch in West Point gelehrt – vielleicht wegen der genannten Ergebnisse, die bewiesen hatten, dass sie für die Gesundheit und die Gemütsruhe förderlich ist; die Forschungsergebnisse waren auch das Titelthema meines langjährigen Hauptarbeitgebers, des *Time*-Magazins. Ausgerechnet der *Harvard Law Review* befasste sich in einem Artikel mit der Übung, still an einem Platz zu sitzen und den Geist zu beruhigen. Der Dalai Lama schien mit Beginn des 21. Jahrhunderts immer mehr auf Wissenschaftlichkeit zu pochen, vielleicht, weil sie uns aus dem Bereich herauszuführen versprach, wo die eine Seite der Welt schreckliche Gewalttaten durch den Koran rechtfertigte und die andere durch die Bibel. Die durch die Quantenmechanik nachgewiesene »Substanzlosigkeit«, die Heisenbergsche Unschärferelation, die Art und Weise, in der Relativitätstheorie und Quantenmechanik die Trennung von Subjekt und Objekt aufheben – das alles waren Ideen, die seinem Empfinden nach zum Lehrplan tibetischer Mönche gehören sollten.

Tatsächlich unterstützt die Globalisierung auf merkwürdige Weise einige der Grundprinzipien des Buddhismus und umgekehrt. Vor 50 Jahren wäre ein Amerikaner beim Besuch eines tibetischen Dorfes wahrscheinlich für einen Zauberer oder gar Hexer gehalten worden, wenn er dort mit einer Polaroidkamera Fotos geschossen hätte oder die Stimmen der Dorfbewohner auf Kassette aufgenommen und ihnen den Klang ihrer eigenen Stimmen vorgespielt hätte. Und sie hätten ihrerseits auf den Amerikaner wie unheimliche Fakire und Wundertätige gewirkt, wenn sie ihm vorgemacht hätten, wie sie in tiefer Meditation ihre Sauerstoffzufuhr auf ein Minimum drosseln oder ihren gesamten Stoffwechsel verlangsamen. Heutzutage wissen wir, dass das, was damals ein Wunder zu sein schien, nur eine besondere geistige oder körperliche Fähigkeit ist, die außergewöhnlich stark entwickelt wurde, und die Tibeter stellen fest, dass es keine Zauberei ist, sondern wirkliches Leben und hartes Training, wenn sie den Fernseher einschalten und Athleten von Olympiaformat sehen können, die fast 40 Stundenkilometer schnell laufen oder gute acht Meter weit springen.

Als William James, damals noch Harvard-Professor, im Auftrag der *American Society for Psychical Research* verschiedene Medien erforschte, gestand er, dass er die Untersuchung der vermeintlichen Scharlatane als »abscheuliche Beschäftigung« empfand und, wie er später äußerte, als »seltsame und in vieler Hinsicht ekelerregende Erfahrung«. Als erklärter Empiriker und einer, der sich sein Leben lang auf dem Gebiet der Chemie, der vergleichenden Anatomie und Physiologie weiterbildete, frohlockte James immer, wenn von den populären Mystikern und Mystikerinnen seiner Zeit jemand als Schwindler entlarvt und seine Geheimnisse gelüftet wurden.

Doch als seriöser Wissenschaftler war James auch dazu verpflichtet, sich seine Unvoreingenommenheit zu bewahren und keine Schlüsse zu ziehen, die nicht voll und ganz gesichert waren. So brachte es ihn mehr als einmal in Verlegenheit, wenn trotz eines Dutzend Besuchen und aller Forschungsprotokolle kein Makel an einem Medium zu finden war, das er untersuchte.

»Ich hatte bislang das Gefühl«, schrieb er an einen Freund seines Vaters, »als wären die wundertätigen Kurpfuscher, die Magnetheiler, die siebten Söhne eines siebten Sohnes und alle, die sich magisch zu ihnen hingezogen fühlen, so etwas wie ein intellektueller Abschaum. Allmählich glaube ich aber, dass jener Geistestyp eine Reihe von Wahrheiten erfasst, für die ein anderer stockblind ist.« Durch dieses neue Gefühl »sei er allein auf hoher See«, gestand er, »der alte Kompass ist verloren und ein neuer noch nicht gefunden«. Für einen Buddhisten würde das nur bedeuten, dass ihm eine Form von Unwissenheit genommen wurde; oder wie Kipling es etwa zur gleichen Zeit formulierte: »*The wildest dreams of Kew are the facts of Kathmandu.*«*

☸

Einmal bin ich vom Sitz des Dalai Lama in Dharamsala aus zwei Stunden nach Norden über schmale Landstraßen und Alleen an Teeplantagen vorbeigefahren, über mir vor tiefblauem Himmel die blendend weißen Schneegipfel, und von der engen Hauptstraße auf einen holprigen Weg abgebogen, der in ein verstecktes Tal einmündete. Eine Reihe von Gebäuden lag auf halber Höhe des Hangs, und im Umsehen hatte ich Indien verlassen und befand mich in einem Land mit weißgetünchten Häusern, die von den goldenen Zinnen eines Tempels überragt wurden. Auf einem staubigen Platz stieg ich aus dem Auto und folgte einem Pfad bergan zum

---

* Kew ist ein Park in Kiplings Heimatstadt London. (*Anm. d. Übers.*)

Tempel hinauf, der einen Vorplatz von der Größe eines Kinderspielplatzes hatte.

Alte Tibeterinnen saßen bereits vor dem Platz auf dem Erdboden, obwohl es kaum acht Uhr morgens war, und die Gebetshallen waren voller junger Mönche, die geschäftig hin und her liefen. Besucher strömten aus allen Richtungen herbei, bis der Raum rings um den Platz gedrängt voll war und Neuankömmlinge über vier oder fünf Reihen von Köpfen hinwegblicken mussten, um sehen zu können, was da vor sich ging.

Des Rätsels Lösung war, dass der *Tashi-Jong*-Tempel, Sitz einer Schar von Mönchen des Kagyü-Ordens, dessen Oberhaupt der junge Karmapa ist, seinen jährlichen »Lamatanz« veranstaltete, der die verborgenen Kräfte des tibetischen Buddhismus sichtbar machen soll und acht Tage andauert. Schon bald war der Platz mit Lamas aus dem Tempel angefüllt, die ihre Arme und Beine nach einer hochkomplizierten Choreografie wie in Zeitlupe bewegten. Der Tanz, dessen Rhythmus eher hypnotisierend als dramatisch wirkte, entbehrte gänzlich des bereitwilligen Lächelns und der unbekümmerten Fröhlichkeit, die die traditionelle Aufführung tibetischer Volkstänze oder Opern kennzeichnen. Jede Geste hatte eine präzise Bedeutung, und die ganze Zeremonie war Exorzismus und Fürbitte zugleich.

Von einem erhöhten Sitz aus, einer Art Thron auf einer Seite des Platzes, schaute der junge Rinpoche des Tempels zu. Hinter ihm war eine erheblich wildere Gestalt in farblosen Gewändern zu sehen, die verfilzten Haarzotteln auf dem Kopf hochgetürmt und zusammengerollt wie eine schlafende Schlange. Das war, wie ich hörte, ein Yogi – ein Mönch, der jahrelang in einer Höhle meditiert hatte. Sein hoher Haarschopf repräsentierte die Jahre, die er abseits der Gesellschaft in Meditation verbracht hatte, ohne sich die Haare zu schneiden.

Jetzt war diese Gestalt das inoffizielle Oberhaupt des Tempels, Tutor des jungen Rinpoche und fast im Wortsinne die graue Eminenz hinter dem Thron. Andere Gestalten aus den inneren Hallen des Tempels belebten jetzt die Szene; sie trugen Masken, die auf mich grotesk wirkten und verschiedene alte Könige und spirituelle Figuren darstellten. Oberhalb des Platzes stand ein Gebäude, in dem sich auch jetzt Mönche in langen Retreats aufhielten. Noch weiter oben war ein hübsches, leuchtend buntes Häuschen mit einem Garten, wo ich einen anderen Yogi, dem Tode nahe, Jahre der Meditation im leeren Blick, treffen sollte. Daneben eine inzwischen gefeierte Engländerin, die Nonne geworden war und trotz Lawinen, Wölfen und anderen ungebetenen Gästen, die ihr nachstellten, zwölf Jahre ununterbrochen in einer Höhle meditiert hatte. Später am Nachmittag wollte ich zu einem Retreatzentrum oberhalb des Tempelplatzes hinaufgehen, in dem Interessierte sich auf monatelange Reisen ins eigene Innere begeben können. Noch nie war ich an einem Ort außerhalb Tibets gewesen, der ein so starkes Gefühl von Tibet vermittelte und so weit entfernt war von der Alltagswelt, die ich kannte.

In solchen Momenten wurde ich zwangsläufig an den Dalai Lama erinnert, wie er – im wörtlichen und übertragenen Sinne – ständig in seinen Tempel hineingeht und wieder herauskommt: Er ging stets aus sich heraus, um die Außenwelt zu begrüßen, und verschwand dann erneut in einer sehr privaten Welt, die geradezu unvorstellbar tibetisch war. So ähnlich war es, wenn er zweimal täglich während seiner Unterweisungen in Dharamsala sein Privatgrundstück verließ und lächelnd und Bittsteller grüßend, seinen Text vor Augen und diverse Ritualgegenstände und Zeremonialfiguren im Gefolge, zu dem Sitz schritt, von dem aus er zu sprechen pflegte, und dann wieder zurückkehrte in sein streng bewachtes Domizil. Einen Großteil ihrer Zeit verbrachten er und seine Mönche mit der Übung des hochintellektuellen Debattierens, bei dem es um ähnliche Fragen ging wie die, wie viele symbolische Engel auf dem nichtexistenten Kopf einer imaginären Stecknadel Platz hätten; die übrige Zeit jedoch lebten sie in einer Welt, in der die Philosophie, wie es heißt, nicht einmal ein Zahnweh heilt, in der jedoch für den Nomaden in seinem einsamen Zelt auf fast 5000 Meter Höhe all die Figuren, von denen tibetische Thangkas nur so wimmeln, real sind, schmerzhaft real.

☸

Nebenbei bemerkt, konnte der Dalai Lama die Welt jenseits der Logik ohnehin nicht ganz abschreiben, war es doch ebendiese Welt, die ihn (und ein paar hundert weitere inkarnierte Lamas, der Rest dessen, was einmal Tausende waren) durch Auslegung von Wolkenbildern, Spiegelungen in einem mystischen See und verschiedenen Träumen auf den Thron gebracht hatte, auf dem er jetzt saß. Dieses System inkarnierter Lamas oder *Tulkus*, die durch solche geheimen Symbole gleich nach ihrer Geburt aufgefunden worden waren, war fast schon eine gut überlegte Mischung aus cleverer Logik und tibetischer Antilogik: Das Schöne an ihm war letztlich, dass es kleine Jungs (und gelegentlich auch Mädchen) an die Macht brachte, die keine Gelegenheit gehabt hatten, von der Welt korrumpiert zu werden, und absolut kein Interesse am eigenen Aufstieg hatten. Seine Schattenseite war dieselbe Tatsache, nämlich dass durch die Ermächtigung von Zweijährigen die wirkliche Macht zumindest für einige Jahre in die Hände von Regenten, älteren Tutoren oder Verwandten des Kindes gelangte, die keineswegs immun waren gegen Machtspiele und politische Intrigen. Für Tibeter ist ein Tulku in der Familie, wie ich erstaunt zur Kenntnis nahm, keine Quelle der Freude; vielmehr ist man der Überzeugung, dass es in weltlicher Hinsicht (vielleicht durch eine Art komplexer Kompensation) für gewöhnlich Unglück bringt.

Der Dalai Lama sprach, wie bereits erwähnt, von der Institution des Dalai Lama im Allgemeinen wie von einem Haufen Kleidern – Pflichten, Verantwortlichkeiten und Würden –, die zu tragen er geboren wurde (und vom Tod sehr freundlich als einem »Kleiderwechsel«); sein jüngerer Bruder drückte es gegenüber einem Autor einmal so aus: »Er ist einfach der Mann, dessen Job es ist, Dalai Lama zu sein.« Für diese Trennung von Geist und Gefäß sprach die Tatsache, dass manche Dalai Lamas dick waren und manche dünn, manche ausgesprochen sanftmütig und manche grimmig. Der berühmte 5. Dalai Lama gilt bei der Mehrzahl der Tibeter als Begründer Tibets, wie es bis vor Kurzem bestanden hat (er hat zum Beispiel auch den Potala-Palast erbaut, ein großartiges Symbol der Einheit von Kirche und Staat). Der Dalai Lama nach ihm hingegen war dafür bekannt, dass er sich meistens außerhalb der Mauern des Potala aufhielt, fleißig die Wirtshäuser besuchte, schließlich seine Mönchsgewänder ablegte und vor seinem rätselhaften Verschwinden eine Vielzahl erotischer Gedichte verfasste, die von den Tibetern heißgeliebt werden, aber auch alle möglichen Interpretationen zulassen.

Doch selbst in diesem Bereich waren die Dinge nie so klar oder so leicht abzutun, wie ich es gern gehabt hätte. Eines Tages nahm ich ein Buch über Tibet und den 13. Dalai Lama zur Hand, das von Sir Charles Bell stammte, dem nüchternen britischen Diplomaten, der als erster Westler eine enge Beziehung zu einem Dalai Lama hatte und sogar ein Jahr ganz in der Nähe seines Palastes verbrachte. Bells Bericht war so klar und pragmatisch, wie man es von einem Offizier, der seinem Kommandostab Bericht erstattet, erwarten darf. Der 13. Dalai Lama sei »außerordentlich freimütig«, schrieb Bell 1924, und entlasse oft seine Beamten, um mit seinem ausländischen Freund unter vier Augen zu reden (oder ihn gar um Rat zu fragen). »Seine Heiligkeit hatte immer eine Abneigung gegen Zeremonien«, fuhr Bell fort, und tatsächlich freute sich der 13. Dalai Lama, als er 1910 durch das Vorrücken der Chinesen auf Lhasa gezwungen war, nach Indien ins Exil zu gehen, wo er endlich im Wald spazieren gehen und sich so frei bewegen konnte, wie es ihm in Lhasa nie möglich gewesen war. »Er hat ein Faible für Pferde, Hunde und überhaupt alle Tiere«, schrieb Bell, »besonders aber für Vögel. Und auch Blumen sind eine beständige Freude für ihn.«

Das war klar genug gesagt und zugleich eine unschätzbare Quelle von Informationen über den ersten Dalai Lama, der in die Welt außerhalb Tibets zog und sein Land in die Neuzeit zu führen begann. Was mich allerdings bestürzte, als ich das Buch achtzig Jahre nach seinem Erscheinen las, war, dass Bells Beschreibung des 13. Dalai Lama Detail für Detail und Satz für Satz kaum besser auf dessen völlig anders gearteten Nachfolger, den 14. Dalai Lama, hätte zutreffen können. Einer der vielen Gründe, aus denen ich es eigentlich überflüssig fand, Person und Persönlichkeit des derzeitigen Dalai Lama eingehender zu beschreiben, war der, dass dies bereits elf Jahre vor dessen Geburt ein Mann mit der Schilderung seines Vorgängers sehr passend getan hatte.

»Er ist impulsiv, fröhlich und mit einem ausgeprägten Sinn für Humor begabt«, schrieb Bell über seinen Freund. »Seine

Augen blitzten, als er mir die Kriegslisten erklärte, die er angewandt hatte, um sich der Verfolgung durch das chinesische Militär zu entziehen.« Er sei »ein guter Menschenkenner und schnell von Begriff«, scheue sich nicht, seine Gefühle zu zeigen, »verliere jedoch nie seine angeborene Liebenswürdigkeit«. Überraschend ist vielleicht, dass das damalige Oberhaupt des tibetischen Buddhismus nicht davon begeistert war, den Buddhismus in der ganzen Welt zu verbreiten, obwohl er jedem, der sich ernsthaft einer religiösen Übung verschrieb, seinen aufrichtigen Respekt zollte (und bestürzt war, wie er gestand, über die Chinesen, die er kennenlernte und die das nicht taten).

»Der Gottkönig ist durch und durch menschlich«, war Bells zusammenfassendes Urteil, er stehe manchmal um drei Uhr in der Frühe auf, um zu meditieren, und lasse auch auf Zugreisen nicht vom Meditieren ab. Mit seinem Anspruch, jeden Augenblick gut zu nutzen, stellte er seine Sekretäre auf eine harte Probe, und er schien immer Verlangen nach Einzelheiten aus der Außenwelt zu haben, denn er ließ sich englische Zeitungen übersetzen und verfolgte voller Interesse die angespannte Situation im Deutschland der 1920er Jahre. Zumindest scheint er viel mehr mit seinem Nachfolger gemeinsam gehabt zu haben als George Bush mit seinem Sohn George W. Bush. Bell ließ nur ein einziges Detail aus (weil er ja nichts davon wissen konnte), nämlich dass der 14. Dalai Lama als Kind die Schönschrift erlernen und dazu immer wieder das unheilverheißende Testament seines Vorgängers abschreiben musste, bis er es am Ende, so ist zu vermuten, auswendig konnte.

Nicht einmal im alten Tibet war das Inkarnationssystem immer ein reiner Segen; neue Lamas aufzufinden und gegen Mitbewerber oder Leute mit einer anderen Auffassung zu schützen, ist nie leicht gewesen. Aber wie alles in der tibetischen Welt ist es jetzt, seit die tibetische Kultur über die ganze Erde verstreut ist und inkarnierte Lamas in Seattle, Spanien und anderswo entdeckt werden, noch unendlich viel komplizierter geworden. Das Oberhaupt des Nyingma-Ordens hat im Westen viele Spekulationen ausgelöst mit seiner Ankündigung, der Kampfsportler Steven Seagal (und einer seiner zahlungskräftigen Unterstützer) sei eine hohe tibetische Inkarnation, und damit, dass er das Gleiche auch von einem viermal verheirateten ehemaligen Medium aus Brooklyn behauptete. Überdies müssen traditionelle klösterliche Suchtrupps, die nach neuen Inkarnationen Ausschau halten, jetzt kreuz und quer durch Tibet und weiter in andere Länder reisen und geheime Faxe hin und her schicken, und niemand weiß, ob ein neuer Lama in China, in Tibet (wo keine Begegnung mit dem Dalai Lama möglich ist) oder im Exil geboren wird, wo er von der großen Mehrheit seines Volkes getrennt ist.

Die zweithöchste Inkarnation aller tibetischen Buddhisten und eine der für die Auffindung eines neuen Dalai Lama verantwortlichen Hauptpersonen ist der Panchen Lama, dessen traditioneller Sitz das *Tashilhunpo*-Kloster in Tibets zweiter Stadt Shigatse ist. Aber der Panchen Lama war in China geblieben, als der Dalai Lama nach Tibet flüchtete, und selbst bei den Tibetern gingen die Meinungen darüber auseinander, ob er mit den Behörden in Peking kollaboriert oder ob er seine Position dazu benutzt hatte, Tibet im Innern beizustehen. 1989, als gesunder Fünfziger, hatte er seine lange geplante Rückreise zum Tashilhunpo angetreten, um die Reliquien früherer Panchen Lamas zurückzubringen, nur fünf Tage, nachdem er freiheraus gesagt hatte, die Chinesen hätten in Tibet »viele Fehler« gemacht. Einen Tag nach seiner Rückkehr wurde er tot aufgefunden; er hatte offenbar einen Herzinfarkt erlitten, aber sofort machten Gerüchte die Runde, er sei vergiftet worden.

Sechs Jahre ging man trotz der sehr schwierigen Kommunikation zwischen Dharamsala und Tibet auf die Suche nach seinem Nachfolger, bis im Mai 1995 der Dalai Lama endlich verkünden konnte, dass in Tibet ein kleiner Junge gefunden worden sei, bei dem es sich um den 11. Panchen Lama handele. Kaum hatte er das getan, warteten die Chinesen, wahrscheinlich erbost darüber, dass ein Tibeter im Exil es wagte, über Inkarnationen auf chinesischem Boden zu entscheiden, mit eigenen Kandidaten auf und ernannten nach einer Weissagungszeremonie im Jokhang-Tempel in Lhasa, die alle Rituale einschloss, über die sie sich immer mokiert hatten (auch dass kleine Jungen Papierlose aus einer goldenen Urne ziehen mussten), einen kleinen Jungen ihrer eigenen Wahl (den Sohn eines kommunistischen Funktionärs) zum wahren neuen Panchen Lama. Der Junge, den der Dalai Lama ausgewählt hatte, wurde unter Hausarrest gestellt, und man hat seitdem nie wieder etwas von ihm gehört.

Die dritthöchste Inkarnation im tibetischen Buddhismus – der Überlieferung nach eigentlich sogar die älteste – ist der Karmapa, das Oberhaupt des Kagyü-Ordens. Als der 16. Karmapa 1981 starb, ging man auf die Suche und fand zwei junge Kandidaten, die beide durch eine Gruppe aus den Reihen der Anhänger des Verstorbenen gestützt wurden. Der eine Jugendliche lebte in Delhi und der andere, dem der Dalai Lama den Vorzug gab, in China. Erstaunlicherweise gelang dem Vierzehnjährigen aus China eine Flucht wie im Märchen, denn er traf genau zu Beginn des neuen Jahrtausends, ein paar Monate, nachdem der Dalai Lama 65 Jahre alt geworden war, auf spektakuläre Weise in Dharamsala ein. Die Tibeter wissen inzwischen, dass ein Märchen auch immer seine dunkle Seite hat, gewissermaßen einen Aspekt der realen Welt, und deshalb wurde er von den einen mit offenen Armen als die neue Hoffnung Exiltibets empfangen, während sich die anderen fragten, wie der bekannteste Tibeter es schaffen konnte, unter den Augen der chinesischen Regierung, die noch den einfachsten Bauern abzufangen vermochte, aus dem Land zu fliehen.

Der Dalai Lama begrüßte den jungen Mann und wies ihm eine Behausung in der Nähe von Dharamsala zu, weil die indische Regierung aus Angst, er könnte ein chinesischer Spion sein, ihm nicht erlaubte, seinen rechtmäßigen Wohnsitz in Sikkim einzunehmen. Vielleicht war es die allgemeine Verwirrung, die den Dalai Lama dazu bewog, von 1969 an immer nachdrücklicher zu äußern, dass es vielleicht überhaupt keinen 15. Dalai Lama mehr geben würde. Es gäbe nur dann einen neuen Dalai Lama, sagte er immer, wenn dieser für das tibetische Volk eine Hilfe sei.

Unterdessen machte die Welt der Schutzgottheiten und -geister, der innerhalb des tibetischen Buddhismus rivalisierenden Gruppen und althergebrachten Feindschaften, die immer ihren Schatten über das alte Tibet geworfen hatten, auch andernorts in der globalisierten Welt auf sich aufmerksam. 1996 warnte der Dalai Lama, wie ich in Vancouver mitbekommen hatte, seine Zuhörer erstmals davor, eine bestimmte Volksgottheit namens *Shugden* (oder *Dolgyal*) zu verehren, weil sich dies seiner Meinung nach als schädlich erwiesen hätte und weil gewisse mit dieser Verehrung verbundene Lehren den Prinzipien des Buddhismus, insbesondere der Toleranz und Vernunft, widersprächen, für die er sich doch so vehement einsetzte. Daraufhin begannen die Anhänger des Schutzgeistes im Westen, die sich in England um einen Rinpoche und seine Organisation mit Namen »New Kadampa Tradition« scharten, gegen die Vorträge des Dalai Lama zu protestieren (das war auch die Ursache für die erste Warnung in British Columbia), indem sie behaupteten, er verletzte das Grundrecht der Religionsfreiheit – und sie ließen sich sogar bis zu einem gewissen Grad vor den Karren der Chinesen spannen.

Auch hier braucht man nur auf Zehenspitzen die Schwelle eines Disputs zu überschreiten, um sich jäh in einer aufgewühlten, wahnhaften Welt der Verwünschungen, Drohungen und fast mittelalterlich anmutenden Intrigen wiederzufinden. In den Briefen, die gewisse Shugden-Anhänger an die Exilregierung des Dalai Lama schickten (und die in einer von dieser Regierung herausgegebenen Broschüre abgedruckt sind), wurden deren Mitarbeiter als »Beamtenesel« bezeichnet, und es war von »giftigen, schamlosen« Rivalen die Rede. Einmal kam in einem Kloster in Indien ein Päckchen an, das ein Messer und die Botschaft enthielt: »Dieses Mal haben wir euch nicht erwischt, aber nächstes Mal kriegen wir euch hoffentlich.« Ein ranghoher Mönch wurde zusammengeschlagen, eine Scheune und ein Kornspeicher gingen in Flammen auf. Schließlich wurde der Leiter des vom Dalai Lama gegründeten Instituts für Buddhistische Dialektik erstochen in seinem Bett aufgefunden, außerdem zwei jüngere Mönche, offenbar zerstückelt zwecks Austreibung von bösen Geistern.

Die Briefe der Shugden-Gruppe (auch die, die sie selbst erhielten, wie die Mitglieder der Gruppe zweifellos behaupten würden), öffnen Geistern Tür und Tor, die sich gar nicht so sehr von den grinsenden Gerippen und tanzenden Scheusalen auf den Thangkas unterscheiden. In den Briefen, die ich gelesen habe, hieß es unter anderem, »der Milchsee Tibets sollte in ein Meer kochenden Blutes verwandelt werden« und »die drei Kadaver würden verzehrt« (was sich vermutlich auf die Leichen der drei Getöteten bezog); außerdem wurde angekündigt, dass es bald noch mehr Leichen geben würde. Von ruhiger Logik und wissenschaftlicher Analyse war keine Rede, schon gar nicht von einer ärztlichen Aufgabe, zu heilen.

An einem heißen Tag im August 2005, während eines achttägigen Seminars mit Vorträgen des Dalai Lama zum Thema »Mitgefühl«, war aus der öffentlichen Lautsprecheranlage – auf Deutsch, Tibetisch und Englisch – plötzlich zu vernehmen, Shugden-Anhänger sollten bedenken, dass sie am folgenden Vormittag, wenn der Dalai Lama spezielle Initiationen vornähme, nicht zugelassen seien. Auch Handzettel wurden zu diesem Zweck verteilt, außerdem wurde die Ansage über Lautsprecher wiederholt. Als sich gegen 16 Uhr das Ende seiner täglichen Textauslegung näherte, sagte der Dalai Lama plötzlich: »Heute werde ich dreißig Minuten länger reden. Wem das Probleme bereitet, der möge bitte gehen. Aber ich hoffe doch, Sie haben nichts dagegen, wenn ich heute etwas länger bleibe.« Das Publikum, das nie genug von ihm bekommen konnte – viele waren um die halbe Welt gereist, um diese Vorträge zu hören –, war offensichtlich entzückt.

Zuerst langsam, in langen, kraftvollen Sätzen auf Tibetisch – sie wurden von einem Akademiker oben auf der Bühne neben dem Dalai Lama ins Deutsche übertragen und von unsichtbaren Simultandolmetschern in andere Sprachen, die uns über Kopfhörer zugänglich waren, übersetzt – begann der Dalai Lama zu erklären, warum er nicht wünschte, dass Shugden-Anhänger den betreffenden Initiationen beiwohnten, auch wenn manche von ihnen trotz seiner Bitte bei den Lehrvorträgen an den anderen Tagen zugegen gewesen seien. Wären sie bei den betreffenden esoterischen Zeremonien anwesend, würden dadurch möglicherweise alle anderen Teilnehmer in ihrer geistigen Entwicklung behindert, sagte er, oder es würde sogar der Person, die die Einweihungen vornähme, nämlich ihm selbst, Schaden zugefügt.

Er sprach allmählich immer lauter, bis es wie Donnergrollen klang. Begründung folgte auf Begründung, warum Shugden-Anhänger nicht teilnehmen sollten, und er sprach so ingrimmig, wie ich es nie zuvor in der Öffentlichkeit gesehen hatte. Gelegentlich wurde seine Stimme etwas leiser, und dann begann der höfliche Schweizer Professor in Anzug und Krawatte zu übersetzen, doch ehe er damit fertig war, fing der Dalai Lama schon wieder an zu reden und übertönte ihn.

In solchen Augenblicken lachte das Publikum, allerdings nicht mehr entzückt.

»Die Dalai Lamas sind absolut nicht mit der Shugden-Gottheit verknüpft«, sagte das Oberhaupt der Tibeter und führte Beispiele aus der Geschichte an, um deutlich zu machen, wie sich frühere Dalai Lamas zu dem Schutzgeist geäußert hatten. »Die Angelegenheit ist schon seit dreihundertsechzig Jahren ein Problem. Auch ich habe mich anfänglich mit dieser Gottheit befasst, aber dann habe ich durch kritische Prüfung festgestellt, dass gewisse Probleme damit verbunden sind und Unheil darin liegt. Daraufhin habe ich mich zwei meiner Tutoren anvertraut.«

Sein zweiter Tutor, Trijang Rinpoche, war jedoch nach allgemeiner Überzeugung selbst ein Shugden-Anhänger. Angeblich gibt es über 100 000 Menschen in der tibetischen Gemeinschaft, die diese Gottheit verehren. Trijang Rinpoche, sagte der Dalai Lama jetzt, gebühre Respekt wegen seiner großen Verdienste um den *Lam Rim*, gewisse Anleitungen für den Stufenweg der Erleuchtung. Aber seine eigene Aufgabe bestehe darin, betonte er, »die Richtung beizubehalten, die die beiden großen Dalai Lamas, der 5. und der 13., eingeschlagen haben. Und der 5. Dalai Lama hat die Shugden-Gottheit ganz klar als gefährlichen Dämon verurteilt.«

So ging die leidenschaftliche Tirade immer weiter, fast wie das Schlussplädoyer eines Anklagevertreters vor Gericht. Allmählich schauten die einen oder anderen Zuhörer auf die Uhr. Er habe sich immer für die Eintracht der verschiedenen Schulen des tibetischen Buddhismus eingesetzt, sagte der Dalai Lama. Doch ein Shugden-Lehrer hätte gesagt, wenn ein Gelug-Anhänger der Nyingma-Tradition folge, würde er von der Shugden-Gottheit getötet werden. Was das noch mit der unzweideutigen Philosophie zu tun hätte, die Buddha gelehrt hätte? Und was die Nalanda-Lehre beträfe, dieses großartige Werk der indischen Philosophen Shantideva und Nagarjuna, mit dem sie sich gerade befasst hätten, müsse man sich ebenfalls fragen, was die mit der Verehrung von Gottheiten zu tun habe.

Es war, als sei eine Tür hinter ihm aufgegangen und man könnte plötzlich etwas von dem sehen, was sich hinter diesem Mann (einer winzigen Gestalt am entlegenen Ende eines riesigen Rockpalastes, flankiert von zwei gigantischen Videoleinwänden, die sein Gesicht so groß projizierten, dass es überall zu sehen war) auftürmte. Als der Dalai Lama endlich aufhörte, verließen die 8000 Teilnehmer der Lehrveranstaltung dieses Tages geordnet und sehr still das Hallenstadion.

Am Ende besteht vielleicht doch kein großer Unterschied zu Beziehungen generell, dachte ich, selbst solchen, die man schon sein Leben lang gepflegt hat: Im tiefsten Kern bleibt meistens ein Geheimnis. Und alles, was man von einer Person erfährt und weiß, schmälert nichts von der Riesenmenge, die man nicht kennt und nie kennen wird. »Im Weltenmeer der Entwicklung«, hat Isaac Bashevis Singer, dieser weise Chronist der Geister und Golems, gesagt, »ist Wahrheit ein Moment, eine kleine Insel des Augenblicks – hell, grün und licht – und schon vorbei.« Im Fall des Dalai Lama, der ein komplexes System von Riten, darunter auch Geheimlehren, der Weltöffentlichkeit zugänglich macht, trifft das ganz besonders zu, da vieles von dem, was seiner Tradition angehört, in einer anderen Kultur wenig Sinn ergibt. Darum vermittelt er meist nur eine sorgfältig verwässerte Form der allgemeinen Lehre, in der es um menschliche Grundwahrheiten geht – im Grunde Wissenschaft plus Ethik –, und bleibt seiner zentralen Behauptung treu, dass man jeden Augenblick versuchen solle, etwas Gutes zu tun, zumindest jedoch niemandem Schaden zuzufügen.

Er erzählte mir einmal, wie sehr es ihn gewundert hätte, einen Christen in Europa sagen zu hören, das Selbst sei ein Mysterium, ebenso wie Gott. Jemandem, der von der indischen Philosophie mit ihren dreitausend Jahren der Selbsterforschung herkäme, sagte er, erscheine das Selbst ja als in hohem Maße erfahrbar, als eine Reihe von Gesetzen und Verknüpfungen, die untersucht werden können wie jeder andere Aspekt der Natur oder des Bewusstseins auch. Trotzdem beinhalten die Riten und Übungen, mit deren Hilfe der Geist diese Untersuchungen durchführen kann, um das Selbst und letztlich dessen Irrealität zu erforschen, auch Techniken oder Gebräuche, die einem Außenstehenden mindestens so rätselhaft vorkommen müssen wie alles, was mit Reinkarnation zusammenhängt.

Mir fiel ein, dass Buddha in den Jahren nach seinem Tod oft durch nichts als das Bild eines leeren Throns dargestellt wurde.

Um in Erinnerung zu bleiben oder gar gebraucht zu werden, muss ich eine Person sein, die niemand kennt.

Thomas Merton

Der Mönch

Zu Beginn des 21. Jahrhunderts begleitete der Schweizer Fotograf Manuel Bauer mehr als drei Jahre lang den Dalai Lama auf dessen Reisen um die Welt, über dreißig an der Zahl, und hielt dabei jeden Augenblick des Tages fest, so wie ein moderner Fotoreporter über einen US-Präsidentschaftskandidaten auf Wahlkampftour berichtet. Er fotografierte ihn, während er sich zum Schlafengehen fertigmachte und im Unterhemd dasaß, und fotografierte ihn, wie er morgens erwachte und sich auf seine mehrstündige Meditation vorbereitete. Er fotografierte ihn, wie er auf der Bühne weinte, vertrauliche Zeremonien mit seinen Orakeln abhielt, mit nacktem Oberkörper fernsah oder Václav Havel Tee einschenkte. Als Bauer ihm die Andrucke seiner Bilder vorlegte, damit er prüfen konnte, ob das eine oder andere der vierhundert Fotos vielleicht seine Privatsphäre verletzte oder unabsichtlich Grenzen überschritt, beanstandete der Dalai Lama nur ein einziges Bild, weil die Perspektive den Eindruck erweckte, er säße höher als einer seiner Tutoren.

Außenstehende sind oft überrascht, wenn sie vom Dalai Lama hören (und er kommt eigentlich immer darauf zu sprechen), dass er im Laufe seines Lebens elf Lehrer hatte oder fünfzehn, wie er später behauptete, oder sogar neunzehn, wie einem Interview vor Kurzem zu entnehmen war; viele Ausländer wissen nur, dass er die oberste Instanz im tibetischen Buddhismus ist, aber sie haben keine Ahnung, dass er nicht einmal der Leiter seines eigenen Gelug-Ordens ist (nur die höchste Inkarnation). Doch seine häufige Erwähnung der vielen offiziellen Tutoren, seine Erinnerungen an die Peitschen, die sie in Lhasa an der Wand anbrachten, um ihn zur Ordnung zu rufen, und seine Gewohnheit, sich bei öffentlichen Vorträgen an Lamas im Publikum zu wenden und sie um ihre fundiertere Auslegung eines Textes zu bitten, rufen uns stets ins Gedächtnis zurück, dass er ein Mönch ist.

In jeder Tradition ist ein Mönch seiner Bestimmung nach nichts weiter als ein namenloses Rädchen im Getriebe, fügt sich perfekt in eine Hierarchie ein und ist zum Gehorsam gegenüber der Übungspraxis, den Älteren und vor allem der Lehre, der er sein Leben geweiht hat, verpflichtet. In Tibet wird dies alles noch etwas komplizierter durch das System inkarnierter Lamas, das zumindest für unsereinen völlig undurchsichtig ist und alle Vorstellungen von Hierarchie im herkömmlichen Sinne über den Haufen wirft: Einige Jahre, nachdem Ling Rinpoche, der erste Tutor des Dalai Lama in seinen prägendsten Jahren – der Mann, den er oft seinen »besten Freund« nennt – 1983 in Dharamsala gestorben war, wurde ein kleiner Junge gefunden, der dessen neue Inkarnation sein sollte. Danach sah man, wie sich der Dalai Lama immer vor diesem Hosenmatz verbeugte – und gleichzeitig ein wenig von den Lehren an ihn weitergab, in denen er selbst von der früheren Inkarnation des Jungen (wie die Tibeter glauben) unterrichtet worden war.

Sowohl unwillkürlich als auch, weil er so erzogen wurde, ist der Dalai Lama immer noch ebenso Schüler wie Lehrer, und seine Vertrauten sagen, dass er unterwegs in jedem freien Augenblick am liebsten ein Buch mit Geschichten über Buddha hervorholt und zuerst die tibetischen, dann die indischen Kommentare dazu liest. Als er mir einmal seine Gepflogenheit der »radikalen Informalität« erläuterte, gestand er mir, dass er sich nur deshalb dazu ermutigt fühle, weil sein erster Tutor ihn einmal in Aktion gesehen und ihm seine Zustimmung signalisiert hätte. Die Radikalität seines Desinteresses an Zeremoniell und Ritual entspränge, so hätte es sein Tutor empfunden, sorgsamem Abwägen und nicht einer Lust am Rebellieren. Wie er mir das erzählte, klang der oberste Führer der Tibeter wie ein Schuljunge, dem ein Lehrer bewundernd sagt, er könne in seinem Lernen über das erforderliche Maß hinausgehen und die engen Grenzen der Schule hinter sich lassen.

Diese absolute Freiheit, seine Philosophie zu hinterfragen und das Exil als Möglichkeit zu nutzen, den tibetischen Buddhismus von innen her zu reformieren, könnte ein falsches Bild ergeben. Der 14. Dalai Lama hat eine Menge überflüssigen Pomp und nicht zuletzt feudalistische Strukturen, die Tibet in der Vergangenheit belastet haben, beiseite gefegt; er räumt ein, dass »durch die veränderten Umstände« durchaus eine Frau der nächste Dalai Lama sein könnte; er hat viele der jahrhundertealten Differenzen, die eine Gruppe von tibetisch-buddhistischen Mönchen von der anderen trennen, aufzulösen versucht, oft sehr zum Ärger anderer tibetischer Führer. (Zum Beispiel hat er Elemente der Nyingma- und der Kagyü-Lehren, die traditionsgemäß als unvereinbar mit der Gelug-Schule galten, in die eigene Übungspraxis integriert, alles im Interesse der neuen Mission Tibets, kleinliche Differenzen zu überwinden und Teil einer größeren globalen Gemeinschaft zu werden. Aber diese Nichtachtung der äußeren Formen kann er sich, so empfindet man es, nur erlauben, weil er tief in seiner eigenen Tradition wurzelt. Inhaltlich ist der Dalai Lama ein Konservativer, der sich aufrichtig und von ganzem Herzen der buddhistischen Lehre verpflichtet fühlt und strikt für die Einhaltung der »ursprünglichen, klassischen, authentischen Lehre« eintritt, wie er es nennt. In dieser Hinsicht rennen viele seiner Bewunderer aus dem Westen, die von der Rebellion der 1968er Jahre geprägt sind und unbedingt von allen Hierarchien und Gesetzen frei sein wollen, die sie mit ihren eigenen Traditionen verbinden, gegen eine Wand.

So wendet er sich beispielsweise gegen die Homosexualität, weil ein alter buddhistischer Text die sexuelle Penetration von Mund oder Anus streng verurteilt (dem Denken jener Zeit entsprechend wurden Frauen gar nicht erwähnt). Er bedauert Vorurteile gegen Homosexuelle, die sich auf deren sexuelle Ausrichtung gründen, aber nach seinem Dafürhalten müssen zumindest er und seine Mönche sich an die alten Gesetze halten. Einer meiner Freunde, seit Langem tibetisch-buddhistischer Mönch und gelegentlich als Übersetzer für den Dalai Lama tätig, hat mir erzählt, dass in San Francisco einmal eine Gruppe von Schwulen und Lesben ein Treffen mit dem Dalai Lama verabredete, um dieses Thema mit ihm zu diskutieren. Tatsächlich sei die berühmte Verfügung gegen oralen oder analen Geschlechtsverkehr, so mein Freund (ein Kenner des tibetischen Buddhismus), ein später Nachtrag zu einem Text, der sich ausschließlich gegen den Ehebruch richtet; der tibetische Buddhismus als solcher kenne keine Vorschrift, die die männliche Homosexualität verbietet. Der Dalai Lama erklärte, wie man es von ihm erwarten durfte, dass er seinen Sinn selbstverständlich ändern würde, wenn mein Freund ihm den betreffenden Text zeigen und ihn mit absolut stichhaltigen Argumenten davon überzeugen könnte, dass er die alten Texte fehlinterpretiert hätte, aber bis dahin könne er nicht gegen die überlieferte Vorschrift verstoßen.

In ähnlicher Weise spricht er sich gegen Rauschmittel und die freie Sexualität aus, und Ehescheidungen lehnt er vehement ab, weil in diesem Fall kleine Kinder die Opfer der Unsicherheit und Unreife der Eltern sind. Er sähe sowohl die Tatsache, dass plötzlich überall auf der Erde inkarnierte Lamas auftauchten – einige davon sogar aus nichtbuddhistischen Familien –, wie die Verehrung, die manchen tibetischen Lehrern und Lamas im Ausland entgegengebracht werde, obwohl sie in ihrer eigenen Gemeinschaft nicht immer im Ruf besonderer Gelehrsamkeit ständen, »mit gemischten Gefühlen«, bemerkte er einmal mir gegenüber. Zuhörer in aller Welt bewundern in ihm das seltene Exemplar eines spirituellen Führers, der Tempel und Schriften für überflüssig hält, ganz zu schweigen von einem Übertritt in seine eigene Tradition; aber dann enttäuscht er sie auch oft wieder, indem er darauf pocht, dass es ein Bedürfnis nach althergebrachter Ethik und allem gäbe, wovon uns die Großmutter erzählt hat, dass es für uns gut sei.

Durch einen merkwürdigen Umstand war einer der ersten Westler, der die lange Reise nach Dharamsala auf sich nahm, um Exiltibet zu sehen, und der ausführlich über seine Begegnungen mit dem Dalai Lama berichtete, der christliche Trappistenmönch Thomas Merton, der 1968 sein Kloster in Kentucky verließ und sich zu Gesprächen mit Lehrern und Philosophen in Asien aufmachte, denen er aus der Ferne schon lange Sympathie und großes Interesse entgegengebracht hatte. In vieler Hinsicht kann nur ein Mönch einen anderen Mönch wirklich verstehen und würdigen, ebenso wie nur einer, der selbst Balletttänzer ist, den Auftritt eines Kollegen beurteilen und feinste Details erkennen kann, die dem zuschauenden Laien entgehen. So hat Mertons Bericht über das Oberhaupt der Tibeter mitgeholfen, dem Dalai Lama, der zuvor nur eine Gestalt aus exotischen Büchern in einer fremden Sprache war, die Tür zum Westen zu öffnen. (Die Tatsache, dass Merton nur sechs Wochen nach seinem Aufenthalt in Dharamsala in seinem Hotelzimmer in Bangkok tot aufgefunden wurde – er starb an einem Stromschlag –, verleiht den Begegnungen, durch die er seine langjährige Berufung in einem neuen Licht sah, eine eigene Bedeutung und vielleicht auch mehr Gewicht.)

Als Merton mit dem Zug aus Delhi in Dharamsala eintraf (seiner ersten Nachtfahrt mit dem Zug seit seinem Eintritt ins Kloster vor 27 Jahren, wie er begeistert berichtet), kam er in ein ganzes Dorf voller Mönche, wie es ihm in seiner Freude erschien. Er schrieb, man sähe »die Berge instinktiv als Mandala«, und »überall auf dem Berg wohnten Tibetaner in Hütten, Häusern, Zelten«. Er traf einen »von den Tulkus, die in Indien leben …, einen zehnjährigen Jungen«, der in den alten Bräuchen unterrichtet wurde. Er fand es rührend, »wie viele Tibetaner umhergehen und still vor sich hin beten und dass fast alle Rosenkränze mit sich führen«. Es regnete bei der Ankunft des Besuchers, und »über den wolkenverhangenen Bergspitzen führte der Donner Selbstgespräche«. Sogar ein Erdbeben war zu spüren, und Merton musste daran denken, dass es am anderen Ende der Welt gerade Wahlen gab, die einen neuen Präsidenten (nämlich Richard Nixon) ins Amt brachten.

Merton schildert anschaulich die indischen Ziegenhirten, Angehörige des Naddi-Stammes, die damals wie heute auf den Berghängen umherzogen, und den scharfen, erfrischenden Wind, der von den schneebedeckten Bergen herkam. Es entging ihm auch nicht der »Streit zweier Frauen in einer anderen Hütte weiter unten«, wahrscheinlich waren es die, deren Enkelinnen heute miteinander zanken. Er besuchte »ein ziemlich heruntergekommenes Restaurant in der Stadt« (das von ihm verwendete englische Wort für »heruntergekommen« zeigt anrührend, wie weit entrückt er der normalen Welt war) und benutzte, als kein Toilettenpapier mehr da war, die Tageszeitung. Er hörte das Echo eines »Gewehrschusses weit unten im Tal«, die beklemmende Erinnerung daran, dass die indische Armee gleich neben der tibetischen Siedlung stationiert war (und ist).

Doch das Herzstück seines Besuches war, wie er in seinen Briefen nach Hause eingehend berichtete, die Reihe von Gesprächen, die er mit dem Dalai Lama führte und genoss, der damals erst 33 Jahre alt und wahrscheinlich genauso gespannt darauf war, einen Mönch aus einer anderen Tradition kennenzulernen, wie umgekehrt. »Die zentrale Präsenz«, so Merton in seinem Tagebuch, »ist ein völlig wacher, energischer, wachsamer, nichtstaubiger, nichtverschwommener, nichtflüsternder Buddha.« Zur Erleichterung des Besuchers schien das junge tibetische Oberhaupt viel mehr Bodenhaftung zu haben, als er nach allem Gerede von der Magie und Rätselhaftigkeit Tibets vermutet hatte.

Der Dalai Lama »ist stark und lebhaft, größer, als ich ihn erwartet hatte«, war Mertons erste Reaktion, und dann fügte er (mit klarem Bezug zum Inneren wie zum Äußeren) hinzu, er sei »ein sehr fester, energischer, großzügiger und herzlicher Mensch«. Merton wurde in seinem Eindruck von Standhaftigkeit (ein wiederkehrender Begriff) bestätigt, denn eine Menge von dem, was der Dalai Lama äußerte, erschien ihm bei ihrem zweiten Gespräch, in dem es anfangs um die Epistemologie und dann um »*Samadhi* im Sinne von kontrollierter Konzentration« ging, »ziemlich scholastisch«. »Seine Ideen vom Innenleben bauen auf festen Grundlagen und auf einer wirklichen Wahrnehmung praktischer Probleme auf«, schrieb Merton, und der Tibeter hätte ihre zweite Unterredung mit der eindringlichen Bitte beendet, »in der Zwischenzeit über das Denken nachzudenken«.

Bei ihrer dritten und letzten Begegnung bombardierte ihn der Dalai Lama – wofür er berüchtigt war – mit »Fragen zum westlichen Klosterleben«: ob die »Gelübde irgendeine Verbindung mit einer geistigen Übertragung oder Initiation hätten«, ob die Mönche »den spirituellen Weg fortsetzten, in Richtung auf eine eventuelle Erleuchtung«, ob Trappisten Filme sehen dürften, ob ihnen alkoholische Getränke erlaubt seien, warum sie kein Fleisch äßen. An Mertons Bericht merkt man, dass ihm der Dalai Lama wie ein Experte auf seinem Gebiet vorkommt, der isolierter ist, als ihm lieb ist, und jede Gelegenheit nutzt, einen fremden Experten, der hereingeschneit kommt, in die Mangel zu nehmen und sich mit ihm auszutauschen. Der Dalai Lama, zu diesem Schluss kam Merton, »sei mehr am ›mystischen Leben‹ interessiert als an Äußerlichkeiten«.

Bei seiner Abreise aus Dharamsala hatte der Trappistenmönch, wie so viele, das Gefühl, dass sie »sehr gute Freunde geworden seien und einander irgendwie nahestünden«. Er hatte aber auch den Eindruck, dass der junge Lama »sehr empfindlich ist wegen einseitiger und falscher westlicher Sicht des tibetischen Mystizismus und besonders der Volksmythen«. Immer wieder betonte der Dalai Lama, wie wichtig harte Arbeit, Strenge und strammes Training seien, bevor man etwa an die Übung von *Dzogchen* (eine höhere Form der intensiven Meditation) denken könne. Wenn man Mertons Bericht heute liest, hört man förmlich, wie sich ein Veteran der Kontemplation und Metaphysik (der Dalai Lama) darüber wundert, dass sich jemand wünschen könnte, zum Beispiel Profifootball zu spielen, bevor er überhaupt gelernt hat, einen Helm anzulegen (er wird sich verletzen, er wird allen anderen im Weg stehen, und er wird echten spirituellen Fortschritt verhindern, wenn er denkt, dass die spirituelle Übung nicht so viel Training erfordert wie eine andere Übung oder ein bestimmter Beruf). Merton entgeht auch nicht, »... dass der Dalai Lama eine Menge blauhaariger Damen empfangen muss, Ladys in Hosen, Loser und Leute, die nach einer ausgeflippten Religion suchen«.

Es ist nicht ganz eindeutig, wie stark Merton durch seine Begegnung mit dem tibetischen Mönch, der ihm manche seiner eigenen Qualitäten zurückspiegelte, beeinflusst war und ob überhaupt, aber auf jeden Fall formulierte er während seines Aufenthalts in Dharamsala den Gedanken vom »Metaphysiker als Verwundetem«: »Ein Verwundeter ist kein Agnostiker – er hat nur andere Fragen, die von seiner Verwundung herrühren.«

Ein Mönch ist aus dem einen Grund für viele ein faszinierender Mensch und vielleicht sogar eine Inspiration, weil er dem, was die meisten wichtig finden, (zumindest theoretisch) den Rücken kehrt und Erfolg, Reichtum und Macht lieber im eigenen Innern sucht, da er das Selbst mehr als Mittel zum Zweck denn als Ziel an sich betrachtet. Wo die einen versuchen, sich einen Namen zu machen, gibt der Mönch gerade seinen Namen auf, und wo andere immer dem Neuesten folgen, gründet er sich im Alten, aus dem heraus er allem Neuen, das geschieht, einen Sinn geben kann. Die mir bekannten christlichen Mönche, die sich am Sonntagabend in ihrem Kloster versammeln, um Monty-Python-Filme anzuschauen, oder die tibetischen Rinpoches, die keine Geduld für die gewissenhaften Frömmeleien der Westler aufbringen, können es sich nur erlauben, so »respektlos« zu sein, weil sie ein klares, scharfes Gespür für das haben, dem sie wirklich ihren Respekt schulden.

Ich hatte oft das Empfinden, als sei der Dalai Lama mit Herz und Seele eigentlich genau da, wo wir ihn meist gar nicht vermuten. »Je mehr uns zu eigen ist«, hat Meister Eckhart gesagt, »umso weniger haben wir Gott zu eigen; je geringer aber unser Eigenes, umso mehr haben wir ihn mit allem, was er aufzubringen vermag.« Wie die meisten beeindruckenden Experten auf ihrem Gebiet lässt uns auch der Dalai Lama gerne vergessen, dass er 18 Jahre Studium hinter sich hat und vor 30 Logik-Gelehrten, Doktoren der Metaphysik und 35 Kennern des Edlen Achtfachen Pfades eine mündliche Prüfung ablegen musste. Seine Herzlichkeit und nie versiegende Menschlichkeit sorgen dafür, dass viele von uns so mit ihm sprechen, als sei er wirklich einer von uns – den Papst würde nie jemand fragen, ob er manchmal von Frauen träumt oder wütend wird und wodurch. Dabei ist es eine unumstößliche Tatsache, dass der Dalai Lama, wie jeder tibetisch-buddhistische Mönch, an mehr als 253 verschiedene Gelübde gebunden ist.

Ich fragte den Dalai Lama einmal, was sich bei ihm seit unserer letzten Zusammenkunft in Dharamsala verändert hätte, worauf er, um gleich alle Förmlichkeit wegzuwischen, sagte: »Ich glaube, wir haben beide weniger Haare«, und in schallendes Gelächter ausbrach. Dann antwortete er auf meine Frage, dass sich nichts groß verändert hätte, außer dass er ein kleines Problem mit seinem Hals hätte. »Und mit meiner spirituellen Übungspraxis – ein wenig«, setzte er hinzu. »Aber ich halte sie wie gewohnt ein.

Heutzutage dauert mein tägliches Gebet samt allem, was ich berücksichtigen und rezitieren muss, für gewöhnlich vier Stunden«, sagte er und begründete dies mit seinen weiterführenden Studien und den Ansprüchen, die jede neue Lehrtätigkeit an ihn stellt.

»Jeden Tag?«

Statt einer Antwort schilderte er mir seinen Tagesablauf: Meditation, Niederwerfungen, Rezitation spezieller Mantras, wieder Meditation und weitere Niederwerfungen, danach Lesen tibetischer philosophischer oder anderer Texte, dann Lesen und Studieren und am Abend »ein bisschen Meditation – Abendmeditation –, etwa eine Stunde. Um 20.30 Uhr Schlafenszeit. Die wichtigste Meditation überhaupt. Eine für jeden obligatorische Meditation – selbst für manche Vögel. Die wichtigste Meditation, nicht fürs Nirwana, sondern fürs Überleben!«

Natürlich ein Scherz, um seinen Aktivitäten den Beiklang des Beschwerlichen zu nehmen und alle Wesen einzubeziehen, selbst die Vögel, aber auf was mich seine Antwort hinstieß, war, dass er im tiefsten Innern ein ganz anderer ist. Ich wurde daran erinnert, dass sich fast alles, was er tut, im Verborgenen abspielt.

Ich habe einen Großteil meines Erwachsenenlebens in Klöstern zugebracht, weil mich interessierte, wie diese meist stillen Revolutionäre die Welt auf den Kopf stellen, unsere Annahmen über den Haufen werfen, sich auf etwas berufen, was unsichtbar ist, und in regelmäßigen Abständen hinter Mauern mit dem Schild »Klausur. Eintritt verboten« verschwinden. Das griechische Wort *askesis*, von dem das Wort »Asket« abgeleitet ist, bezieht sich auf das Training von Athleten, und Mönche sind im Grunde spirituelle Athleten, die sich Übungen unterwerfen, deren Tiefe wir nie ganz erfassen, um ihren Geist ebenso zu schärfen und zu trainieren wie ein Sportler seinen Körper.

Auf dem Berg Hiei im Nordosten Kyotos, in der Nähe des Ortes, wo ich dieses Buch schreibe, versenken sich sogenannte Marathon-Mönche für sehr lange Zeiträume – und dabei sogar tagelang, ohne zu schlafen – in eine spezielle Art von Meditation, indem sie jede Nacht auf schmalen Pfaden im Laufschritt den heiligen Berg umrunden, einen Dolch an ihrer Seite, mit dem sie sich das Leben zu nehmen geschworen haben, falls sie unterwegs ein Glas Wasser trinken oder etwas essen. Am Ende ihres Martyriums sehen die Mönche vom Berg Hiei so aus, als hätten sie den Tod selbst durchlaufen und wären als menschliche Kerzen daraus hervorgegangen, leuchtende, glühende Silhouetten (nach dieser unglaublich entbehrungsreichen Zeit werden Fotos von ihnen gemacht, als sollte die innere Entsprechung eines Laufrekords festgehalten werden). Ein Mönch vom Berg Hiei soll hören können, wenn im Nachbarzimmer von einem Räucherstäbchen Asche herabfällt; in katholischen Einsiedeleien strebt ein Asket, so der Benediktinermönch David Steindl-Rast, einen Zustand an, in dem ein Tropfen Quellwasser einen wunderbaren Geschmack offenbart.

Wenn wir beobachten, wie der Dalai Lama in einer Menschenmenge ein Gesicht wiedererkennt, das er 50 Jahre nicht gesehen hat, oder sich an eine Äußerung erinnert, die er vor 30 Jahren einmal gehört hat, sehen wir letztlich die Früchte einer lange geübten inneren Sammlung, einer Art der Meditation, in der er seine Aufmerksamkeit auf einen Punkt konzentriert hat, sodass sie wie ein Brennglas in der Sonne wirkt, das Papier in Flammen aufgehen lässt. Mönchsanwärter für das Gyuto-Kloster in Tibet, um ein beliebiges Beispiel herauszugreifen, mussten einst 600 Seiten

Text auswendig können, nur um zum Kloster zugelassen zu werden, und danach weitere 2500 auswendig lernen, neben den normalen Gesängen und Rezitationen, die sie ohnehin meistern mussten. Der Zweck solcher Übungen ist mehr als bloß ein Ritual; vielmehr soll der Geist geschärft werden, sodass er sich gewissermaßen in einen riesigen Aktenschrank oder eine Computer-Festplatte verwandelt (deshalb kann sich zum Beispiel der Dalai Lama, wenn er irgendwo über die ländliche Entwicklung in der Welt spricht, wie etwa 2001 in Taiwan, an den Bürgermeister von Shanghai im Jahr 1955 erinnern, der ihm – mit beeindruckender Vorausschau, wie er sagt – damals erzählte, er investiere ebenso viel Energie in die Entwicklung der Dörfer in der Umgebung von Shanghai wie in die Entwicklung der Innenstadt, um die Kluft zwischen Reich und Arm nicht zu vertiefen). Das ist keine Zauberei, sondern im Grunde genommen etwas, das jeder lernen kann, wenn es ihm nützt.

Das alles lässt sich an der Redeweise des Dalai Lama ablesen. Mönche pflegen mit Worten zu geizen und sich sehr präzise, ohne viel »äh« und »hm«, auszudrücken, weil sie alles Unwesentliche weglassen und aus einer tiefen Stille schöpfen. Der Dalai Lama schweigt oft minutenlang, nachdem ich ihn etwas gefragt habe, so scheint es mir jedenfalls, und ich kann förmlich sehen, wie er sich sammelt und seine Gedanken ordnet, um das Wesentliche zum Ausdruck zu bringen.

Meist beginnt er dann langsam zu sprechen, wie man mit dem Auto durch ein Wohngebiet fährt, um schließlich immer schneller und zusammenhängender zu reden, neue Fakten und Beispiele anzuführen oder etwas wieder aufzugreifen, was er zuvor gesagt hat, als wäre die Autobahn erreicht und man könnte endlich aufdrehen; nach einer Stunde kommt womöglich ein Nachtrag, oder er ignoriert meine nächste

Frage, weil er noch einmal zu seiner letzten Antwort zurückgeht und diese präzisiert. (Einmal führte er das Autofahren sogar als anschauliches Beispiel dafür an, dass alles Buchwissen der Welt nichts nützt, wenn die Übung fehlt – erst durch häufiges Üben wird das Fahren immer ungefährlicher.) Seine Antworten sind im Allgemeinen sehr ergiebige, lange philosophische Abhandlungen mit Nebensätzen und Einschränkungen, klar und übersichtlich in Punkt eins, zwei und drei gegliedert; allerdings schließen sie oft mit irgendetwas Witzigem, über das er selbst laut und ansteckend lacht und das uns gewissermaßen wieder auf den Erdboden zurückholt. Humorvoll wird der Dalai Lama häufig dann, wenn er die Welt um uns herum den erhabenen Prinzipien gegenüberstellt, die er gerade erläutert hat.

Es ist kein Zufall, glaube ich, dass der Dalai Lama oft fotografiert wird, wie er gerade irgendwo im Ausland in einem Labor durchs Mikroskop schaut; wie die meisten Mönche, die ich kenne, widmet er sich allen Dingen mit einer Konzentration, die die Tiefe unter der Oberfläche seines Wesens ahnen lässt. Oft erscheint mir etwas, das er sagt, wie eine Binsenweisheit, so fest und unbeweglich wirkt es auf mich; aber sobald ich meine Notizen noch einmal durchlese und darüber nachdenke, wird mir klar, dass zum Beispiel der Satz »Der Geist ist sein eigener Meister« für diejenigen, die den Geist als etwas vom Selbst Getrenntes ansehen, zu eigenwilligen, vielschichtigen Schlüssen führt, und ich erkenne, dass sich in dem Wort »Meister« Disziplin und Können ebenso wie Kraft ausdrücken – und dass deshalb Buddha wohl oft »Meister« genannt wurde. Ein Student am Institut für Buddhistische Dialektik, das sich neben der Residenz des Dalai Lama befindet, verbringt, wie mir einer der Lehrer dort sagte, zwei Jahre einzig mit dem Studium von vier Zeilen eines

Textes von Tsongkhapa. Danach beschäftigt er sich weitere vier Jahre mit einem einzigen Satz.

Wenn jemand wie der Dalai Lama sagt – und er tut es dauernd in seiner direkten, ehrlichen Art –: »Unmöglich!«, »Geht nicht!«, »Kein Problem!« oder: »Unwichtig!«, will er im Grunde nur nicht abgelenkt werden und uns an das Wesentliche erinnern. Und wenn er sich mit Anhängern anderer Religionen trifft, verfolgt er nicht nur die jeweiligen aktuellen Erörterungen und Methoden der anderen genau, sondern vertieft dadurch auch sein Verständnis des Buddhismus, wie beispielsweise in Vancouver durch sein Gespräch mit einem Christen. Als er vor einer Gruppe Christen in London die Geschichte von der Begegnung Maria Magdalenas mit dem auferstandenen Christus aus dem Johannesevangelium las und über das Gleichnis vom Senfkorn und die Verklärung Jesu sprach, waren viele seiner Zuhörer zu Tränen gerührt, und das, obwohl er immer ausdrücklich darauf hinwies, dass Christentum und Buddhismus nicht nur verschiedene Wege zur Erklärung derselben Wahrheit seien und dass eine Vermischung von beidem so ähnlich wäre, als würde man »einem Schaf den Kopf eines Yaks aufsetzen«.

Und tatsächlich, auch wenn alle Mönche sich dem gleichen Ziel verschrieben haben – wie die Ärzte oder Bauarbeiter eines Hospitals –, unterscheiden sich ihre Übungsmethoden im innersten Kern und im Detail doch ebenso stark voneinander wie ihre jeweilige Zeit und Kultur. Ein Christ sehnt sich im Allgemeinen danach, fest in der Heimat verankert zu sein, die er in Gott gefunden hat; der Buddhist, darum bemüht, neue Potenziale zu erschließen, hat mehr Interesse an Experimenten und Untersuchungen, durch die er immer tiefer vordringt. Während sich das Christentum von sehr ungewissen Anfängen zu einem festen Ziel (der Erlösung und einem Leben in Gott) vorarbeitet, geht der Buddhismus von etwas sehr Festem aus (dem Buddha und der von ihm erkannten Wirklichkeit des Leidens), um sich dann auf eine (selbst nach Erreichen des Nirwana-Zustands) stets ungewisse Zukunft zuzubewegen. Das Bild der endlosen Straße steht für ewiges Werden.

Im einen wie im anderen Fall trachtet der Mönch danach, aus einer Perspektive der Stille mit dem Geschwätz der Welt umzugehen und durch das, was geschieht, hindurch auf das zu schauen, was dahinter liegt. So schrieb der Dalai Lama am 11. September 2001 unmittelbar nach dem Anschlag der Terroristen auf das World Trade Center einen Brief an George W. Bush, in dem er ihm und seinem Volk sein Mitgefühl ausdrückte, und ebenso hielt er es am ersten Jahrestag des Attentats. Aber seinen Grundsätzen getreu scheute er sich auch nicht, darauf hinzuweisen, dass alles eine Ursache hat und dass keine Lösung in Sicht ist, solange nicht die Ausgangsursache gefunden ist. Auf Gewalt einfach wieder mit Gewalt zu reagieren sei so, als würde man auf einen im Krankenhaus liegenden Mann einschlagen; Freundlichkeit sei erst von ihm zu erwarten, wenn es ihm besser ginge. Zum ersten Jahrestag des Anschlags erinnerte er den US-Präsidenten daran, dass in einer Welt, in der alles im Fluss ist, die Feinde von heute oft die Verbündeten von morgen sind.

☸

Woran ein Arzt glaubt, ist nicht unbedingt wichtig, aber bei welchem Mediziner er studiert hat, ist oft von entscheidender Bedeutung, und so wird der Dalai Lama nicht müde zu betonen, wie tief er in der Schuld von Ling Rinpoche steht (»ein kritischer Philosoph mit scharfem, logischem Verstand und ein großer Debattierer mit einem phänomenalen Gedächtnis«), und mehr noch, wie eng er Buddha verbunden ist, den er manchmal seinen Boss nennt. »Als Anhänger oder Schüler dieses großen Lehrers sollten wir uns sein Leben zum Vorbild nehmen«, sagte er 2001 in einem Interview mit *Tricycle*, der Zeitschrift amerikanischer Buddhisten, »und sein Opfer – er hat auf ein Leben im Palast verzichtet und stattdessen sechs Jahre im Wald gelebt. Er hat sich sehr angestrengt, um Erleuchtung zu erlangen. Als er zu lehren begann, bedachte er stets erst den Geisteszustand eines Fragenden und formulierte seine Antwort dementsprechend.« Es fiel mir schwer, diese Worte zu lesen, ohne gleich daran zu denken, dass auch der Mann, der so redete, im Alter von 24 Jahren aus seinem Palast vertrieben worden war, dass er sich 50 Jahre lang Tag und Nacht bemüht hatte, Licht in eine verworrene Situation zu bringen, und dass es auch ihm bei seinen Auftritten in der Öffentlichkeit bekanntermaßen gelang, die unterschiedlichsten Menschen – kleine Kinder, alte Leute, Atheisten und Christen – auf ihre Weise anzusprechen.

Immer wenn ich etwas über Buddhas Leben las, beschlich mich ein seltsames Gefühl von Déjà-vu, es war geradezu unheimlich und ergab nur einen Sinn, wenn ich mir ins Gedächtnis rief, dass ich ja jemanden beobachtete, der gewissenhaft in dessen Fußstapfen trat. Es war, als hätte der Buddha auf seinem Weg Zeichen und Botschaften für diejenigen hinterlassen, die ihm nachfolgten, und ihnen Tipps gegeben, wie eine hohe Schranke überwunden oder ein großer Fels mitten auf dem Weg umgangen werden kann. Jeder landete auf seinem eigenen, etwas vom Hauptweg abweichenden Pfad, aber im Hinblick auf das Ziel und die Möglichkeiten des Vorwärtskommens ging es stets darum, das Gelernte an die Nachfolgenden weiterzugeben. Sobald man den Fluss überquert hat, so das berühmte Beispiel Buddhas, hat das Floß seinen Zweck erfüllt und wird nicht mehr gebraucht. Tibetische Buddhisten, beseelt von dieser Vorstellung des Weiterkommens, glauben, dass es 14 grundlegende Fragen gibt, deren Beantwortung selbst Buddha der Nachwelt überließ, zum Beispiel: »Sind Selbst und Universum ewig? Sind Selbst und Universum vergänglich?«

Das Verblüffende an Siddharta Gautama war, dass er nach seiner Erleuchtung unter dem Pappelfeigenbaum kein Verlangen verspürte, seine Erkenntnisse zu verbreiten, da er nicht sicher war, ob sie überhaupt für andere von Nutzen oder Interesse waren; die berühmt gewordene Kernaussage seiner Lehre lautet: »Seid euch selber die Leuchte, selber die Zuflucht, ohne andere Zuflucht.« Erst als er davon überzeugt war, dass es doch einen Sinn haben könnte, von den eigenen Erfahrungen zu sprechen, wanderte er die nächsten 45 Jahre bis an sein Lebensende unablässig in der Gangesebene zwischen neu entstandenen Städten hin und her, in denen, wie Karen Armstrong in ihrer Biografie schreibt, eine Art »spiritueller Hunger« herrschte. Er beteiligte sich zwar an öffentlichen Debatten, scheute jedoch kosmische Fragen, weil sie seiner Meinung nach zu weit vom Kern ablenkten.

»Vergesst das nächste Leben«, hörte ich den Dalai Lama einmal vom Band sprechen, als ich gerade in einem Buchladen in seinem Tempel stöberte. »Das jetzige Leben sollte anderen von Nutzen sein. Ist es das nicht, sollte es zumindest niemandem schaden.«

»Ich vermittle kein Wissen«, hat der Buddha gesagt. »Wenn ihr irgendetwas glaubt, haftet ihr an diesem Glauben, der euch nur ablenkt.« Zenmönche trieben sein Misstrauen gegenüber Vorstellungen und Bildern so ins Extrem, dass sie im Winter sogar Buddhastatuen verbrannten, um sich warm zu halten, und sagten: »Wenn du Buddha auf der Straße triffst, schlag ihn tot.«

Die Übereinstimmung zwischen dem Meister und seinem fernen Schüler war bisweilen so erstaunlich, dass ich nicht wusste, ob ich es Koinzidenz, Kontinuität oder beides nennen sollte. Buddha soll seinen ersten Augenblick der Einsicht gehabt haben, als seine Kindermädchen ihn einmal allein ließen, um der alljährlichen Zeremonie des Feldpflügens beizuwohnen, und er bemerkte, dass ein paar Büschel jungen Grases für die Zeremonie ausgerissen worden und dabei einige Insekten samt ihren Eiern umgekommen waren. Einen Fernsehjournalisten, der einmal miterlebt hat, wie der Dalai Lama mitten in einer Antwort das Interview abbricht, weil er draußen einen Vogel aus dem Nest hat fallen sehen, und gleich hinauseilt, um den Piepmatz aufzuheben und sich um ihn zu kümmern, wird das nicht wundern.

Als der Buddha sich in Enthaltsamkeit übte, erreichte er damit nur, wie die Religionswissenschaftlerin Karen Armstrong (früher selbst eine Nonne) trocken konstatiert, dass seine Rippen stark hervortraten und sein Körper schwach wurde. Als der Dalai Lama sich 1965 etwa 20 Monate lang versuchsweise rein vegetarisch ernährte, erkrankte er an einer schweren Gelbsucht, und da erklärten ihm seine Ärzte – wie schon seine Mutter –, dass er als Himalajabewohner eine Konstitution habe, mit der er ohne Fleisch nicht überleben könne. Der Buddha soll laut sein Mitleid bekundet haben, als er von einem großen Yogi hörte, der 20 Jahre damit zugebracht hatte, auf dem Wasser gehen zu lernen (da er doch einfach ein Fährboot nehmen und seine Energien für etwas anderes hätte aufsparen können); und der Dalai Lama hat gesagt, es sei das Beste, keine magischen Kräfte zu erwerben und anzuwenden, wahrscheinlich nicht zuletzt deshalb, weil sie meist von dem ablenken, was wirklich von Nutzen ist.

Selbst Thomas Merton wunderte sich bei seinem Besuch darüber, dass der Dalai Lama immer und überall darauf pochte, im spirituellen Leben sei ohne totale Hingabe, ständiges Bemühen, erfahrene Anleitung und echte Disziplin nichts zu gewinnen. In späteren Jahren hat der Dalai Lama immer häufiger von »harter Arbeit« und »Entschlossenheit« gesprochen und davon, wie wichtig es sei, nicht nachzulassen in seinem Bemühen. Es ist nichts Ungewöhnliches, dass ihm selbst in einer riesigen Veranstaltungshalle Tränen in die Augen treten, wenn er von dem tibetischen Dichter und Heiligen Milarepa erzählt, der jahrelang in einer Höhle meditierte, oder von einer der großen tibetischen Persönlichkeiten, die bei ihren Kraftanstrengungen beinahe ums Leben kamen. (Ich weiß noch, dass er sogar feuchte Augen bekam, als Hiroko ihm erzählte, wie sehr sie sich bemüht habe, aus seinen Büchern zu lernen, es jedoch sehr schwer gefunden hätte.) Noch etwas trieb ihm die Tränen in die Augen, auch in aller Öffentlichkeit, wie ich von einem amerikanischen Mönch hörte, der 20 Jahre im Kloster des Dalai Lama gelebt hat. Das war, wenn jemand während der öffentlichen Fragestunde von ihm wissen wollte: »Was ist der schnellste, leichteste und billigste Weg, um Erleuchtung zu erlangen?« Der Mönch aus Kalifornien setzte hinzu, dass heute im Westen fast immer jemand unter den Zuhörern ist, der diese Frage stellt.

☸

Ein Mönch gleicht dem anderen, insofern er darauf hinwirkt, sich selbst aufzulösen, was zum Teil dadurch geschieht, dass er sich etwas Größerem unterwirft; außerdem ist jeder Mönch ein Radikaler, insofern er von der Wurzel (lateinisch *radix*) ausgeht. Für den Buddhisten hat diese Wahrheit besonderes Gewicht, weil seine Hauptsorge der inneren Landschaft gilt, wo das Bewusstsein und dessen Trübungen zu Hause sind; Glaube bedeutet für ihn im Grunde Selbstvertrauen, und das Gebet dient dazu, Kräfte zu wecken, die in ihm selbst schlummern.

Der Dalai Lama ist in dieser Hinsicht wirklich ein Mönch wie alle anderen, »ein bisschen besorgt«, wenn er vor älteren Mönchen eine Rede halten muss, wie er mir gestand, denn viele von ihnen haben mehr Zeit zum Lernen als er und werden angehalten, »eine Menge Hausaufgaben« zu machen. Zu wichtigen Konferenzen kommt er stets in Flipflops (bei Interviews zieht er normalerweise immer die Schuhe aus und sitzt mit untergeschlagenen Beinen auf seinem Stuhl, und manchmal hält er die Hand seines Gesprächspartners fest), und wenn er sich in einem modernen Saal hinter der Bühne aufhält, nimmt er eifrig die Techniker ins Kreuzverhör, wie die Beleuchtung funktioniert – das habe ich selbst erlebt. »Macht von den modernen Errungenschaften Gebrauch«, ist seine pragmatische Einstellung, »aber möglichst in der richtigen Geisteshaltung.« Es verwundert nicht weiter, dass er ein bemerkenswertes Gedächtnis für Daten und Gesichter hat, während er Namen nicht so gut behält.

Es ist ein glücklicher Umstand seines Lebens, dass er sein politisches Vorbild in Gandhi, einem Hindu, sieht, dass er sehr eng mit Christen wie Bischof Tutu, Václav Havel und Jimmy Carter zusammenarbeitet und in Indien lebt, einem Land, das die Heimat der zweitgrößten muslimischen Population der Welt ist. Viele der Wissenschaftler, mit denen er Kontakt pflegt, dürften es sich zugutehalten, gar keiner Religion anzugehören. Doch obwohl er die Auflösung von

Unterschieden zu seiner Lebensaufgabe gemacht hat, achtet er sorgsam darauf, keiner »Weltreligion« das Wort zu reden, wenn auch vielleicht nur, weil unterschiedliche Denkansätze und Sprachen gebraucht werden, um mit den verschiedenen Völkern dieser Welt umgehen zu können. »Manchmal sehen Leute, die eine engere Bindung an eine andere Tradition eingehen wollen, nur deren positive Seiten. Das ist falsch! Wir müssen auch deutlich machen, welche fundamentalen Unterschiede es gibt«, habe ich ihn in Europa sagen hören. Gleich anschließend fügte er allerdings hinzu, dass es ihn immer tief berühre, wenn er ein Bildnis der Jungfrau Maria sähe: Hatte nicht jeder Mensch eine Mutter?

Aufgrund der Schnelllebigkeit im Westen, erklärte er mir einmal, hätten Mönche aus dem Osten ihren westlichen Kollegen in Sachen Meditation vielleicht ein wenig voraus (kaum hatte er das gesagt, fielen ihm allerdings katholische Mönche ein, die er in Frankreich besucht hatte und die in der Intensität ihrer Konzentration kaum zu übertreffen waren); andererseits könnten Buddhisten von Christen und anderen lernen, wie man sich sozial engagiert und die Früchte seiner Übung in die Welt trägt, setzte er hinzu. Das erinnerte mich daran, wie Bono, der Leadsänger der Rockgruppe U2 und leidenschaftliche Christ, beim Tibetan Freedom Concert 1997 das eindringliche Lied mit den Sätzen sang: »Wir haben nur eine Liebe, und wir sind aus dem gleichen Blut. Wir haben nur ein Leben, und du musst tun, was du tun musst«, und der Refrain dazu lautete: »Wir sind eins, aber wir sind nicht gleich.« Es wurde zu einer Rockhymne mit magischer Wirkung, ich hörte es sogar im verstaubten *Current-Event-*Café in Dharamsala, und es war *der* Renner auf modernen Hochzeiten. Aber eigentlich ging es in dem Song, wie Bono stets betonte, um Verschiedenheit, um die inhärenten Unterschiede – die Tatsache, dass wir nie so eins sein können, wie wir es gerne wären.

☸

Ein Mönch ist wie der andere, weil beide in eine ähnliche Stille und eine parallele Dunkelheit eintreten – die Dunkelheit hinter den Gedanken, auf die man in der Meditation stößt –, und ein Mönch ist wie der andere in demselben Sinne, wie alle Liebenden gleich sind: Es spielt keine Rolle, ob der Anbetungsgegenstand Angela, Jigme oder Tom heißt, ob er in die Zeit Sapphos gehört oder in die Gegenwart. Doch am deutlichsten ist ein Mönch wie der andere, weil seine Hinwendung zu Abgeschiedenheit, Gemeinschaft und Gehorsam im Grunde auch den Zweck hat, die Außenwelt durch die Aufmerksamkeit, die er ihr schenkt, zu transformieren.

»Sei nicht *einfach nur* gut«, schrieb Thoreau in seinem ersten Brief an Harrison Blake, »sei zu etwas gut.«

1988, als ich zu den tibetischen Neujahrsfeierlichkeiten in Dharamsala eingeladen war, die in der Hauptsache im Tempel des Dalai Lama stattfanden, durfte ich tiefbewegt miterleben, wie er Tibeter empfing, die gerade nach einer qualvollen Durchquerung der Berge – zu der sie einzig das Verlangen getrieben hatte, ihn wiederzusehen – angekommen waren. Viele dieser Menschen hatten ihr Leben riskiert, indem sie sich mitten im Winter auf eine dreiwöchige Reise über die Himalajapässe wagten, nur um sich ein paar Minuten in der Gegenwart des Dalai Lama aufzuhalten. Danach begaben sie sich oft wieder auf den Rückweg durchs Gebirge, in dem Bewusstsein, ihn wahrscheinlich nie wiederzusehen.

Die etwa dreißig im Raum Versammelten waren auffallend zerlumpt, offenbar hatte ihre ohnehin armselige Kleidung auf dem langen Weg über die Schneegipfel gelitten und sah jetzt noch schäbiger aus. Sie hatten sich in drei Reihen in dem kleinen Raum aufgestellt, und alles, was ich sah, waren schmutzige Mäntel, geschwärzte Gesichter, Wunden an Händen und Füßen und strähnige, ungewaschene Haare.

Als der Dalai Lama den Raum betrat, fingen alle Anwesenden an zu schluchzen und zu zittern. Nahezu alle warfen sich umgehend zu Boden, Wehklagen hob an, manche verfielen in konvulsivische Zuckungen, und Gefühle, die sich dreißig Jahre lang angestaut hatten (Hoffnung, Angst, Sorge und Erleichterung) brachen sich Bahn. Der Mann setzte sich vor sie und musterte jeden Einzelnen mit seinem klugen, aufmerksamen Blick, doch keiner der erwachsenen Menschen vor ihm brachte es fertig, die Augen zu ihm zu heben und ihn anzuschauen.

»Selbst wir können das oft nicht mit ansehen«, sagte jetzt der Privatsekretär des Dalai Lama, der unerschütterlich und ruhig wie der Mönch, der er einmal war, ein Vierteljahrhundert lang diesem Mann zur Seite gestanden hatte. Der Dalai Lama thronte fest inmitten des Tumults, obwohl er mir später erklärte, »die Traurigkeit sei zwar im Allgemeinen kontrollierbar«, aber manchmal sei er doch »zu Tränen gerührt«, wenn er sähe, wie viel Hoffnung die Leute in ihn setzten und was sie alles durchgemacht hätten.

»Manchmal würden wir unseren Platz hier gern mit jemandem tauschen«, flüsterte mir der Sekretär da, wo wir standen, zu. »Es ist einfach zu viel.«

Der Dalai Lama geht mit Tibetern viel schroffer um als mit Westlern, einesteils, weil er weiß, dass sie das von ihm erwarten, und andernteils, weil zu große Vertraulichkeit vonseiten ihres Gottes sie in Verwirrung stürzen würde. Doch jetzt schritt er die Reihen ab, grüßte alle einzeln, fragte sie (so war jedenfalls zu vermuten), woher sie kamen, wie die Lage in ihrer Gegend war und womit geholfen werden konnte. Die angesprochene Person schlug die Augen nieder oder begann laut zu schluchzen, dass es sie schüttelte.

Nur ein paar Kinder, die vorn saßen, die jüngsten Anwesenden, antworteten auf seine Fragen und erzählten ihm mit hohen, piepsenden Stimmen, dass sie aus Kham kämen, dass ihr Vater Bauer sei oder dass sie 23 Tage unterwegs gewesen seien. Nur die Kinder hatten nicht all ihre Hoffnungen über Jahre hinweg angestaut und alles auf diese eine Chance gesetzt. Nachdem der Dalai Lama sich darum gekümmert hatte, dass für alle Zufluchtsuchenden angemessen gesorgt und denen, die bleiben wollten, ein Heim zugewiesen wurde, ermahnte er sie, frohen Mutes zu sein und ihr Herz darauf zu richten, anderen zu helfen.

Die vier Stunden Meditation allmorgendlich waren, wie mir jetzt aufging, noch das Einfachste, verglichen mit dem Gebäude, dessen Fundamente sie bildeten.

In Aktion

Du musst deine Religion selbst erfinden, sonst bedeutet sie dir nichts. Du musst an der Religion deiner Väter festhalten, sonst verlierst du sie.

Chassidisches Sprichwort

Der Globalist

Sich auf den Weg nach Dharamsala zu machen, diesem lang gestreckten Gebirgsort auf der Südseite des Himalaja, zu dem heutzutage die halbe Welt hinzupilgern scheint, erfordert Entschlossenheit und eine kräftige Prise Realitätssinn. Man kann nach Amritsar fliegen, der Stadt der Sikhs, dann sind es noch fünf Stunden Autofahrt bis dorthin. Allerdings ist der Goldene Tempel, der strahlend in einem Tempelweiher mitten in Amritsar liegt und das bedeutendste Heiligtum der Sikhs ist, von Gewehrkugeln aus bürgerkriegsähnlicher Zeit vor 20 Jahren durchlöchert, als Indira Gandhis Truppen den heiligen Ort stürmten, um militante Sikhs in die Flucht zu schlagen, die einen eigenen Staat forderten. Selbst die Straße nach Dharamsala hinauf ist alles andere als weltfern: Ich habe einmal vier verschiedene Unfallautos an der Strecke gesehen, neben denen zum Teil Verletzte oder Tote lagen.

Man kann auch nach Jammu fliegen, von da aus sind es ebenfalls fünf Stunden mit dem Auto. Nur liegt Jammu mitten im indischen Bundesstaat »Jammu und Kaschmir«, einem Sperrgebiet, in dem seit über 50 Jahren immer wieder Kämpfe aufflackern; als ich das letzte Mal auf dem kleinen Flughafen dort landete, waren die einzigen Passagiere außer mir Blauhelme der UN-Friedenstruppe, die versuchen wollten, Kaschmirs Wunden zu heilen. Die meisten Dharamsala-Besucher nehmen von Delhi aus den Nachtzug nach Pathankot, an den sich eine dreieinhalbstündige Autofahrt anschließt; tapfer harren sie auf dem Bahnhof der indischen

Hauptstadt aus, wo ausländische Fahrgäste von den vielen Bettlern, die oft in den Bahnhofshallen schlafen, mit ausgestreckten Händen umringt werden. Eine letzte Alternative ist die, von Delhi aus mit dem Auto zu fahren, zehn Stunden lang über schmale Landstraßen, die immer voller werden, so viele Fahrräder, Autos, Lastwagen, Motorroller, Kühe und Menschen drängen sich darauf, und auf denen im Umkreis der Städte ein solches Chaos herrscht, dass ein Wagen kaum noch durchkommt durch diesen – anders kann man es nicht nennen – Mob. Das ist die Route, die der Dalai Lama aus Sicherheitsgründen immer wählt.

Theoretisch gibt es wenige Kilometer von Dharamsala entfernt einen Flughafen, aber er ist an den meisten Tagen geschlossen; manchmal hat es den Anschein, als bleibe er jahrelang geschlossen. Wenn gelegentlich ein kleines Flugzeug von dort abhebt, ist meist kein Platz für das Gepäck vorhanden, sodass die paar Fluggäste am Zielort feststellen müssen, dass sie (wie in einer buddhistischen Legende vom Tod) ohne jegliche Besitztümer angekommen sind. Die wackelige Maschine mit zwölf Sitzplätzen, die von einer der aufstrebenden neuen Fluglinien Indiens unterhalten wird, bietet einen so unzuverlässigen Anblick, dass angeblich selbst der sonst für seine Gelassenheit berühmte Dalai Lama die Fassung verloren haben soll.

Der Ort, in dem man ankommt, entspricht in nichts den Vorstellungen von Tempeln in malerischen Tälern und von Mönchen, die in paradiesischen Örtlichkeiten meditieren, mit denen viele Besucher ankommen. Es gibt solche Tempel, oft an schwindelerregenden Plätzen, und es liegt auch immer Schnee auf den Bergen, die hier fast 5000 Meter hoch aufragen und zum Vorgebirge des Himalaja gehören; Tibet ist nur 150 Kilometer entfernt. Hingegen wird man – nach der langen Bus- oder Taxifahrt vom Flughafen oder weit entfernten Bahnhof – von ein paar sehr matschigen schmalen Dreckssträßchen mit offener Kanalisation am Rand begrüßt, ferner von einem Wirrwarr von Bruchbuden, die sich entlang der ungepflasterten Straßen bergauf und bergab hinziehen und in denen sich Läden, Auslands-Callshops sowie Pensionen befinden. (Bei meinem letzten Besuch habe ich 81 Pensionen in dieser Ansiedlung mit nur 20 000 Einwohnern gezählt, die Zimmer zu einem Preis unter sieben Dollar pro Nacht anbieten.) Auf den Schildern steht *Dreamland*, *Lost Horizon* oder *Tibet Memory*, auf Plakaten an den Wänden werden Shiva-Vollmondpartys angepriesen, und überall auf den schmutzigen Straßen laufen Jugendliche aus aller Herren Länder und Erleuchtungssuchende aus fünf Kontinenten herum und werden von Taxifahrern oder Leuten bedrängt, die mit Weisheit hausieren gehen, von Tibetern, die vor ihren Läden mit Namen wie *Kundalini Cosmic Souvenirs* stehen, oder von Straßenhändlern, die »spirituelle Edelsteine« feilbieten.

Leicht drängt sich die Vorstellung auf, dass man in irgendeinem wilden Basar gestrandet ist, in dem Heiliges und Profanes gemischt gehandelt wird. Überall im Ort wird für »Traditionelle tibetische Universalmassage« geworben, daran erinnert, dass »Kurse im Om-Tara-Haus zum Einklang mit dem Mond führen«, oder um Nachricht über einen Mann aus der Nähe von Seattle gebeten, der spurlos verschwunden ist.

Die Briten ließen sich 1849 in Dharamsala nieder und erbauten dort die kleine anglikanische Kirche, Kasernen und Landhäuser mit Namen wie *Ivanhoe* oder *Eagle's Nest*, die man noch heute als Erstes zu Gesicht bekommt, wenn man mit dem Bus eintrifft. Ein Erdbeben zerstörte die Siedlung 1905, und als sie gerade halbwegs wiedererstanden war, wurden durch die Teilung Indiens bis zu 70 Prozent der Einwohner vertrieben. McLeod Ganj, der höher gelegene Ortsteil, in dem sich die Tibeter niederließen, liegt auf 1800 Meter Höhe, ein paar Kilometer über dem typisch indischen Örtchen Dharamsala, und war 1960, als der Dalai Lama mit seiner Familie dort ankam, ein Geisterdorf; bis heute glauben viele Leute, dass der indische Premierminister Nehru den Ort den Exiltibetern anbot, damit sie aus dem Blickfeld verschwanden – auf der Karte waren es zwar nur 500 Kilometer bis Delhi, aber in Wirklichkeit lagen Welten dazwischen.

Die kleine Stadt, die rings um das Oberhaupt der Tibeter entstanden ist, macht daher – wie so vieles an der Situation der Tibeter – den Eindruck eines Diagramms der Innenwelt, eines überlebensgroßen Symbols. Wie man hört, sind im Kangra-Tal Inschriften gefunden worden, in denen ein buddhistisches Kloster aus einer Zeit vor über 2000 Jahren erwähnt wird; der chinesische Pilgermönch Hsuan Tsang berichtete nach seiner Durchreise im Jahre 635 von 50 Klöstern mit 1000 Mönchen, die er gesehen hätte. Man lernt, dass das Wort »Dharamsala« nur allzu treffend einen »Zufluchtsort« oder ein Obdach bezeichnet; tatsächlich fanden hier oft Pilger Unterschlupf. Man erfährt, dass das kleine Anwesen, in dem der Dalai Lama gleich nach seiner Ankunft lebte und nach Bären, Leoparden und Rotwild Ausschau hielt, jetzt – fast zu perfekt – eine Anlaufstelle für Bergsteiger ist. Besonders auffällig an dieser sehr improvisierten, unorthodoxen Ansammlung von Häusern und Hoffnungen ist jedoch, dass sie für so vieles andere steht. Ausländer nennen den Ort gern »Little Lhasa« und suchen hier nach der tibetischen Weisheit, zu der die Welt keinen Zugang hatte, bis sie 1959 aus ihrer Heimat in diese verlassene Landschaft verschlagen wurde. Tibeter kämpfen sich durch den Himalaja und lassen sich hier nieder, weil Dharamsala der Sitz ihres geliebten Oberhauptes und damit das ist, woran ihr Herz hängt, das Nächstbeste bis zu dem Zeitpunkt, an dem sie vielleicht ihr Vaterland Tibet zurückgewinnen können. Indische Feriengäste und Jungvermählte strömen in Scharen in die an den Hängen klebenden, eiligst aufgebauten vielstöckigen indischen Hotels, weil sie gehört haben, dass Dharamsala ein cooler Platz ist, wo man sowohl vom Westen als auch vom Osten etwas mitbekommt.

Dharamsala, um einen Mann herum erbaut, der von der Unbeständigkeit aller Dinge und der Torheit des Begehrens spricht, macht den starken Eindruck eines Gemeinwesens, das auf Sehnsucht, Heimweh, Unrast und Träume gegründet ist. Die hier lebenden Tibeter wünschen sich wohl mehr als alles andere, dass es sich irgendwann einfach auflöst, wie ein Sandmandala, und sie wieder in das Land zurückkehren können, von dem dies alles bloß ein Zerrbild ist, während viele ausländische Besucher in einem tieferen Sinne selbst Exilanten sind, die hoffen, in dieser fremden Kultur mit Sitten und Gebräuchen, die nicht ihre eigenen sind, eine neue Heimat zu finden. Die Tibeter betrachten Ausländer oft als Abgesandte von Ländern, in denen Überfluss und Freiheit herrschen, wie sie es sich erträumen, und die Westler scharen sich um die Tibeter, um von ihnen Altehrwürdiges und Mystisches zu hören.

Will man irgendwohin in Dharamsala, muss man erst steile, schroffe Hänge hinaufklettern, die aus weiter nichts als Lehm, zerklüfteten Felsen und Kuhfladen bestehen und auf denen es nach Einbruch der Dunkelheit so stockfinster ist, dass einen selbst eine Taschenlampe oder ein Windlicht nicht davor bewahrt, auf die Nase zu fallen oder plötzlich in eine Pfütze zu stolpern. Pfade schlängeln sich die Bergflanken hinauf, über Rohrleitungen hinweg und durch kleine Wäldchen, in denen, wie gemunkelt wird, oft Frauen attackiert oder von Exhibitionisten belästigt werden. Außerdem schlägt das Wetter oft um, als sei es, wie in dem klassischen buddhistischen Gleichnis, ein Sinnbild für den Geist – schnell wechselnde Wolken im Vordergrund, im Innern jedoch stets tiefblauer Himmel.

Dharamsala ist der regenreichste Ort im ganzen vom Monsun geprägten Indien, und im Sommer, wenn die heftigen Regengüsse alle Behausungen in feuchtkalte Höhlen verwandeln, ist es notorisch matschig; im Winter bedecken Eis und Schnee den Erdboden, und dann liegen die engen Gassen den größten Teil des Tages dunkel und verlassen da. Aber wenn im Frühling endlich die Sonne erstrahlt und die Ringelblumen und das Geißblatt vor hellen Häusern oder die goldenen Zinnen und gelben Wände der Tempel auf den Berghängen und im Tal erfasst, überkommt einen leicht das Gefühl, in einem Feenreich gelandet zu sein.

Die Tibeter sind ein Volk, das im Freien lebt, und kommen aus einem Land, in dem die Temperaturen um bis zu 25 Grad Celsius im Schatten oder unter der hoch am Himmel stehenden Himalajasonne schwanken können. Sie versammeln sich nur zu gern zu einem Picknick auf einer Wiese oder auf dem Flachdach ihrer Behausung und streichen ihre Häuser und Tempel in fröhlichen, frischen Gold-, Weiß- und Blautönen. Hunde kläffen von den Dächern herab, Nonnen sitzen in der Sonne und scheren einander die Köpfe oder studieren die Sutren, und auf einem der vielen Sportplätze wird immer Basketball gespielt. Alles scheint möglich zu sein im verklärenden Licht der Berge.

Optimisten behaupten, dass die Sonne immer wieder durchbricht, besonders in den Monaten April, Mai und

Oktober, und nur wenige Ortschaften sind dankbarer für das Licht als diese Bergdörfer mit ihren weiten Ausblicken und Freiflächen. Pessimisten behaupten, auf jeden Sonnenstrahl, der sich Bahn bräche, würde wieder ein sturzflutartiger Wolkenbruch folgen, alle Lichter im Tal auslöschen, die Telefonleitung außer Betrieb setzen und die Menschen buchstäblich ins finstere Mittelalter zurückbefördern. Beide sind sich einig, dass jeder Gang irgendwohin – ob zum Tempel, zum Postamt oder zum Meditationszentrum – die Überwindung einer Menge Hindernisse erfordert.

☸

Immer wenn ich in Dharamsala bin, wache ich kurz vor Morgengrauen auf und gehe hinaus in die schwarzblaue Nacht, und das einzige Geräusch zu dieser Stunde ist das Gebell der streunenden Hunde entlang der matschigen Sträßchen, auf das allenfalls ein paar Haushunde antworten. Nur wenige Lichter sind nachts in Dharamsala zu sehen, und stärker als die Nähe der menschlichen Behausungen spürt man die Gegenwart der Berge, die ungebändigte Natur der gesamten Region. Ein paar Gestalten sind schon auf der Hauptstraße zum zentralen Tempel unterwegs, und an manchen Tagen folge ich ihnen und gehe am Eingang des Tempels vorbei einen Pfad hinunter, der zwischen Kiefern hindurchführt. Die Leute, in deren Mitte ich mich in diesem Dämmerdunkel befinde, sind genauso wie die, die ich aus Lhasa kenne – kleine Tibeterinnen mit grauen Zöpfen, verrunzelten Gesichtern und zahnlosem Lächeln, an ihrer Seite ihre berggewohnten Brüder oder Ehemänner, die stramm ausschreiten – und alle drehen Gebetsmühlen und murmeln unentwegt vor sich hin, während sie den *Lingkhor* entlangwandern, den etwa anderthalb Kilometer langen Pilgerweg um den von der Residenz des Dalai Lama gekrönten Hügel.

Am Rande des schmalen Pfades sitzen manchmal *Sadhus*, indische Heilige in orangenen Gewändern, die Almosen sammeln, und in einer notdürftig eingerichteten Höhle schnitzt ein Mann *Mani*-Steine und bemalt sie in Gelb, Weiß und Orange mit glückverheißenden Sprüchen oder Gebeten. Manchmal kommen Kühe aus dem Wald unten heraufgestapft, und kaum zeigt sich das erste Morgenlicht über den Bergen, gaukeln weiße Schmetterlinge in der zunehmenden Helligkeit. An einer Stelle ist der Hügel bis oben, wo der Dalai Lama schläft (und jetzt gerade meditiert), kreuz und quer mit Gebetswimpeln bespannt, von denen lauter Segenswünsche in den unglaublich blauen Himmel aufsteigen; im Innern zweier großer weißer Stupas, die an die Zeremonienräume der Hopis erinnern, wird Wacholder abgebrannt, und drei Mönche sitzen nebeneinander vor einem kleinen Tempel voller Kerzen und sprechen Gebete, in denen sie dem Dalai Lama ein langes Leben wünschen.

In Lhasa gibt es drei solcher Pilgerwege, die ringförmig die Stadt umkreisen, und hier im Exil bemühen sich die Tibeter, die Tibet noch kennen, nach Kräften darum, die alten Rituale beizubehalten. Der Tempel oben auf dem Hügel wird auf einem kleineren Rundweg von Mönchen, alten Männern und zahllosen tibetischen Kindern umkreist, die dabei mit Freunden schwatzen oder Sutren rezitieren und kaum einmal innehalten, wie es die Touristen tun, um das anbrechende Morgenlicht zu bewundern, das sich in den Fenstern der höher gelegenen Hotels spiegelt. Jeden Mittwoch und jeden Tag, an dem der Dalai Lama nicht in der Stadt weilt, wandeln Pilger, vielleicht sechzig an der Zahl, auf dem äußeren Rundweg zum *Stupa*, wo sie anhalten und die Männer sich hinsetzen, um eine Stunde oder länger in die Gebete einzustimmen, und dann erheben sich alle, stellen sich in einer Reihe auf und singen, dem Hügel und der Residenz ihres Oberhauptes zugewandt, die tibetische Nationalhymne. Danach erflehen sie mit einem stillen Gebet ein langes Leben und gute Gesundheit für den Dalai Lama, und zum Schluss werfen sie zum Wohl ihres Anführers *Tsampa*, tibetische Gerste, in die Luft und segnen ihn auch damit.

Einmal, als ich in aller Frühe diesen Rundweg entlangwandere, entdecke ich nicht weit von da, wo jemand die vor 40 Jahren für Tibet verfassten UN-Resolutionen auf Mani-Steine geschrieben hat, zwischen die Felsbrocken geklemmt ein Bild des Potala-Palastes in Lhasa, nicht größer als ein Platzdeckchen. Es ist bereits zerknittert und flattert im Wind zwischen den Steinen hin und her. Am nächsten Tag ist es noch immer da, aber noch ramponierter. Ich frage mich, ob es einen Tag später wohl zerfetzt sein wird.

Oben im Haupttempel gibt es auch ein Gemälde vom ehemaligen Sitz des Dalai Lama, auf dem das klassische Herzstück Tibets in seiner ganzen Pracht über der typisch tibetischen, ins Tal abfallenden Stadt Lhasa mit ihren weißgetünchten Häusern thront. Im Vorzimmer zum Audienzraum des Dalai Lama hängt ein wirklichkeitsgetreueres Bild des heutigen Lhasa, auf dem der Potala völlig verloren zwischen den Einkaufszentren, Nachtclubs und Jeans-West-Verkaufsstellen einer aufstrebenden chinesischen Stadt liegt.

☸

Wenn man in und um Dharamsala herum spaziert und die Örtlichkeiten allmählich kennt, zeichnet sich langsam ein Muster im Gewirr der vielen ungebahnten Pfade ab, die in verrückten Serpentinen über bucklige Hänge, durch Kiefernwäldchen und über Gebirgskämme führen, von denen aus man auf Klöster hinabblicken kann. Dann wird einem klar, dass dem allen tatsächlich eine Ordnung zugrunde liegt, dass sich in dem scheinbaren Chaos eine Vision verbirgt, die irgendwann hervortritt, wie sich der klassische buddhistische Lotos aus dem Schlamm erhebt.

Das offizielle Zentrum des oberen Ortes und das Erste, was Besucher zu sehen bekommen, ist ein verschlafener kleiner Platz, gerade groß genug, dass der staubbedeckte Bus dort halten, seine Fahrgäste abladen und wenden kann, um wieder bergab ins Tal zu fahren, ein perfektes, misstönend lautes Modell für das Durcheinander der Straßen, Pizzabuden, wenig effektiven Internet-Cafés, Andenken- und Buchläden, die sich noch in den letzten Winkel und ins hinterste Gässchen der ausgedehnten Ortschaft quetschen. Doch inmitten dieser geballten Verlockungen und verzweifelten Hoffnungen erkennt man unter Umständen, dass man sich im Zentrum einer Art Mandala befindet (wenn auch nicht mehr das Mandala aus Bergen, Hütten und Mönchen, das Thomas Merton beschrieb.)

Sechs Straßen gehen von dem lauten kleinen Platz in Upper Dharamsala (McLeod Ganj) ab. Folgt man dem ersten Sträßchen durch Kiefernwald hinauf, kommt man an einen See und noch weiter oben zum Tibetischen Kinderdorf, einem weitläufigen Gelände mit Wohnhäusern und anderen Gebäuden, heute das offizielle tibetische Schulzentrum und der Grund dafür, warum viele Kinder aus Tibet hierher geschickt werden, damit sie in ihrer traditionellen Kultur erzogen werden. Wandert man das nächste Sträßchen bergauf, gelangt man, wie man meint, zu einem Tempel mit goldenem Dach, der jedoch das Institut der darstellenden Künste beherbergt, an dem klassisches tibetisches Volksgut wie Oper und Tanz – nebenbei auch modernes Theater – gelehrt und aufgeführt werden, damit diese Kulturgüter lebendig erhalten bleiben. Auf wieder dem nächsten Sträßchen erreicht man zuerst einen Wasserfall und dann, nachdem man einen Hindu-Tempel passiert hat, eine Anzahl von über die Hügel verstreuten Häusern, wo Weltbürger das Leben in einem selbstgeschaffenen Shangri-La genießen – mit deutschen Bäckereien und italienischen Gaststätten, in denen es echte Holzofenpizza gibt.

Ein viertes Sträßchen bringt einen nach 15 bis 20 Minuten zum Zentrum des tibetischen Kulturguts, der *Library of Tibetan Works and Archives*, wo zwischen lauter durcheinander gewürfelten kleinen Büros der Exilregierung (und dem Tempel des Staatsorakels auf einer Seite der Gebäudegruppe) viele der alten Schriften und anderen Schätze Tibets aufbewahrt sind. In der Nähe ist das *Tibetan Medical and Astrological Institute*, das Institut für Medizin und Astrologie. Ein weiteres Sträßchen führt nach zehn Minuten zur Residenz des Dalai Lama mit dem *Thekchen-Chöling*-Tempel daneben, zum *Namgyal*-Privatkloster des Dalai Lama mit 175 Mönchen, so wie es früher im Potala-Palast war, und zum Institut für Buddhistische Dialektik, an dem einige der bedeutendsten Philosophen des tibetischen Buddhismus das Wesen des Seins ausdiskutieren, eine Einrichtung, die einem der höheren wissenschaftlichen Forschungsinstitute im Westen entspricht.

Der Dalai Lama bildet sozusagen den Mittelpunkt all dessen, wie man bald merkt, denn »Seine Heiligkeit« wird in fast jedem Gespräch erwähnt, und sein Antlitz strahlt selbst von den Lebensmittelgeschäften der Inder und den Teppichläden der Kaschmiris herab. Er ist die Präsenz, um die sich alles dreht. Und wenn man aus dem Bus in das Getöse der miteinander wetteifernden Träume steigt – wo der Song *Lyin' Eyes* der Eagles aus dem McLlo-Café über einen herabrieselt, der Rajneesh-Shop ein paar Schritte weiter einen mit Kassetten und Kuchen empfängt, eine der vielen kleinen schmuddeligen Spelunken in einem winzigen, übel riechenden dunklen Raum *Das verrückte Tagebuch* und *Be cool* über den Bildschirm flimmern lässt und *Nowrojee General Merchants*, der einzige Kolonialwarenladen hier seit 1860, noch immer Andrews Lebersalz und Pears' Seife feilbietet, als sei Lord Curzon auf dem Weg hierher –, ahnt man kaum, dass diese Stadt im Grunde von Anfang an aus einer Vision entstanden ist – eine Rarität.

1959, als der Dalai Lama eben im Exil angekommen war, ergriff er die Gelegenheit beim Schopf, einen Großteil der beklemmenden Bürokratie und feudalen Knechtschaft des alten Tibet abzuschaffen, und betrachtete seine neue Heimat gewissermaßen als weißen Fleck auf der Landkarte, auf dem ein neues, besseres Tibet entworfen werden konnte – ein Tibet 2.0, wie es manchmal scheint –, das auf alles zurückgriff, was in der Vergangenheit gut war, und alles Übrige über Bord warf, das aber vor allem aus seinen Fehlern lernte, indem es sich in allem schulte, was die Welt (und besonders die heutige, sich ständig verändernde Welt) zu bieten hatte. In seinem ersten Jahr im Exil gründete er (immer der Zukunft zugewandt, die verändert werden kann, und nicht der Vergangenheit, an der nichts mehr zu ändern ist) einen Kindergarten, und nach einer Weile wurde festgelegt, dass alle Kinder im elaboraten Schulsystem Exiltibets bis etwa zum zehnten Lebensjahr Unterricht in Tibetisch erhalten sollten, damit sie fest mit ihrem Ursprungsland verbunden bleiben, und danach Englischunterricht, um sich in die übrige Welt einzufügen.

Er beaufsichtigte die Entstehung eines globalen Netzwerks von Siedlungen und Klöstern und beschwor seine Mönche, die oft unheilvollen Feindseligkeiten und Rivalitäten zu vergessen, die, wie viele glauben, zu Tibets Niedergang in der Vergangenheit beigetragen haben (weil verschiedene Regionen und unterschiedliche buddhistische Schulen miteinander im Streit lagen oder nur sich selbst schützten, statt eine gemeinsame Front zu bilden und den Chinesen und anderen Eindringlingen Widerstand zu leisten). Ganz allmählich begann er, wie bereits erwähnt, Frauen Chancen zu eröffnen, die sie vorher nicht hatten. Inzwischen können Nonnen in Dharamsala sogar den Doktortitel erwerben und Äbtissin werden, was in Tibet nie möglich gewesen wäre, und jetzt ist auch zum ersten Mal eine Frau Mitglied des Exilkabinetts. Vor allem aber hat er nach und nach Macht abgegeben, damit sich sein Volk (der buddhistischen Philosophie getreu) selbst regieren kann. Noch im Jahr seiner Ankunft in Dharamsala begann er mit dem Entwurf einer Charta für ein neues, demokratisches Tibet, und bereits beim Besuch Thomas Mertons vor 40 Jahren bemerkte er, er wünsche sich in seinem Leben mehr Raum für die Spiritualität statt für die Politik.

Eine Versammlung der tibetischen Volksvertreter (*Assembly of Tibetan People's Deputies*) wurde einberufen, vergleichbar etwa dem britischen Unterhaus, mit jeweils drei Männern und einer Frau aus jeder Provinz Tibets, jeweils einem Vertreter der vier wichtigsten Schulen des tibetischen Buddhismus und einem der Bön-Religion, sowie einer vom Dalai Lama designierten Person als Repräsentant von Wissenschaft und Kunst. 1990 trieb er die Demokratisierung noch weiter voran, indem er die Volksversammlung um 46 Mitglieder erweiterte, und 2001 hatten die Tibeter das Vergnügen, zum ersten Mal in ihrer Geschichte als Exilanten in 37 Ländern einen neuen Premierminister demokratisch wählen zu dürfen, ein offizielles Staatsoberhaupt, an das sich hohe Erwartungen knüpften, und entschieden sich für den sanften Mönch und Gelehrten Samdhong Rinpoche. In der Praxis hat vieles hiervon natürlich nur Symbolwert, da der Dalai Lama für die Tibeter im Wortsinne ein Gott und damit über jeden Zweifel und jede Anfechtung erhaben bleibt, sodass sein Premierminister in der Versammlung der Volksvertreter im Grunde nur sein Mittelsmann sein kann.

Dharamsala ist der Mittelpunkt einer neuen Art von Experiment – das schien der Dalai Lama damit sagen zu wollen. Solange den Tibetern die Freiheit der Religionsausübung, die freie Rede und freie Bewegung im eigenen Land versagt blieb, würden sie überall auf der Welt ein neues Tibet erschaffen, das sich in einer bestimmten Weise ständig verbessern würde und dessen Zusammenhalt nicht durch die Heimaterde, sondern durch gemeinsame Ziele gewährleistet sein würde, durch eine gemeinsame Vision. Aus reiner Notwendigkeit baute er, indem er sich neuer Gestaltungsmöglichkeiten bediente, eine Art virtuelles Tibet auf, ein globales Dorf, in dem sich die Leute nicht um ein Lagerfeuer oder auf dem Dorfanger versammeln, sondern um gemeinsame Hoffnungen und ein Gefühl gemeinsamer Verantwortung. Wenn dieses Experiment irgendetwas bewirkt hat, dann kann es vielleicht auch den Palästinensern, Kurden, Uiguren und den ständig zunehmenden Massen von Vertriebenen in aller Welt, die keinen charismatischen Führer und keine schillernde Vergangenheit haben, um die Aufmerksamkeit der Welt auf sich zu lenken, helfen, ihr Schicksal positiver, mit neuen Augen, zu sehen. Der Dalai Lama, selbst vom Unglück gezeichnet – schließlich musste er Hals über Kopf das brennende Haus, sein Heimatland, verlassen –, wollte damit sagen, dass Gemeinschaft und Nachbarschaftssinn im eigenen Innern kultiviert werden können und sollen.

Exiltibet, das sein Zentrum in einer Ansammlung von baufälligen Hütten hat, das selbst nach indischen Maßstäben in völliger Abgeschiedenheit liegt und die Verbindung zwischen maximal 150 000 Menschen weltweit aufrechterhält – das sind nicht einmal so viele wie die Einwohner eines Vororts von Los Angeles –, kann der Welt bestenfalls neue Möglichkeiten zuraunen, mag ihm auch die überdimensionale Popularität seines Oberhauptes und der Zauber, den die tibetische Kultur seit Langem und bis heute ausübt, einen viel größeren Reiz geben, als es normalerweise der Fall gewesen wäre. Beim Dalai Lama hat stets der Schutz seiner Landsleute in Tibet Vorrang gehabt (und wird es auch bei einem zukünftigen Dalai Lama haben), die noch immer 98 Prozent des tibetischen Volkes ausmachen und die bisher nicht an seinem Demokratie-Experiment teilnehmen können. Aber solange er nicht zu ihnen darf, wird er Tibet der Welt nahebringen und eine Staatsführung nach buddhistischen Vorstellungen propagieren: eine Reform Tibets durch eine Reform des wahren Kerns von Tibet.

In Tibet selbst hat die Regierung von Peking, so die Schätzung, allein auf den Hauptstraßen von Lhasa 224 Karaoke-Salons und 658 Bordelle eingerichtet, ferner wurde ein Hochhaus mit 13 Stockwerken erbaut, in dem das Amt für öffentliche Sicherheit untergebracht ist, und der Stadt auf diese Weise ein Aussehen verpasst, das besser zu Atlantic City passen würde. Die kleine Hauptstadt Tibets hat jetzt eine Einwohnerzahl von 200 000 Menschen, die damit zehnmal so hoch ist wie 1950, und hat sich auf das Zwanzigfache ihrer früheren Fläche ausgedehnt. Die Idee dahinter ist, dass materieller Überfluss die Menschen vom Feudalismus der Religiosität befreien und ihnen klarmachen wird, dass Modernität Zugang zum Satellitenfernsehen, zu sexy Diskos und den Segnungen von Wal-Mart und Nike bedeutet (die chinesische Regierung hat kürzlich das Einkommen tibetischer Beamter auf das Dreifache erhöht, als wolle sie damit ihre Überzeugung bekräftigen, dass materielle Verlockung schaffen kann, was Maschinengewehren bisher misslungen ist).

Auch in Dharamsala gibt es das alles – die Tibeter sind immer ein kaufmännisch begabtes, gewitztes Handelsvolk gewesen –, aber dort herrscht die Überzeugung vor, dass Modernität etwas mit Wertevermittlung zu tun hat, nicht mit Warenkonsum, eher mit einer Geisteshaltung als mit einem bestimmten Lebensstil. In ihren kühnsten, erhabensten Momenten könnten diejenigen, für die diese Fallstudie einen eigenen Reiz hat, in den über die Hänge von Dharamsala verstreuten Tempeln schon die Anfänge einer buddhistischen Vision der »Stadt, die auf einem Berge liegt« (Matthäus 5, 14) sehen (und über die nicht Gott, sondern buddhistischer Tradition getreu Menschen herrschen).

☸

Ein Spaziergang durch die engen Gassen und das lärmerfüllte Durcheinander von schmuddeligen Cafés und Läden, an Schildern mit der Aufschrift »das einzige Internet-Café, dessen Einnahmen ausschließlich der tibetischen Sache zugute kommen« oder »Verkauf von Kunstgewerbeartikeln zu Wohltätigkeitszwecken« vorbei, zeigt, wie groß die Kluft ist, die Vision und Wirklichkeit noch voneinander trennt – und dass die Vision nur ganz allmählich Wirklichkeit werden kann. In Dharamsala gibt es, vielleicht in Anlehnung an die Zustände im alten Tibet mit seinem notorischen Schmutz, normalerweise keinerlei Müllbeseitigung, und so sammelt sich der Abfall auf den schlecht gepflegten Straßen; der Weg hinunter zum idyllischen *Tsechokling*-Kloster beginnt neben einem riesigen Müllhaufen. Eines Tages, als ich gerade die immer verstopfte Hauptstraße entlangging, die kaum genug Platz für eine Fahrtrichtung bietet, sodass Autos sich hupend hindurchzwängen müssen, sah ich zu meinem Erstaunen eine Verkehrslücke, die aber nur zustande gekommen war, weil sich eine Menschenmenge an einer Stelle gebildet hatte, wo ein indischer und ein tibetischer Junge sich einen Faustkampf lieferten.

An einem klaren Samstag im Frühling besuchte ich den Dalai Lama mitten in einer 46 Tage ohne Pause dauernden Reihe von Belehrungen (er empfing mich gleich nach Beendigung der im Tempel nebenan von ihm abgehaltenen morgendlichen Initiationen und Ermächtigungen – in seiner Mittagspause also), und ich fragte ihn, inwiefern das exiltibetische Experiment der Welt als Modell dienen könnte. Mir war klar, dass Bescheidenheit – und Realismus – ihn davon abhielten, sich selbst oder seinem Volk etwas darauf zugutezuhalten, aber er hatte sich doch gründliche Gedanken über dieses Experiment gemacht, zu dem sich nur wenigen politischen Führern überhaupt die Chance bietet. Kaum hatte ich meine Frage gestellt, berichtete er mit seiner gewohnten Genauigkeit von Begegnungen mit Gruppen in Deutschland, Australien, Nordamerika und Chile, die ebenfalls das Thema angesprochen hatten, wie sie ihre Traditionen lebendig halten könnten. Er erinnerte sich an einen Indianerhäuptling, der eine ellenlange Rede gehalten und darin verlangt hatte, dass ihm all sein kostbares Land zurückgegeben werden sollte – »Unrealistisch!«, wie der Dalai Lama bemerkte, um dann in schallendes Gelächter auszubrechen. Ihm waren auch noch die Spannungen in Erinnerung, die es 1951 in der tibetischen Gemeinschaft gegeben hatte, die Vorschläge, die 1959 zur Gründung von Exilsiedlungen gemacht worden waren, und die Frage, die sich 1970 stellte, was man mit der kleinen Schar von Partisanen anfangen sollte. Ein Vorschlag zu den Exilsiedlungen sei von einem seiner Angehörigen gemacht worden, ein anderer von einem Vetter seines Privatsekretärs, der neben ihm saß, aber beide hätten sich, wie ihm jetzt einfiel (als wenn das alles vor vier Tagen passiert wäre und nicht vor fast fünf Jahrzehnten) als falsch erwiesen.

Er erzählte mir, als er die Entscheidung getroffen hätte, dass die Tibeter richtige Ortschaften in Südindien gründen sollten, mit Tempeln in der Mitte und dem Laienvolk ringsum, wären seine Landsleute der Meinung gewesen, sie könnten dort nicht überleben. Die Hitze, die ungewohnte Nahrung und das Fehlen von Schneegipfeln würde sie dort bald sterben lassen, sagten sie. »Als ich sie nach einiger Zeit dort besuchte, waren sie aber noch da! Ich sagte zu ihnen: ›Ihr seid ja doch nicht gestorben!‹«, setzte er hinzu, und schon kam wieder sein ansteckendes Lachen.

In der tropischen Hitze hätten sich die Tibeter von vielen Elementen ihrer Kultur trennen müssen – von Sitten und Gebräuchen, von Kleidungsstücken wie etwa den langen Wickelröcken und -gewändern, den schweren, nur für den Himalajawinter geeigneten Mänteln, sagte er. Da diese aber ohnehin schon im Schwinden begriffen waren, hätte auch »kein Grund zur Sorge bestanden, kein Grund für große Anstrengungen! Das kulturelle Erbe, das in der Welt von heute nicht mehr relevant ist, muss man loslassen.« Hingegen seien die Muttersprache, die Denkweise und das Bestreben, den Kindern zum Beispiel Tierliebe zu vermitteln, überall von Bedeutung. »Ein Kind hat noch keine Vorstellung von einem nächsten Leben, von Sünde und solchen Dingen, aber innerhalb einer tibetischen Familie hört es traditionsgemäß von klein auf, dass es nicht gut ist, Tiere zu töten. Das sind Dinge, die erhaltenswert sind und die bewahrt werden können.«

Ich fühlte mich sehr beschwingt nach dem Gespräch, zum einen wegen der Ideen, die er mir erläutert hatte, vor allem aber wegen der Genauigkeit, mit der er bestimmte Präzedenzfälle und Parallelen angeführt hatte – und wegen der Bescheidenheit, mit der er sich seine Grenzen setzte. Beispielsweise hatte er den Aborigines in Australien geraten, ihre Eingeborenennamen zu behalten, auch wenn sie aus praktischen Erwägungen europäische Namen annähmen; aus dem gleichen Denken heraus drängte er einige Tibeter, sich von chinesischen Lehrern initiieren zu lassen, da die chinesische Tradition des Buddhismus an manchen Orten besser entwickelt war als die tibetische. Wenn den Exilanten geholfen werden sollte, sich selbst neu zu definieren, schien ihm Realismus mindestens genauso geboten zu sein wie Optimismus.

Doch erst am Abend zuvor hatte ich in einem kleinen Raum weiter unten an der Straße mit ein paar Wortführern der jüngeren Generation von Tibetern gesprochen, die sich völlig fehl am Platz fühlten und Sehnsucht nach einem Land hatten, das sie fast nur aus den Erzählungen ihrer Eltern kannten. Zu siebt hatten wir uns in das kleine Zimmer in einem Gebäudetrakt mit vielen kleinen Zimmern gequetscht (dabei gehörte die Wohnung einem ranghohen Mitglied der Exilregierung des Dalai Lama). Die Hausfrau und Mutter war abwesend, sie war nach Boston gereist und hatte ihre kleinen Kinder der Obhut von Großmutter und Tante überlassen, die ihre Aufgabe wenig ernst zu nehmen schienen, denn die Kleinen tollten überall herum, während einer der Anwesenden, der mit seiner Familie im Ausland wohnte, darüber klagte, dass seine eigene Tochter, ein Teenager, in Kleidung und Benehmen vollkommen europäisiert sei.

Herauszuhören war aus dem, was die jüngeren hier versammelten Tibeter sagten – und was für alle Tibeter in ihrem Umkreis gelten dürfte –, immer wieder eins: ihre Verlorenheit. Sie waren die verlorenen Seelen einer verlorenen Generation und hatten kein klares Gefühl mehr dafür, wer sie waren oder wohin sie gehörten. Sie sprachen fließend Hindi, denn sie waren in Indien geboren und aufgewachsen, hatten indische Freunde und einen indischen Geschmack, aber sie wollten trotzdem keine Inder werden. Sie sprachen gut Englisch und hatten Kontakte zum Ausland, aber jeder Schritt in Richtung England oder Amerika entfremdete sie Dharamsala und vor allem Tibet noch mehr.

Sie waren Tibeter, die Tibet nicht kannten und die für ein Land kämpften und beteten, von dem sie irgendwo in ihrem Innern wussten, dass es gar nicht ihrer Vorstellung entsprach.

Tenzin, einer der jungen Männer, war in seiner Verzweiflung für drei Monate heimlich nach Tibet gereist. Fast unmittelbar nach seinem Grenzübertritt von Ladakh aus wurde er, so erzählte er, aufgegriffen und verhaftet. »Im Gefängnis haben sie mich jeden Tag verprügelt«, sagte er leise ins Dämmerdunkel des Zimmers hinein, »aber sie haben aufgepasst, dass sie keine Spuren hinterlassen.« Wir traten in die vollmondhelle Stille des Frühlingsabends hinaus, um uns herum die nur schattenhaft erkennbaren primitiven Büroräume und verwahrlosten Zimmer als hoffnungsvolle Zeichen einer Exilregierung. »Ich war ein Romantiker«, erklärte mir der junge Mann, der nicht einmal 30 war. »Ich dachte, ich käme nach Tibet und würde da ganz von selbst meine Unabhängigkeit gewinnen.«

Jetzt war er auf verschiedenen Gebieten politisch aktiv, schrieb Gedichte und kletterte, als der chinesische Premier gerade einen Staatsbesuch machte, sämtliche 14 Stockwerke der Oberoi-Türme in Bombay hoch, um oben die verbotene tibetische Fahne und ein rotes Banner mit der Aufschrift »Freiheit für Tibet« zu entfalten. »Wir sind Tibeter mit gelben Gesichtern« sagte einer seiner Freunde abschätzig, während wir den Hügel hinaufgingen, auf dem oben die Residenz des Dalai Lama lag und unter dem klaren Nachthimmel schlief.

☸

Die jungen Tibeter hatten mir, bevor wir gingen, ein Buch geschenkt, das gerade von ihnen veröffentlicht worden war, die erste Sammlung tibetischer Lyrik auf Englisch in der Geschichte ihres Volkes. Es schien sich überwiegend um eine Mischung aus Schreien, Rufen und vor allem Fragen zu handeln. Was bin ich, wohin gehe ich, wie kann ich dem Land helfen, das ich nie gesehen habe? Was mache ich mit meinem indischen Akzent und meiner westlichen Kleidung? Welchen Wert hat es, sich gegen die Älteren aufzulehnen, die in Tibet gewesen und daraus geflohen sind? Das Auffälligste an all den Gedichten von Jung und Alt aus allen Weltgegenden (so ist es heute mit der tibetischen Diaspora) war, dass es keine Antworten gab.

Im Folgenden ein ziemlich typisches Gedicht aus dem Buch:

I am just a soul in a fix — *Ich bin bloß eine Seele voller Verdruss,*
Crying for the right direction — *die nach der richtigen Führung schreit.*
My mind is so mixed — *Mein Geist ist völlig konfus,*
It's in total confusion. — *meine Gedanken liegen im Streit.*

In der biografischen Anmerkung zum Schluss hieß es, der Dichter sei »seinem kleinen Freundeskreis ein ziemliches Rätsel gewesen« und sein Leben »ein Leben der Träume, der Drogen, der Verzweiflung und des Streits«. Er war mit 28 Jahren gestorben und hatte ein dunkelblaues Tagebuch voller Gedichte über Tibet hinterlassen.

Vielleicht hätten diese Jungen – denn das waren sie meist – ähnliche Gedichte geschrieben, wenn sie in einer Zeit ohne chinesische Besatzung in Lhasa aufgewachsen wären. Ihre poetische Haltung und die romantische Verklärung ihres Grams klangen oft genauso wie die Hochschulgedichte, die man in Bombay, in Guangzhou oder auch in New Haven findet, wenn man einmal einen Band mit einer solchen Lyriksammlung aufschlägt. Vielleicht hätten sie, wo auch immer, mit einem Zitat von Sartre begonnen: »Das menschliche Leben beginnt jenseits der Verzweiflung.« Identitätskrisen, die Suche nach irgendetwas, ein latentes Gefühl von Trauer und Frustration, das nicht über den kleinen eigenen Kosmos hinausgeht, sind bis zu einem gewissen Grad die universelle Währung aller Jugendlichen.

Natürlich gab es hier bei diesen Menschen, deren Kultur vor nicht allzu langer Zeit noch eine der geschlossensten und unveränderlichsten der Welt war und die in eine neue Art von Nomadentum getrieben worden waren, einen erschwerenden Faktor. Als wir spät am Abend ins Zentrum der tibetischen Ansiedlung kamen, hatten viele Leute um uns herum tomatenrote Gesichter, weil sie von indischen Jungen anlässlich des hinduistischen Holi-Festes mit Farbe beworfen worden waren. In zwei Tagen würde der fröhliche indische Priester der Kirche *St. John in the Wilderness* weiter unten an der Straße, der nachts immer auf dem kalten Steinfußboden schlief, seinen großen Auftritt haben. Er würde ein Priestergewand über Jeans und Turnschuhe ziehen und Fotokopien mit dem Text von *Morning has broken* (und darunter dem Gruß »Have a nice day!«) verteilen, sodass die kleine Gemeinde von Ausländern mit einstimmen konnte in Cat Stevens' modernes Kirchenlied zum Ostersonntag, a capella, denn es gab keine Orgel in der alten Kirche. Die Jungen waren wirklich überall Außenseiter. Die Empfehlung des Dalai Lama, sich im eigenen Innern eine Heimat zu schaffen, wirkte auf sie wie etwas, das sie längst kannten, aber nicht in die Tat umzusetzen wussten.

☸

Ein- oder zweimal im Monat quält sich ein Bus den Berg nach McLeod Ganj hinauf, hält, nachdem er durch Schlaglöcher gerumpelt ist und sich zwischen den endlosen Reihen der Pilger hindurchgeschoben hat, in einer nur notdürftig geteerten Kurve vor einem maroden dreistöckigen Gebäude an und entlässt 50 oder 60 wild aussehende Tibeter ins Freie. Sie scheinen einer anderen Welt anzugehören als die neuzeiterfahrenen Exiltibeter ringsum mit ihren Lederjacken und Sonnenbrillen und dem hippen Akzent von Bombay oder Delhi. Die Mädchen tragen kein Make-up, und den Jungen sieht man trotz ihrer amerikanischen T-Shirts und Mützen an, dass sie anders sind. Ihre Gesichter wirken irgendwie ungebändigt, ihre Kleidung ist zerlumpt. Sie kneifen die Augen zusammen, während sie in eine Welt aussteigen, von der sie schon lange oder sogar ihr Leben lang geträumt haben, und nun stehen sie da und sehen nur lauter verwirrende Schilder, auf denen zum Beispiel »STD« oder »PCO« steht, und es ist alles andere als ruhig und erhebend (zu Hause sind die Straßen sauberer und erheblich besser in Schuss). Oft läuft ihnen die Nase, und an manchen ihrer Kleidungsstücke hängt der gesammelte Dreck von zwanzig Tagen anstrengender Überquerung sechstausend Meter hoher Berge, langen Fahrten in Fernbussen und unbequemen Nächten in provisorischen Bretterbuden für Durchreisende.

Nachdem sie sich im Empfangszentrum angemeldet haben, bleiben sie für gewöhnlich einen Monat oder länger, teilen sich zu zweit ein Bett, erwerben Grundkenntnisse in Englisch und Hindi und warten, bis der Dalai Lama wieder in der Stadt ist und sie ihn endlich zu Gesicht bekommen. Nach einer kurzen Audienz weist man den Kindern eine Schule zu und den Mönchen ein Kloster; viele der Älteren kehren, im Innersten befriedigt, nach Tibet zurück, und alle Übrigen werden irgendwohin geschickt, wo noch Platz oder Verwendung für sie ist. Denjenigen, die nach Tibet zurückkehren wollen, nachdem sie beim Dalai Lama waren, steht eine Rückreise bevor, die ebenso gefahrvoll wie die Anreise ist, denn wenn sie von der Polizei erwischt werden – egal, ob diesseits oder jenseits der Grenze –, kommen sie ins Gefängnis, und das ist manchmal ein großes Gebäude in Shanghai, dem sie mit beißender Ironie den Spitznamen »Empfangszentrum für das Neue Tibet« gegeben haben.

An einem sonnigen Morgen in Dharamsala machte ich die Bekanntschaft eines der etwa 200 lustlos auf gemeinsamen Betten herumsitzenden oder auf den Gängen herumlaufenden Neuankömmlinge, die noch nicht recht vorbereitet waren auf den Eintritt in die große weite Welt, und erfuhr, dass er einzig durch seinen Einfallsreichtum hergekommen war: Er hatte fließend Englisch gelernt, einen chinesischen Pass beantragt und gewartet, bis sein jüngerer Bruder und seine Schwester das College, auf das er sie unter großen Entbehrungen geschickt hatte, abgeschlossen hatten (weil sie darunter zu leiden gehabt hätten, falls seine Abwesenheit bemerkt wurde), um Tibet dann auf legalem Wege zu verlassen. Unternehmungslustig, wie er war – und wie viele Menschen in kommunistischen Systemen sind, besonders solche aus unbeliebten Bevölkerungsteilen –, hatte er, wie er mir erzählte, für ausländische Hilfsorganisationen in Tibet gearbeitet, war quasi im Status eines Journalisten in seinem Heimatland herumgereist und hatte dabei einmal, als die Weltbank Untersuchungsdelegationen in ein bestimmtes Gebiet schickte, beobachtet, wie »die chinesischen Funktionäre vor Ort sich als Mönche verkleideten«.

Er sei fortgegangen, erklärte er mir, um der Welt die Wahrheit über Tibet zu sagen, und mir schien es, als spräche er bereits die gleiche Sprache wie die übrige Welt, denn ihm waren Begriffe wie »medizinische Grundversorgung« geläufig. Er erzählte, wie er einmal mit einer Gruppe von Ausländern verhaftet wurde (von denen einer versucht hatte, aus einem Fenster im dritten Stock zu springen, um sein Recherchematerial zu retten). »In Tibet«, sagte er, »ist ein Krankenhaus im Grunde wie ein Marktplatz, und nicht einmal die Ärzte wissen, dass Krankheiten wie Hepatitis oder TB durch das Blut übertragen werden.« Nachdem er zuerst von Geburt an mit Begriffen wie »patriotisches Umerziehungsprogramm« oder »Amt für öffentliche Sicherheit« aufgewachsen war – diese Worte perlten ihm locker von den Lippen –, sprach er jetzt die Sprache, die er von seinen Freunden, den ausländischen Aktivisten und Mitgliedern der »Ärzte ohne Grenzen«, gelernt hatte.

Aber es kam auch noch etwas anderes heraus. Als der adrette junge Mann in der schicken »North Face«-Windjacke es schließlich geschafft hatte, sein Heimatland zu verlassen, hatte er geweint. »Die Nepalesen sind arm«, sagte er, »aber niemand macht ihnen die Grundrechte streitig. Armut ist kein Problem, wenn man in Freiheit lebt.« Jemand, der frei ist, aber nichts zu essen hat, denkt da vielleicht anders, dachte ich im Stillen, sagte es aber nicht laut. »Auf einer verkehrsreichen Straße in Kathmandu steht ein kleiner Tempel – mitten auf der Straße. In Tibet wird sogar ein großes Kloster zerstört, wenn an der Stelle eine Straße gebaut werden soll.«

Verdreckte Kinder um ihn herum starrten ihn wie gebannt an. 824 Flüchtlingskinder sind 2004, in einem ziemlich durchschnittlichen Jahr, im Tibetischen Kinderdorf angekommen und haben den ohnehin engen Lebensraum und die längst überfüllten Klassenzimmer bis zum Bersten gefüllt. Viele von ihnen gehen nach Abschluss der Schulausbildung nach Tibet zurück, aber dann als echte Tibeter, die ihre Muttersprache sprechen und ihre Geschichte kennen.

An einem anderen Tag traf ich zufällig Manuel Bauer, den bereits erwähnten Fotografen, der ein außergewöhnliches Fotoarchiv über den Dalai Lama zusammengetragen hat und ihm auf fast allen Reisen von morgens bis abends auf den Fersen blieb. Wir suchten ein Restaurant in der Nähe auf, um gemeinsam Mittag zu essen, und er erzählte mir, dass er dem Dalai Lama aufgefallen sei, weil er der erste Fotograf überhaupt war, der die Flucht heutiger Tibeter über den Himalaja in die Freiheit dokumentiert und sein Leben riskiert hatte, um die Filme heil heimzubringen.

Wie er mir berichtete, hatten er und seine einzigen Begleiter, ein Tibeter und dessen erst sechs Jahre alte Tochter, sich im Monat April in strenger Kälte auf den Weg gemacht, auf dem auch andere Flüchtlinge unterwegs waren. Überall gab es chinesische Soldaten, die manchmal aus purer Langeweile schossen. Selbst an Sonnentagen mit blitzblauem Himmel pfiff ein scharfer Wind, der den Flüchtlingen Schnee in den Mund trieb, und wenn sie zu viel davon verschluckten, wurden sie krank, und manchmal starben sie daran.

Als kleine Dreiergruppe kamen sie rasch vorwärts; im Gegensatz zu den meisten anderen Flüchtlingen, die sich erst nach Anbruch der Dunkelheit in Bewegung setzten, konnten sie tagsüber laufen, weil sie kaum auffielen, und bewältigten deshalb die Strecke in nur 16 Tagen. Trotzdem kam es zu einer Störung. »Ich verlor den Verstand«, sagte der bedächtige Schweizer Fotograf in dem ruhigen, sonnenhellen Restaurant völlig nüchtern. »Zwei, drei Tage lang war ich im Delirium. Und im Delirium habe ich gedacht: ›Dieses sechsjährige Mädchen geht so schnell. Warum trägt sie nicht das Gepäck? Ich muss schließlich zwanzig Kilo Ausrüstung und Taschen schleppen.‹ Ich war wütend auf sie, weil ich den Verstand verloren hatte.«

Als sie die chinesische Grenze überquert hatten, erinnerte er sich, wurde der Trip noch gefährlicher. Nepalesische Beamte senden Tibeter oft zurück in die Gefangenschaft, um die Machthaber in Peking zufriedenzustellen, häufig aber erst, nachdem sie sie ausgeraubt haben. Selbst wenn die Flüchtlinge Kathmandu tatsächlich erreichten und beim UN-Flüchtlingsrat Schutz suchen konnten, waren ihre Schwierigkeiten noch nicht zu Ende. »Manchmal wird der UN-Wagen angehalten, auch wenn ein UN-Mitarbeiter am Steuer sitzt. Und die nepalesische Polizei nimmt alles weg!

Diese Flüchtlinge haben vielleicht nur ein Bündel und einen Teppich mitnehmen können, und selbst das bisschen nimmt ihnen die nepalesische Polizei noch ab und schickt sie dann wieder zurück.« Es ist die gleiche Geschichte wie überall in der Welt, denn das gleiche Schicksal haben auch vietnamesische Bootsflüchtlinge, Kubaner und sogar Chinesen, die sich heimlich nach Amerika absetzen wollten, erlitten; Flüchtlinge – die schutzlosesten Menschen der Welt – sind willkommene Beute für Piraten und korrupte Beamte.

»Man ist also erst in Sicherheit, wenn man in Indien angekommen ist?«

»Nein. Tut mir leid, dass ich das sagen muss« – er hatte anscheinend erraten, dass ich aus Indien stamme –, »aber die Inder sind auch nicht immer ehrlich. Manchmal attackieren sie die Flüchtlinge. Sie wissen, dass die wehrlos sind.«

»Sie sind also wirklich erst in Sicherheit, wenn sie Dharamsala erreicht haben?«

Dazu schwieg Manuel.

»Sind der Mann und seine Tochter denn nach ihrer Ankunft zusammen hiergeblieben?«

Jetzt bekam der Fotograf rote Augen. Der Vater hätte seine Tochter sicher im Tibetischen Kinderdorf untergebracht, sagte er, voller Zuversicht, dass sie dort ein neues Leben und eine neue Heimat finden würde, und dann hätte er sich umgedreht und sich auf den langen, mörderischen Rückweg nach Tibet gemacht – allein.

☸

Es hat unweigerlich einen eigenen Reiz, durch ein Gemeinwesen zu laufen, das von einem einzigen Mann erdacht wurde, einem Mann, der kein Castro, Disney oder Kim Il-Sung ist, sondern Philosoph und Mönch: Man hat das Gefühl, dass dieses Experiment im Interesse einer der schnellstwachsenden »Nationen« der Erde durchgeführt wird – der Entwurzelten in aller Herren Länder (nach einigen Schätzungen gibt es inzwischen 100 Millionen Flüchtlinge weltweit, ein »Volk«, das doppelt so viele Menschen umfasst wie die Bevölkerung von Australien und Kanada zusammengenommen). Man hat zunehmend den Eindruck – vielleicht unter dem buddhistischen Einfluss –, dass die Dinge (zumindest theoretisch) immer in Bewegung sind, dass alles in Entwicklung begriffen ist; nach zwei Jahren Abwesenheit kehre ich zurück und stelle fest, dass nahezu sämtliche Gaststätten in der Gegend kein Bier mehr ausschenken – aus Rücksicht auf die klassische buddhistische Missbilligung von berauschenden Mitteln –, und außerdem sind Experten aus Schweden eingeflogen worden, die mit der Plage der überall herumstreunenden Hunde aufräumen sollen.

Der Dalai Lama in seiner Funktion als Herrscher ist in der absurden Lage, einen Staatsstreich gegen sich selbst anzetteln zu müssen, um seine Macht nach Möglichkeit schneller abzugeben, als seine Landsleute sie ihm wieder aufbürden. Im besten Fall gerät man durch eine Gemeinschaft, die sich auf spirituelle statt auf politische Werte gründet, in eine vollkommen auf den Kopf gestellte Welt, in der – so hofft der Dalai Lama – Freiheit Angstfreiheit bedeutet und Wohlstand inneren Reichtum. Eine Welt, in der Macht im Idealfall Selbstbeherrschung bedeutet, auf das politische ebenso wie auf das Innenleben bezogen.

So stürmten, während ich durch die Straßen von McLeod Ganj spazierte, lauter real gewordene Zukunftsbilder auf mich ein: jüdische Staatsführer, die herkamen, um dem Dalai Lama zu erzählen, wie sie ihre Kultur trotz der zweimaligen

Zerstörung des Tempels aufrechterhalten konnten, Bürgerrechtler, die mit Martin Luther King marschiert waren und nun hier in zugigen Räumen darüber berieten, was sie zu dieser gewaltfreien Bewegung beisteuern könnten, eine neue Müllabfuhr und Straßenreinigung, die Richard Gere organisiert hatte. Als ich einmal mit einer Gruppe junger Tibeter und anderen darüber sprach, ob sie lieber ihrem politischen Betätigungsdrang folgen oder den Rat ihres Oberhauptes beherzigen wollten, meldeten sich zwei junge Leute zu Wort, Mexikaner, wie ich erfuhr, die unter anderem deshalb hergekommen waren, weil sie von den Tibetern hören wollten, ob sich ihre eigenen Streitigkeiten in Chiapas vielleicht doch nur durch einen Aufstand beilegen ließen. Eine Zeitlang nahm ich mein Frühstück im Garten meines Hotels täglich in Gesellschaft von Menschenfreunden und Regierungsvertretern aus Deutschland, Rumänien und Amerika ein, die hier zu helfen versuchten, wie sie nur konnten. Seinen hellsten Glanz bezieht Dharamsala durch sein Festhalten an der Idee, dass in unserer Welt, die sich immer stärker vernetzt, die Probleme eines Ortes die Probleme aller Orte sind.

Die sechste Straße, die vom Hauptplatz am Ortseingang von McLeod Ganj abzweigt, führt in Serpentinen bergab, zwischen Eichen und Himalajazedern hindurch, an der anglikanischen Kirche und den »Offizierskasino« genannten Gebäuden vorbei, an Teeplantagen und terrassierten Feldern vorüber, über eine Brücke und auf freies Gelände, wo die Tibeter mithilfe eines ortsansässigen japanischen Architekten ein glanzvolles Zentrum, das *Norbulingka*-Institut, erbaut haben, das mit seinen Wandelgängen und Spiegelweihern, dem goldbedachten Tempel in der Mitte und den blühenden Bäumen vor schneebedeckten Gipfeln der Vorstellung von einem Shangri-La, wie sie die meisten Leute hegen, erheblich näher kommt als das 40 Fahrminuten entfernte überfüllte, laute McLeod Ganj. In Pavillons und eleganten Unterrichtsräumen übermitteln Meister der Thangka-Kunst, Bildhauer und Holzschnitzer aus Tibet ihr Können einer neuen Generation von Lehrlingen, von denen viele zehn Jahre und länger bei ihnen lernen, und aus diesen Werkstätten gehen goldene Avalokiteshvaras, hochkomplizierte Mandalas und die gewebten Schneelöwen hervor, die in die ganze Welt versandt werden. Geht man auf dem Gelände nach hinten durch und öffnet ein kleines Tor, gelangt man nach drei Minuten Fußweg an Feldern vorbei zum *Dolma-Ling*-Nonnenkloster, wo 200 Nonnen, fast alle erst vor Kurzem aus Tibet geflüchtet, an stillen Nachmittagen beim klassischen Debattieren, das sie in der gleichen traditionellen Form üben wie ihre männlichen Kollegen, hin und her springen, nur dass es bei ihnen leiser ausfällt und weniger kriegerisch wirkt.

Ein Stück weiter an der gleichen Straße, in Sidhbari, wohnt noch immer der Karmapa, seit er aus China floh und genau zu dem Zeitpunkt in Dharamsala eintraf, als die Tibeter es kaum noch zu hoffen gewagt hatten; bei vielen Tibetern und auch Ausländern gilt er als neue, junge Verkörperung der Chancen Tibets, trotz seiner eingeschränkten Bewegungsfreiheit. Einmal – es war im Frühling – kam ich, nachdem ich zugeschaut hatte, wie das Staatsorakel in Trance fiel, hierher und erlebte mit, wie der Dalai Lama einen neuen Gyuto-Tempel eröffnete, der die Stelle der 500 Jahre alten, sehr berühmten und gelehrsamen Institution in Tibet einnehmen sollte. Als College für das postdoktorale Studium des tantrischen Buddhismus eingerichtet, war – und ist – das Gyuto-Kloster einer der beiden Orte in der tibetischen Welt, wo Mönche in die tiefsten Tiefen des Bewusstseins und Denkens eindringen und Formen der Askese auf sich nehmen, die für uns normale Sterbliche kaum verständlich sind: Im alten Tibet durften diese Mönche neun Jahre lang keine eigene Zelle bewohnen oder ihre Kutten wechseln, sondern lebten, meditierten und schliefen die ganze Zeit auf einer 50 Zentimeter breiten Pritsche, wobei ihre hölzerne Teeschale ihnen als Kopfkissen diente.

Vielleicht nur, weil sie durch solche Härtetests gestählt waren, brachten es die 30 (von 900) Mönchen, denen die Flucht nach Indien gelang, fertig, ihre Meditation im Exil auf dreckigen Parkplätzen und unter Bäumen fortzusetzen, bis sie irgendwann die Erlaubnis erhielten, tibetische Teppiche herzustellen und zu verkaufen, um sich am Leben zu erhalten. Jahrelang versuchten sie, ihr Kloster in Indien neu aufzubauen, obwohl sie zu Anfang nicht einmal Mönchsroben besaßen; schließlich konnten sie ein Stück Land in der Nähe von Dharamsala erwerben, und dann brauchten sie fast 15 Jahre, um eine Gebetshalle zu entwerfen und zu errichten. Nach deren Fertigstellung dauerte es noch einmal sieben Jahre, Unterkünfte für die Mönche zu bauen. Das funkelnagelneue Zentrum besteht zwar mittlerweile aus sechs dreistöckigen Gebäudetrakten mit Küchen, Essräumen und einem Gästehaus, aber es gibt nicht einmal fließendes heißes Wasser.

Der Dalai Lama ist hierher gekommen, um die offizielle Eröffnungszeremonie vorzunehmen. Viele Mönche aus McLeod Ganj bahnen sich einen Weg bergab, sodass die Felder und die zweispurigen Straßen im Tal rot sind von Novizen, und die australischen Buddhisten, die einen Großteil der Finanzierung übernommen haben, sitzen in einer Saalecke und lächeln glückselig aus den weißen Seidenschals, die ihnen der Dalai Lama gerade überreicht hat. Er macht keine langen Worte um den Abschluss der Bauarbeiten; vielmehr sagt er den Mönchen, dieses Bauwerk sei erst der Anfang.

Ein Gebäude, das innen leer sei, hätte kaum einen Wert, fährt er fort, das Einzige, was letztlich zähle, sei der Aufbau von etwas Dauerhafterem und Lebendigem im eigenen Innern, etwas, das man überallhin mitnehmen kann und das den Heimsuchungen durch ein Erdbeben ebenso widersteht wie einer Flut oder einem Regierungswechsel. Eigentlich spricht er zu seinen Mönchen, aber wie immer erreicht seine Botschaft auch die Australier und uns andere alle, die wir hier in der großen neuen Gebetshalle versammelt sind, durch deren Fenster die Sonne hereinscheint, und noch Tausende, die, in festliches Rot und Gold gekleidet, draußen sitzen. Der Tempel ist im Höchstfall eine Metapher, ein Tor oder vielleicht ein Gefäß für den Schrein im eigenen Innern, und das gilt im Grunde für ganz Dharamsala.

Der Dalai Lama erteilt uns, wie mir immer deutlicher bewusst wird, eine universelle Lektion, indem er, wie es seine Art ist, den Teil seines Experiments wieder aufgreift, zu dem auch wir Japaner, Kalifornier oder Inder einen Bezug haben. Und die eher globalpolitisch orientierten Menschen unter seinen Zuhörern werden vielleicht bemerken, dass zuvor keine Generation je Gelegenheit hatte, einen Dalai Lama oder überhaupt einen tibetischen Lehrer zu sehen, dass von der Generation unserer Eltern höchstens eine kleine Handvoll Ausländer überhaupt davon träumen konnte, je einen Fuß in irgendeinen tibetischen Tempel zu setzen, und dass dieser glanzvolle Neubau weitgehend durch Spenden aus Australien zustande gekommen ist, ein Zeichen dafür, dass buddhistische – oder menschliche – Werte bis in ferne Kulturen vorgedrungen sind, die vorher gar keinen Zugang dazu hatten. Mit der Eröffnung des Tempels haben der Dalai Lama und seine Anhänger das alte Tibet wiedererstehen lassen in der Hoffnung, dass es sich weiterentwickelt, sich der Moderne öffnet und den Vertriebenen in aller Welt Mut macht, die gleichfalls ihre verlorene Heimat in einer nachhaltigeren und beständigeren Form wiedererschaffen möchten.

Die Globalisierung ist allerdings – wie alles – ihrem Wesen nach nur ein Spiegel der menschlichen Sehnsüchte in ihren unterschiedlichsten Formen. Wenn ich mich an diesem Festnachmittag umschaue, gewinne ich schnell den Eindruck, dass das tibetische Oberhaupt mit seinem Pragmatismus, seiner Experimentierfreudigkeit, seinem Reformwillen und seinem realistischen Radikalismus eine neue Vision entwirft, während viele von uns dem Entwurf eigene Fußnoten hinzufügen, eigene Randbemerkungen dazuschreiben, Tee daraufkleckern, sodass einzelne Passagen verwischen, oder eigene Ideen darüberkritzeln, bis das Original kaum noch lesbar ist.

Einfacher ausgedrückt, ist Dharamsala das komprimierteste, bittersüßeste Abbild eines globalen Dorfes, das ich je gesehen habe. Alles, was auf der Erde produziert wird, gelangt irgendwie in seine ohnehin schon überfüllten Straßen – alle Ideen, Ängste, Projektionen und Pläne –, und es ist schwer zu sagen, ob Tibet dabei über die Außenwelt triumphiert oder umgekehrt. Zu bestimmten Zeiten im Jahr, so hat mir einer der Privatsekretäre des Dalai Lama erzählt, stellen Israelis nahezu die Hälfte der Einwohner von Upper Dharamsala. Eine ganze Abteilung auf der Speisekarte des indischen *Asoka*-Restaurants ist in hebräischer Sprache abgefasst, und eine Uhr in einem der typischen Auslands-Callshops zeigt die Zeit in Tel Aviv an. So viele junge Israelis, die zu Hause gerade ihren obligatorischen Militärdienst abgeleistet haben, brechen über Dharamsala herein (als Teil eines Parcours cooler Orte und billiger Drogen, den sie sich eingerichtet haben, vom Strand in Goa bis Manali und Rishikesh in den Bergen), dass inzwischen ein bekannter Rabbi aus New York ganzjährig in der Nähe wohnt und zu verhindern versucht, dass allzu viele seiner Schäfchen zum tibetischen Buddhismus abwandern.

Auf den Straßen des kleinen Exilantenortes tummeln sich so viele Chilenen mit hennaroten Haaren, Dänen mit Rastalocken, junge Schwedinnen, Arm in Arm mit jungen Osttibetern mit Pferdeschwanz, und notorische Vagabunden mit leicht glasigem Blick, dass man manchmal nicht genau weiß, ob man nicht irgendwo auf Bali oder auf einer der Inseln im Golf von Thailand ist. Auf dem handgeschriebenen Pappschild, das den Weg zum *Third I*-Restaurant weist (eigentlich dem »Dritten Auge«, hier jedoch dem dritten Ich – die merkwürdige Schreibweise verrät einiges, könnte man sagen), steht auch das Angebot: »Original tibetische, israelische, indische, chinesische oder kontinentale Pizza« und noch vieles mehr, bis hin zu »Marmite/Vegemite-Toast und Mocha-Shakes«; überall auf den Hügeln ringsum sind Steine mit Symbolen in leuchtblauer Farbe bemalt wie 1968 auf der griechischen Insel Ios, und auf Mani-Steinen findet sich die kollektive Weisheit von Jahrhunderten: »Sei freundlich und gütig, die Reise ist lang« oder: »Sei du Bosatsu, ich bin der Taxifahrer und bring dich nach Hause.«

Ein spanischer Zenjünger mit kahlgeschorenem Haupt sitzt auf einem Felsblock, spielt Didgeridoo und erzählt von einem Inder in Rishikesh, der neben Didgeridoos auch Tablas und Tipis verkauft; das nervöse Mädchen neben ihm wird ganz kribbelig, weil sich drei schüchterne indische Highschool-Kids, die gerade Osterferien haben, nähern und Hallo sagen wollen. Ich besuche ein Café in dem idyllischen Dorf, und zehn oder fünfzehn fremde Augenpaare starren mich von Polstern, die um einen niedrigen Tisch herum auf dem Fußboden ausgelegt sind, an, während völlig abgefahrene Acid-Musik durch den Raum dröhnt und alle Stammgäste so aussehen, als wären sie auf einem langen, langen Trip. Humus, Benotti-Pie, Salm à la Malka (»Alles mit extraviel Liebe«) stehen auf der Speisekarte, und außerdem gibt es »Ausrüstung für Bergsteiger«.

Für viele junge Tibeter verkörpert jede dieser Gestalten ein neues Leben, eine andere Welt, einen Weg hinaus in ein Reich des Überflusses, das Möglichkeiten bietet, wie sie in Lhasa oder Dharamsala undenkbar sind; und da der kleine Ort ein Sammelbecken für Ausländer aller Art ist, strömen Leute aus ganz Indien hierher, um sich ihren Anteil an den Yen oder Euros zu sichern. Yogalehrer aus Goa und Kerala richten Zweigstellen in den kleinen Gästehäusern ein und bieten Vormittags- und Nachmittagskurse auf den Dachterrassen an; Weisheitshändler jeder Couleur verkaufen ihre Lehren, die nicht im Entferntesten etwas mit Buddhismus zu tun haben – »Frohe Botschaft«, heißt es auf einem Flyer vor dem Dalai-Lama-Tempel, und weiter, dass ein bestimmter Rinpoche »übernatürliche Kräfte« besäße und nun, da er wegen der Lehren des Dalai Lama hier weile, bereit sei, diese besonderen Kräfte in den Dienst der Welt zu stellen. Mütter ohne Beine, Leprakranke und Straßenkinder, die einen ständig mit ausgestreckten Händen auf den schmalen Wegen bedrängen, kommen aus Südindien bis hierher, um Geld zu erbetteln, und manche von ihnen hausen, wie mir Leute erzählt haben, die seit Langem hier wohnen, seit 25 Jahren am selben Fleck, kauern Tag für Tag neben einem glitschigen Pfad, schlafen Nacht für Nacht auf einem kalten Felsvorsprung am Straßenrand und überweisen ihre oft recht stattlichen Einnahmen regelmäßig an ihre Familien im Süden. Als ich einmal an einem schönen Tag, während der Dalai Lama seinen Lehrvortrag hält, einen Spaziergang mache, lese ich einen Hinweis, dass eine Deutsche und später auch ein Tibeter auf einem Waldweg, der als Abkürzung dient, beraubt und zusammengeschlagen wurden; eine Inderin kommt auf mich zu und wedelt mit einer Krankenhausrechnung; ein Tibeter mit einem netten, schüchternen Lächeln hält mich an und erklärt mir, dass er drei Dollar braucht, um sich einen Zahn ziehen zu lassen.

Ich komme mir vor wie in einem buddhistischen Text über Leiden, Elend, Verfall und Illusion. Eines Tages finde ich eine Liste von Beispielsätzen, die eine ehrenamtliche Lehrerin, zweifellos in bester Absicht und voller Idealismus, dazu verwendet, um ihren tibetischen Schülern Englisch beizubringen.

»Welche ist deine Lieblingsfrucht?«, »Bist du Schüler von irgendjemandem?«, »Wer ist der Neffe von Tsongkhapa?« oder »Wie viele Jahre hat Gandhi im Gefängnis verbracht?« Und dann noch ein Satz im unnachahmlichen Jargon von McLeod Ganj – dessen Name selbst schon eine Zusammensetzung aus dem Namen des Oberleutnants und Gouverneurs im Punjab des 19. Jahrhunderts, David McLeod, und dem Hindiwort für »Ortsteil« ist: »Wenn wir achtsam und tief den reinen Augenblick berühren, wird unser Verständnis für das, was vor sich geht, immer tiefer, bis endlich Freude, Friede und Liebe uns umfangen.«

☸

An einem heiteren Frühlingstag, während die Hänge rings um Dharamsala im Rot und duftigen Rosa der Blütenteppiche leuchten und im Umkreis der Tempel Ringelblumen, Schlüsselblumen und Butterblumen aufgeblüht sind, lerne ich einen jungen Mann kennen, der davon träumt, Schriftsteller zu werden. Er sei in Amdo, Osttibet, geboren, erzählt er mir, aber sein Vater hätte ihn schon in jugendlichem Alter nach Lhasa gebracht, und dort hätte er getan, was die meisten zwölfjährigen Tibeter in Lhasa tun. »Wir haben jede Menge Alkohol getrunken, Billard gespielt und uns mit Prostituierten herumgetrieben. Ich bin nie zur Schule gegangen, und gearbeitet habe ich auch nie. Bei den Chinesen sind Bier und Whisky spottbillig. Alles ist spottbillig. Also gehen wir nicht gern zur Schule. Wir bitten unsere Eltern um Geld, und wenn sie uns nichts geben, klauen wir es ihnen aus der Tasche.« In Tibet seien 80 Prozent der Tibeter Analphabeten, sagt er.

Mit vierzehn, erzählt er weiter – und ich frage mich, wie vielen Fremden vor mir er seine Geschichte wohl schon in gutem Englisch erzählt hat, vielleicht mit kleinen Ausschmückungen, im vollen Bewusstsein dessen, was sie wert ist –, hätte sein Vater plötzlich entschieden (wahrscheinlich wegen besagter Versuchungen, denen er in Lhasa ausgesetzt war, wie ich vermute), sein Sohn müsse nach Dharamsala. Der Junge hatte sich einer Gruppe von 15 Personen angeschlossen, in der er der Jüngste war, sagt er, »und nach einer Woche hatten wir vergessen, dass wir aus verschiedenen Orten, verschiedenen Landesteilen, verschiedenen Welten kamen. Wir waren eine große Familie.« Wie in einem Traum vom Exil. Aber kaum waren sie in Indien und in der Freiheit angekommen, kaum lagen die 25 Tage Martyrium hinter ihnen, zerrann der Traum. Der Junge wurde zu einer anderen Art von Nomaden, mit Aufenthalten in Dalhousie, Mussoorie, Südindien und Delhi. Er besaß keine Qualifikationen, sprach damals noch schlecht Englisch. Er besuchte tibetische

Schulen und lernte etwas, aber danach hatte er immer noch kein Zeugnis oder Diplom, das in der Welt etwas taugt.

»Ich würde gern Übersetzer oder Reiseführer werden«, sagt er, »um bei meiner Arbeit mit Ausländern zusammenzukommen« (und selbst ein Fremder zu werden, denke ich im Stillen).

»Als ich aus Tibet geflüchtet bin«, fährt Tsering fort und lächelt dazu sein gewinnendes, ehrliches Lächeln, »habe ich ein Mädchen kennengelernt. Wir waren ziemlich eng befreundet. Das passiert oft unterwegs. Wir ließen die Gruppe sogar eine Weile hinter uns, sonderten uns ab. Doch als wir nach Indien kamen, wurden wir getrennt. Ich ging auf die Mittelschule; sie war zwei Jahre älter und wurde auf die höhere Schule geschickt. Zwei Jahre später bin ich dorthin gegangen. Ich habe mich immer an sie erinnert, sie nicht vergessen. Aber da hieß es: ›Sie ist nach Tibet zurückgekehrt.‹ Jetzt weiß ich nicht, was geschehen ist. Nur dass sie weg ist.«

Trennungen dieser Art passieren oft im Exil. Aber dass eine junge Frau, die zwei Jahre zuvor ihr Leben aufs Spiel gesetzt hat, um aus Tibet zu fliehen, freiwillig dorthin zurückkehren sollte (wo sie unter Umständen damit rechnen muss, dass sie oder ihre Familie bestraft werden), klingt in meinen Ohren seltsam.

Tsering findet das jedoch nicht seltsam: Sein eigener Bruder ist nach einer gruseligen Flucht nur anderthalb Jahre hier geblieben und dann wieder nach Tibet zurückgekehrt. Dort sei das Leben leichter, erklärt er mir; keine solche Hetze, nicht so viel Leistungsdruck. Das Bier sei immer noch billig, und man könnte gut abhängen; Qualifikationen spielten keine große Rolle.

»Sind die Tibeter in Tibet anders als die Exiltibeter?«

»Die Tibeter in Tibet sind ehrlicher.«

»Tatsächlich?« Das erwartet man eigentlich nicht bei Leuten, die in einer Diktatur leben und für jede Kleinigkeit das System austricksen müssen, von dem sie kontrolliert werden.

»Sicher. Sie sind gute Buddhisten, streng religiös, haben einen ganz starken Glauben. Sie sind davon überzeugt, dass Buddha ihnen bei allem helfen kann. Hier ist es komplizierter. Wir glauben, dass wir viele Bücher brauchen. Wir sind moderner geworden.«

»Du träumst davon, andere Länder zu bereisen?«

»Ja.« Wieder das verschämte Lächeln; Schokoladenkuchen und Earl-Grey-Tee sind verspeist. Er fingert an einer entzündeten Stelle in seinem Mund herum, wo ein fauler Weisheitszahn sitzt. »Ich möchte gern in ein Land, wo die Leute Englisch sprechen.« Er ist aber lange genug im Exil, um zu wissen, dass die Konkurrenz groß ist; die meisten jungen Tibeter reißen sich um die wenigen Stipendien, verfügbaren Mädchen oder menschenfreundlichen Sponsoren, die ihnen eine Möglichkeit bieten, in den Westen zu kommen.

»Gerade jetzt«, sagt er (aus der Anlage im *Moonpeak*-Café rieselt jetzt Folk-Musik; morgens sind es Händel und Bob Dylan). »Vor vier Monaten war ich verwirrt, da bin ich hin und her geschwankt. Eigentlich wollte ich hierbleiben, aber dann dachte ich auch wieder an eine Rückkehr nach Tibet. Ich dachte, wenn ich zurückkehre, ist mein Leben ganz leicht. Dann habe ich ein Haus, ein Auto, aber ich helfe nur mir selbst. Wenn ich hingegen hierbleibe und Schriftsteller werde, kann ich vielleicht ein wenig für andere tun.« Nach dem netten Lächeln zu urteilen, das jetzt folgt, weiß er, dass dieser gute Vorsatz, wie die meisten anderen, kaum mehr Kraft hat als eine Gebetsfahne im Sturmwind.

Alljährlich, kurz nach der großen Feier des tibetischen Neujahrsfestes (das laut Mondkalender meist in den Februar oder März fällt), hält der Dalai Lama eine Reihe von Frühlingslehrveranstaltungen ab, die *Monlam*, dem großen Gebetsfest und Höhepunkt des tibetischen Jahres entsprechend, das früher ganz Lhasa auf die Beine brachte. Große Thangkas wurden entrollt und vor die gewaltige weiße Fassade des Potala-Palastes gehängt, Zehntausende versammelten sich, um den Dalai Lama zu hören, und Recht und Gesetz wurden für 16 Tage in die zweifelhaften Hände der *Dob-Dobs*, der Mönchssoldaten des Klosters Drepung knapp zehn Kilometer westlich von Lhasa, gelegt. In Dharamsala sind die Lehrvorträge das bedeutendste Ereignis des Jahres; Mönche aus Bhutan, Nepal und der Mongolei, aus Korea, Taiwan, Italien und sogar Tibet reisen an, um daran teilzunehmen, und Laien aus allen Erdteilen scheuen keine Mühe, um diesen großen, unvergleichlichen Auftritt des Oberhauptes der Tibeter mitzubekommen. Viele Gästzimmer sind schon über ein Jahr im Voraus reserviert, in Kalifornien wird durch E-Mail-Anfragen ermittelt, wer sich mit wem ein Taxi von Delhi teilt, und Filmstars entledigen sich wichtiger Verpflichtungen (behaupten sie wenigstens), um zu tun, was ihnen vordringlicher erscheint.

Jeden Morgen kommt der Dalai Lama aus seiner Residenz, umringt von etwa zwanzig Leuten – ranghohen Mönchen, Leibwächtern, Bediensteten, dem geistlichen Oberhaupt der Mongolen (seiner Abstammung nach zufällig ein Tibeter), Männern, die Rollbilder und andere Ritualgegenstände tragen – und nimmt auf einem Sitz vor seinem Tempel Platz. An die 6000 Mönche versammeln sich um ihn, etliche sitzen in einem großen Raum im Obergeschoss des Tempels und können, wenn sie dem Dalai Lama unten den Rücken zukehren, seinen Vortrag auf einem Fernsehbildschirm verfolgen. Hunderte von Tibetern sitzen auf dem Boden, restlos glücklich darüber, 14 Tage lang in Sichtweite dessen verbringen zu dürfen, der ihre Kultur personifiziert. Außerdem drängen sich noch mindestens 2000 Ausländer auf engstem Raum, und oft sind die Menschenmassen so groß, dass sie sich zusätzlich auf die unteren Terrassen und auf die Dächer verteilen, von wo aus der Dalai Lama zwar gar nicht zu sehen ist, aber zu hören – seine Stimme wird über Lautsprecher und Radios übertragen und beschallt das ganze Tal.

Es ist schon etwas Besonderes an dieser Szene. Kleine Mädchen in rosa T-Shirts – auf einem steht »Hallo Kitty«, auf einem anderen »Om« – tollen herum, während der Dalai Lama wieder einmal über »Stufen auf dem Weg« spricht, und tibetische oder mongolische Familien lassen ihre Thermosflaschen kreisen und teilen ihren gesalzenen Yakbutter-Tee fröhlich mit allen Zuhörern in der Nähe. Ein Ausländer mit Jesuslocken, die ihm bis auf die Schultern fallen, sitzt stocksteif mit geschlossenen Augen und ausgestreckten Händen im Lotossitz. Da die meisten Ausländer die anspruchsvollen philosophischen Ausführungen des Dalai Lama mit kleinen Sechs-Dollar-Radios über Kopfhörer in ihrer Landessprache mitverfolgen, hört man überall ein Krächzen von Englisch, Russisch oder gar Chinesisch. Diejenigen, die auf dem Tempelvorhof keinen Platz finden, sitzen irgendwoanders in der Sonne und bekommen die Lehren durch dröhnende Lautsprecherboxen in ihrer Nachbarschaft mit.

Ausländer reservieren sich Plätze auf dem Tempelvorplatz durch Schlafsäcke mit kleinen handgeschriebenen Namensschildern, die sie schon Tage vor Beginn der Lehrreden auslegen; indische und tibetische Sicherheitskräfte prüfen jede Person, ob männlich oder weiblich, akribisch genau mit rostigen Geräten, jeden Morgen und nach dem Mittagessen. Wenn ein Vortragstag zu Ende geht, was meist nachmittags gegen 16.30 Uhr der Fall ist, sind die Wege, Gassen und Hänge von Dharamsala wieder rot von Mönchen; sie drängen sich unter blühenden Apfelbäumen und Misteln, und manche halten gleich für ein kurzes, hartes Match auf den Basketballplatz gegenüber den Japan-, Korea- und Thai-Restaurants zu, der mit seiner Mauer voller Graffiti bei jedem Sehnsucht nach der Bronx wecken könnte (nur dass hier »Friede auf Erden« oder »Global denken, lokal handeln« neben Bildern im Stil von Keith Haring steht).

In einem bestimmten Licht betrachtet, werden hier die merkwürdigen Widersprüche dieses Ortes – und unserer globalen Welt – sichtbar. Tibetische Mönche tun vieles, was einem westlichen oder indischen Beobachter seltsam vorkommen muss: Sie holen auf der Straße ihre Handys hervor, ballen sich vor Internet-Cafés zusammen und strömen in kleine Bistros, um dort groß zu essen und all das zu genießen, was ihnen fern ihrer abgelegenen Dörfer wie »Großstadtleben« vorkommt. Die meiste Zeit über scheinen sie, wie junge Männer überall, über Mädchen und Autos zu reden.

Gleichzeitig tummeln sich auch viele Ausländer auf diesen Straßen – Anwälte aus Santa Monica, Spendensammler aus Toronto, ehemalige Chefs von Werbeagenturen aus Deutschland, Studenten und Aktivisten aus Argentinien –, die morgens schon vor Morgengrauen aufstehen und meditieren, sich mit allen Kräften ehrenamtlich für die Tibeter engagieren und vegetarisch oder sogar asketisch leben.

An einem strahlenden Morgen steige ich zu einem Meditationszentrum im Kiefernwald hinauf und schaue mir den sauber getippten Tagesplan an: »Frühstück/Unbeständigkeit und Tod/Leiden/Selbstlosigkeit/Mittagessen/Gleichmut.«

☸

Eines Nachmittags wandere ich von meinem Hotel ins Ortszentrum und denke auf einmal, wie sehr diese Ansiedlung, durch die ich gehe, doch ein merkwürdiges Abbild der jüngeren Weltgeschichte geworden ist. Der Ort ist schließlich einst von den Briten als Sommerresidenz für die Verwaltungsbeamten aus ihrem fernen Land erbaut worden, die Indien zu regieren versuchten. Danach wurde er den Indern übergeben, die ihn später den Tibetern überließen. Jetzt sieht er gleichzeitig wie das Zerrbild eines noch nicht existenten Tibet, ein kleines Kathmandu und das Epizentrum der Low-Budget-Globalisierung aus. Ein indisches Hotel, das sich für die Feiertage tibetisches Flair geben will, hat ein breites Spruchband zu Ehren des tibetischen Neujahrsfestes *Losar* über der Tempelstraße aufgespannt. Auf dem Spruchband, das genau vor dem Eingang zum Dalai-Lama-Tempel hängt, steht fröhlich, aber falsch: »Happy Loser« – glücklicher Verlierer.

Als ich ins *Awasthi-Cyber*-Café gehe, mein täglicher Stammplatz (ich muss ja schließlich mit Bossen in aller Welt Kontakt halten), sind alle etwa 20 Terminals von Reisenden besetzt, die munter auf Russisch, Hebräisch, Koreanisch und Japanisch lostippen (einer von ihnen hat den besonders begehrten Webcam-Terminal ergattert und stellt gerade die Verbindung zu einem schläfrigen Freund in Tel Aviv her). Schöne Thangkas aus *Ali Baba's Treasures* hängen über den Computern, und ein paar freundliche, Pulli tragende Inder kümmern sich still um alle Belange, servieren jedem, der zahlt, Tee, navigieren gekonnt im Internet, um die Tatsache zu kaschieren, dass man keinen Zugang zu AOL hat, und eilen bei einem Stromausfall im Tal sofort nach draußen, um mithilfe eines privaten Generators alles wieder ans Laufen zu bringen.

Während ich darauf warte, dass der Computer hochfährt, lange Minuten, die mir wie Stunden erscheinen, bemerke ich, dass der Mann neben mir (ein buddhistischer Mönch aus Taiwan?) eine Nachricht empfängt, die überschrieben ist mit »Dear Ven. Tommy«*. Die junge Israelin auf der anderen Seite schreibt: »Ich bin überglücklich, dass wir bald heiraten.« In einem Internet-Café, besonders, wenn es sich in einem so weltabgeschiedenen Ort wie Dharamsala befindet, sammeln sich Gestrandete, denen ihr früheres Leben sehr fremd geworden ist, und so tauschen sie Nachrichten mit neuen Freunden aus oder mit Geliebten, an die sie sich kaum noch erinnern können und die sich in ihrem neuen (alten) Leben kaum noch an sie erinnern können.

»Ich nicht gemein, ich will dein Geld«, hat ein tibetischer Jüngling mit dem Screennamen »Smilyboy« gerade eingetippt; wenn das Mädchen, das er umgarnt, diese Botschaft zu schnell liest oder nur kurz zwischen anderen Mails und Terminen in ihrem Büro über der Themse durchscrollt, denke ich, merkt sie vielleicht nicht, dass hinter dem »gemein« nur ein »t« fehlt, und dann wird die Nachricht ins Gegenteil verkehrt. Eine ziemlich aufgelöste, etwas gestört wirkende Frau fleht einen der höflichen indischen Angestellten an, ihr doch bitte dabei zu helfen, an ihre Bank in Neuseeland den Auftrag für einen Geldtransfer einzugeben, und zu allem

* Etwa: Lieber ehrenwerter Tommy. (*Anm. d. Übers.*)

Überfluss brüllt irgendjemand etwas in ein Telefon auf dem Schreibtisch (der Laden fungiert zusätzlich als öffentliches Callcenter). Das Fotokopiergerät spuckt Dutzende von Seiten mit Sutrentexten aus. Fast alle Nachrichten, die ich mitbekomme, während die Leute um mich herum kommen und gehen – die Stühle quietschen dann immer – handeln von Liebe oder Geld, und vielleicht wird auch beides miteinander verwechselt.

»Ich habe ein ungutes Gefühl, was dich betrifft«, hat eine Frau dem Inder, der neben mir Platz genommen hat, geschrieben. »Warum hast du dich so schnell in mich verliebt? Du lernst doch jede Menge ausländische Touristinnen kennen. Wir sind so verschieden. Ich habe letzte Nacht von dir geträumt.«

Ist er solche Klippen gewöhnt? Ist es seine erste? Gehen ihm die Worte so flott von den Tasten, weil er es ehrlich meint oder weil er es nicht ehrlich meint und schon oft so etwas geschrieben hat? »Ja, Schatz, wir haben ein unterschiedliches Niveau, wie du richtig sagst. Du bist Highclass, ich nur Highschool. Aber unsere Lebensweise ist nicht ganz so verschieden. Heute scheint die Sonne auf die Berge, und ich denke an dich. Überall Rhododendron, welch ein Segen. Wenn ich die Berge anschaue, denke ich an dich, Schatz.«

☸

Ein Stück weiter die Straße hinunter, unberührt von solchen uralten, universellen Gesprächen, liegt, ein bisschen wie ein Stupa, der Mittelpunkt der Gemeinschaft, mit dem alle, die ihn umwandeln, ihre Pläne, ihre Hoffnungen und ihre Wahlsprüche oder momentanen Vorlieben verbinden. Als ich das letzte Mal hier war, wies der Dalai Lama mich scherzhaft darauf hin, dass die Tibeter den Indern »schlechte Sitten« beibringen würden, indem sie Fleisch äßen; jetzt lese ich rund um den Tempel Hinweise wie: »Vegetarisch essen – der Gesundheit zuliebe« und: »Bitte hört auf, uns zu essen, ihr (Un-) Menschen!«, mit denen er Tibeter, die dazu in der Lage sind, aufruft, es einmal mit vegetarischer Ernährung zu probieren (er selbst nimmt, der buddhistischen Philosophie des Mittleren Weges getreu, immerhin jeden zweiten Tag vegetarische Kost zu sich, nachdem ihm seine Ärzte verboten haben, sich ausschließlich fleischlos zu ernähren). Er hat zudem vor Kurzem entschieden, dass die Exilregierung keinen Gewinn mit den Informationen erwirtschaften soll, die sie herausgibt, und deshalb werden Videos, Plakate und Broschüren in einem kleinen Laden im Ort zum Selbstkostenpreis verkauft, sodass man ein abendfüllendes Video für weniger als einen Dollar und während der Lehrveranstaltungen ein dickes Buch an einem der Tische draußen für 50 Cent erstehen kann.

Dharamsala ist eine globale Gemeinschaft, die sich auf Ideale und die Möglichkeit gründet, dass man sich etwas Höherem verpflichten kann; aber – natürlich – schwimmen rundum die tatsächlichen Gegebenheiten herum wie Haifische. In Tibet war der Dalai Lama der Inbegriff einer alten Kultur, die in ihrer Weltabgeschiedenheit dafür eintrat, am Althergebrachten, Unwiederbringlichen festzuhalten; hier im Exil ist er ein Avatar des Neuen, als hätte er in knapp fünf Jahrzehnten acht Jahrhunderte durchmessen, und neigt sich immer unmissverständlicher mit seiner typischen Direktheit dem Morgen zu.

Es ist das Einzige, was wir tun können, Klaas, ich sehe keine Alternative, jeder von uns muss sich nach innen wenden und in sich selbst all das zerstören, was er bei anderen zerstören zu müssen meint.

Etty Hillesum, mit 29 Jahren,
auf dem Weg in den Tod in Auschwitz

Der Politiker

Mit das Erste, was der Dalai Lama sagte, als er nach Nara kam und gleich nach dem Frühstück in dem kleinen Konferenzraum mit den örtlichen Fachleuten sprach, war: »Die Welt wird kleiner. Deshalb ist ein innigeres Verständnis zwischen den Menschen notwendig. Wir müssen erkennen, dass die ganze Menschheit eins ist. Die ganze Welt ist ein einziger Körper.«

Das alles hatte ganz vernünftig geklungen, obwohl ich nicht viel Zutrauen hatte, dass die Menschheit ein solches Gefühl der Einheit aufbringen würde. »Ich glaube«, hatte er dann gesagt, »dass der Mensch im Grunde seines Wesens zu mehr Güte fähig ist. Das ganze Leben lang ist menschliche Zuneigung der wichtigste Faktor für unser Überleben.« Wie kann man Intellektuelle besser ansprechen, dachte ich.

Doch nicht einmal neun Wochen später ging ich durch die Straßen Beiruts und ließ eines der zivilisiertesten, hochentwickeltsten Gemeinwesen auf mich wirken, die der menschliche Geist je hervorgebracht hat. Ägypter, Assyrer, Phönizier und Griechen, Römer und Osmanen, Franzosen und Briten waren hier, und trotz zehn Jahrtausenden der Heimsuchung strahlte die Metropole, wie ich fand, heute mehr Weltläufigkeit aus, als ich in Paris oder New York gesehen hatte, und die Leute unterhielten sich über die Tagesereignisse – über philosophische, kulturelle und geschichtliche Fragen – auf Englisch, Arabisch und Französisch mit einer Hingabe und einem Charme, wie ich es selten erlebt habe auf irgendeiner meiner Reisen.

Die Bilanz dieser Geschichte ist allerdings, dass vor nicht allzu langer Zeit 150 000 Beiruter in einem 15 Jahre andauernden erbarmungslosen Bürgerkrieg umkamen. 40 rivalisierende Milizen liefen Amok in dem Land, das etwa halb so groß ist wie das britische Wales; Muslime rächten sich an anderen Muslimen, indem sie die Christen angriffen, Syrer verbündeten sich mit den Christen, um die Palästinenser zu bekämpfen, und schlossen sich dann wieder mit den Palästinensern zusammen, um gegen die Christen zu Felde zu ziehen. Die vorherrschende Logik in Beirut war die altbekannte Überzeugung: »Der Feind meines Feindes ist mein Freund« und unterschied sich damit kaum vom Denken mancher Leute im alten Tibet mit seinen inneren Streitigkeiten und Komplikationen, das sich in dem Satz ausdrückte: »Lieber einen alten Feind in der Nähe als einen neuen Freund in der Ferne.«

»Jetzt«, hatte der Dalai Lama in dem altmodischen Hotel hinzugesetzt, wo die Sonne durch die holzgerahmten Fenster hereinschien, »wird die Menschheit allmählich reifer. Wir bemerken, dass ein Großteil der Menschheit wirklich Frieden wünscht. Viele Menschen haben Gewalt und Blutvergießen satt. Jetzt sind verstärkte Anstrengungen erforderlich, um diesen Trend zu fördern.«

Doch wer, dachte ich wenige Wochen später, könnte der Gewalt überdrüssiger sein als die Beiruter, deren Kirchen pockennarbig sind von Einschusslöchern und in deren Minarette sich Heckenschützen eingenistet hatten? Wer könnte die Friedensbemühungen leidenschaftlicher unterstützen? Mütter hatten zusehen müssen, wie ihre Söhne von Nachbarn getötet wurden, Kinder hatten miterlebt, wie alte Menschen grundlos niedergemetzelt wurden. Irgendetwas in uns redet uns ein, dass Vergebung Verrat an der natürlichen Gerechtigkeit bedeutet, und selbst wenn man an Karma oder an ein anderes ehernes Gesetz von Ursache und Wirkung glaubt, schließt sich dadurch nicht immer und für jeden das Loch im Herzen.

☸

Wie es der Zufall will, weiß der Dalai Lama mehr über Beirut als ich und viele meiner Journalistenfreunde; 2001 in Taiwan führte er es sogar als Beispiel für die Verkehrtheiten dieser Welt an, nachdem er von einem französischen Schriftsteller gehört hatte, dass in einem Teil der Stadt Unschuldige starben, während in einem anderen gleichzeitig Waffenhändler Profit machten. Allerdings braucht man ihm, der in Tibet aufgewachsen ist, wo erst ein Warlord mit umgerechnet zweieinhalb Millionen Dollar geschmiert werden musste, damit der damals vierjährige Dalai Lama seine Heimat verlassen und nach Lhasa reisen durfte, der mündig wurde, als das Land in jahrzehntelange heftige Kämpfe verwickelt wurde, wohl kaum zu erzählen, was menschliche Gier und Grausamkeit anrichten können. Einem Interviewer hat er einmal gesagt, er hätte beim Fernsehen immer den Kanal gewechselt, wenn in einer Sendung ein Tier geschlachtet wurde. Dann hätte er jedoch entschieden, dass er sich eine solche Szene doch anschauen müsse, weil dann das oft sinnlose Hinschlachten vielleicht doch noch zu etwas Gutem führen könne.

Immer, wenn ich den Dalai Lama wiedersah – oft war er dann gerade aus Belfast, Jerusalem oder Berlin zurück –, hörte ich, wie er seine Argumente für Frieden und Verständnis mit der Beweglichkeit und Meisterschaft des Logikers vorbrachte.

»Es genügt nicht, zu sagen, dass wir Frieden wollen, dass wir gegen Gewalt sind«, sagte er in Nara. »Das bloß zu sagen reicht nicht. Zu Gewalt kommt es, weil es ein Problem gibt. Deshalb müssen wir das Problem lösen. Am besten durch einen Dialog. Die Interessen der anderen sind mit unseren eigenen verflochten. Es gibt keine Unabhängigkeit.« Wenn in einem Stadtviertel eine Person glücklich sei, während andere litten, sagte er oft, könnte sich niemand wirklich sicher fühlen.

Aber dann ging ich in die Welt hinaus und sah, was Leute im Namen der gegenseitigen Verbundenheit oder einer neuen Gesellschaft anrichteten. Fünf Monate, bevor ich mit Hiroko zu einem Treffen mit dem Dalai Lama nach Dharamsala reiste, inspizierte ich die mit Totenschädeln übersäten *Killing Fields* in Kambodscha, wo ein politischer Führer, der bei buddhistischen Priestern und katholischen Geistlichen erzogen worden war, die Eliminierung von 20 Prozent seiner Landsleute ins Werk gesetzt hatte, alles in allem 1,7 Millionen Menschen. Ein andermal besuchte ich neun Wochen, nachdem ich bei ihm war, Haiti, wo man mir riet, »wegen der Demokratie« nachts nicht aus dem Haus zu gehen, und wo die Bürger auf Schildern in Englisch und Französisch gebeten wurden, keine Waffen in die Krankenhäuser mitzunehmen. Das besonders Grausige an Beirut waren in vieler Hinsicht der Kosmopolitismus und die Eleganz der Stadt: Hier fand sich so viel Intelligenz und Engagement, wie man nur an einem Ort versammelt zu finden hoffen kann, und genau diese Intelligenz hat zu so »einfallsreichen« Aktionen wie Selbstmordattentaten und Geiselnahmen geführt und eine Terroristengruppe mit eigenem Satelliten-Fernsehsender und Werbekampagnen hervorgebracht, also exakt die Art von verbrecherischem Engagement, die die Welt nicht länger ungeahndet hinnehmen konnte.

Ein paar Monate, nachdem der Dalai Lama den Friedensnobelpreis entgegengenommen hatte, war ich in Tibet und Nordkorea, und nichts von dem, was ich dort sah, deutete darauf hin, dass die Welt achtsamer sei als zuvor, dass der Mensch im Grunde seines Wesens »gütiger« geworden wäre oder »die Menschheit reifer«.

☸

Solche Fragen wurden dem Dalai Lama natürlich immerzu gestellt, obgleich meine Gespräche mit ihm vermuten ließen, dass er sie sich selbst noch viel öfter stellte. Was würden Sie tun, wenn jemand drohte, eine Gruppe von tibetischen Nonnen zu vergewaltigen?, fragten ihn die Leute. Wie würden Sie reagieren, wenn in diesem Augenblick ein Mann ins Zimmer gestürmt käme und wild mit einem Gewehr herumfuchtelte? Darauf antwortete er im Allgemeinen ruhig mit einer der klassischen Lehren Buddhas zu der Frage, ob es gerechtfertigt sei, dass ein Mensch einen anderen Menschen tötet, der im Begriff ist, 500 Mitmenschen umzubringen. Alles hängt von der Motivation ab, und bei seinem Abendvortrag in Nara hatte er gesagt, *Friendly Fire* unterscheide sich grundlegend von einem Akt der Aggression, auch bei gleichem Ergebnis, und sei es auch nur, weil es aus einem anderen Impuls heraus eröffnet würde.

Während er so redete, waren diese Fragen für seine Leute im Exil keineswegs abstrakt oder theoretisch: Ihr Land wurde wirklich zerstört, ihr Erbe geplündert und ihr Volk gefoltert. Viele von ihnen hatten das deutliche Gefühl, ihr Leben in einem Warteraum zu verbringen, fast übermenschliche Anstrengungen zu unternehmen, um die Geduld nicht zu verlieren, wozu ihr Oberhaupt sie stets ermahnte, auch wenn sie von Ausländern erfuhren, dass Tibeter in Tibet kaum Tibetisch sprechen dürfen, dass eine Tibeterin zu zwölf Jahren Haft verurteilt worden war, weil sie privat ein Video ihres im Exil lebenden Anführers gezeigt hatte, und dass der Potala-Palast wie zum Hohn von einer Art Vergnügungspark, einschließlich Booten in Schwanenform, umgeben sei. Wie kann man untätig danebenstehen und »inneren Gewaltverzicht« üben, höre ich sie förmlich sagen, wenn die eigene Heimat mit all ihren Bewohnern untergeht?

☸

An einem warmen Frühlingsnachmittag saß ich in einem der ältesten kleinen Kaffeehäuser in Dharamsala, dem *Chocolate Log*, an einem der rotweiß kariert gedeckten, ordentlich aufgestellten Tische auf der Terrasse, von wo aus man beobachten kann, wie die Sonne lange Schatten auf die Berghänge wirft und die Schneegipfel so scharf über dem Ort hervortreten, dass man (wie in Tibet) an den Schutz des Himmels glauben könnte, und hörte einem der überzeugendsten, leidenschaftlichsten Redner von Dharamsala, Lhasang Tsering, zu, der gerade einer Schar amerikanischer Collegestudenten eine kurze Einführung in Tibet und seine Situation gab.

Ich kannte Lhasang gut, weil er den niveauvollsten und lebendigsten Buchladen der Gegend leitet und vormittags immer an seinem Pult saß – seine traurigen, glühenden Augen, das hagere Gesicht und der weiße, buschige Bart verliehen ihm das Aussehen eines ostasiatischen Weisen im Exil –, um von da aus über Literatur, die letzten politischen Statements und, ohne dass man ihn lange hätte bitten müssen, über alles zu reden, was bei der tibetischen Exilregierung im Argen lag (insbesondere deren Bereitwilligkeit seit 1987,

China die Kontrolle über Tibets Außenpolitik zu überlassen, solange die Tibeter ihre inneren Angelegenheiten selbst regeln durften). Lhasang hatte früher selbst ein Amt in der Exilregierung bekleidet und für das Informationsministerium gearbeitet; er hatte mit der jüngeren Schwester des Dalai Lama zusammen im Tibetischen Kinderdorf unterrichtet; 1980 war er heimlich mit anderen, die dem Dalai Lama heute sehr nahestehen, nach Tibet zurückgekehrt und später dabei behilflich gewesen, den Tibetischen Jugendkongress aufzubauen, die Stimme der jungen Aktivisten im Exil, die immer bereit waren, etwas für ihre unter chinesischer Herrschaft notleidenden Vettern und früheren Nachbarn zu tun. Dharamsala ist noch immer in jeder Hinsicht nicht mehr als ein großes Dorf, und Lhasang war (neben Jamyang Norbu, einem Cousin des langjährigen Privatsekretärs des Dalai Lama) eindeutig einer der hellsten Köpfe und gewandtesten Redner hier, auch wenn er inzwischen – wie in einem Shakespeare-Drama – die Stimme der empörten Opposition vertrat.

»Zuerst muss ich Ihnen sagen«, begann er seine Einführung nach gewohntem Muster, wie mir schien, mit ebenso schwermütigem wie gebieterischem Blick, »dass ich aus keinem Shangri-La komme. Ich weiß nicht einmal, wo das liegt. Und offen gestanden habe ich auch weder Zeit noch Lust, danach zu suchen.« Damit wollte er meines Erachtens nur sagen, dass er nicht bereit war, wie er unumwunden zuzugeben pflegte, »untätig zuzuschauen, wie Menschen leiden«. Über Frieden zu reden, während Tibeter starben, war nach seiner Meinung gleichbedeutend mit fahrlässiger Tötung.

Man könne sich doch nicht moralisch entrüsten, fuhr er fort, und von langfristigen Folgen und universellen Prinzipien reden, wenn die unmittelbaren Folgen – gefoltert, zusammengeschlagen und innerlich korrumpiert zu werden – andere träfen! »Ich finde es unfair von uns, einfach zu ignorieren, dass in Tibet Tibeter leiden«, sagte er mit rhetorischer Zuspitzung, als würde sich der Dalai Lama absichtlich grausam verhalten. »Wir beten für den Weltfrieden, tun aber nicht viel dafür.«

Die jungen Amerikaner saßen an den einfachen Tischen und waren offenkundig fassungslos, als hätte ihnen jemand mit dem Hammer einen Schlag auf den Kopf gegeben. Lhasang, in dessen Augen ein sanftes Feuer glühte und dessen Stimme unwiderstehlich klang, sprach nämlich von einer ganz anderen Reaktion auf das Leid als der Dalai Lama bei seinen alljährlichen Neujahrsvorträgen ein Stück die Straße hinunter. Er und sein Oberhaupt hätten fast Mönche beim klassischen Debattieren sein können, wobei einer von beiden (in diesem Fall der ehemalige Guerillakämpfer hier im Café) nach vorn sprang und ein Argument nach dem anderen für das aktive Handeln hinklatschte, während der andere (das tibetische Oberhaupt auf der anderen Hangseite) sitzen blieb, ohne sich zu rühren, und erklärte, dass auch Toleranz, Geduld und Versöhnlichkeit Formen von Aktivität und das genaue Gegenteil von Passivität seien.

Vormittags saß Lhasang immer in seinem Laden, dem *Bookworm*, und erzählte davon, was er alles während seiner Dienstzeit beim Informationsamt der Exilregierung gelernt – und nicht gelernt – hatte (er hatte nach eigenen Angaben viel mehr Kenntnisse bei Tätigkeiten außerhalb der Regierung erworben), was er bei seiner Schulung durch die CIA mitbekommen hatte und dass sein eigener Bruder als Angehöriger der indischen Armee bei einem Kampfeinsatz in Bangladesch verwundet worden war. Und ringsum standen, mit orangenem oder grauem Einband, die Bücher von Gordimer, Pamuk und Coetzee, in denen von der Tugend des

Handelns und des aktiven Engagements im Kampf gegen die Ungerechtigkeit die Rede war. Eines Morgens schaltete er sein Tonbandgerät ein, aus dem kratzige Geräusche ertönten, die ich nach und nach als den Song *This Land Is Your Land* des unsterblichen Woody Guthrie identifizierte, mit dem er den Ansprüchen der unterdrückten Völker Amerikas auf ihr Land eine Stimme gab. Aber der Text dieser Version handelte, wie ich bei genauerem Hinhören merkte, von einer Reise vom heiligen Berg Kailash zum Hochland von Amdo. Es sei eine Neufassung des Songs, die er selbst geschrieben habe, nachdem er sich vor über 20 Jahren heimlich selbst ein Bild von seinem Land gemacht habe, sagte der Ladenbesitzer mit dem melancholischen Blick.

»Warum denkt er immer an die Zukunft?«, sagte Lhasang jetzt in dem Freiluftcafé und meinte den Dalai Lama. »Und nicht an die Gegenwart oder die Vergangenheit! Wer sich von dieser Welt freimachen will, für den ist in den Bergen jede Menge Platz.« Und er zeigte mit weitem Schwung auf die Berghänge ringsumher, wo Einsiedler jahrelang in Höhlen saßen und manchmal von amerikanischen Forschern untersucht und elektronisch überwacht wurden. »Ich will in dieser Welt, nicht von dieser Welt frei sein.«

»Wenn eine Maus von einer Katze in die Enge getrieben wird, muss sie laufen, um freizukommen.« (Nein, dachte ich, als befände ich mich auf der anderen Seite des Hügels: Die Katze könnte ja abgelenkt werden, vielleicht wird sie hochgehoben und weggebracht, oder sie fasst ein lohnenderes Ziel ins Auge – es gibt viele Gründe dafür, dass die Maus möglicherweise besser beraten wäre, wenn sie noch wartete.) Die Politik des Mittleren Weges, der sich die Exilregierung des Dalai Lama verschrieben habe, so Lhasang, sei nur ein Pakt mit dem Teufel. (»In der Politik«, hätte er

Präsident John Adams zitieren können, »ist der Mittelweg kein Weg.«)

»Sie sind also für den Terrorismus?«, fragte schließlich ein junger Student, als Lhasang zum Ende gekommen zu sein schien.

»Ich bin für die Aktion. Ich habe immer gesagt: Gewaltlosigkeit ist nicht Handlungsunfähigkeit. Wenn wir nicht handeln, wie kann uns die Welt da unterstützen? Wie ich auch immer sage: Man kann kein Kind fördern, das nicht zur Schule gehen will.«

»Aber in welcher Form soll denn gehandelt werden?«

»Ein entschlossener Tibeter könnte ein städtisches Elektrizitätswerk der Chinesen außer Betrieb setzen. Oder eine Straße blockieren.«

»In Tibet?«

»Nein. Ausschließlich in China.«

»Und Sie meinen, der Dalai Lama sollte in dieser Richtung aktiv werden?«

»Natürlich. Er *soll* nicht nur eine Politik zum Schutz Tibets einleiten, sondern er *muss*.«

»Befürworten Sie Selbstmordanschläge?«

Lhasang schwieg, aber sein Schweigen war beredt. Solange der Dalai Lama Toleranz übte und darauf wartete, dass die chinesische Führung wechselte (was, wie man zugeben muss, schon einmal völlig überraschend geschehen war, als Mao Zedong, Zhou Enlai und Chu Teh 1976 starben), würde ihn die ganze Welt weiterhin feiern und bewundern, aber nicht viel tun, um ihm beizustehen.

»Die Politik«, schloss Lhasang seinen Vortrag, »ist bloß eine Sache der Eigeninteressen. Es geht nicht darum, anderen zu helfen, es geht darum, sich selbst zu helfen.« Deutlicher hätte er die Lehre des Dalai Lama nicht auf den Kopf stellen können – nämlich dass man erst dann wirklich sich selbst hilft, wenn man anderen hilft. Einmal hatte Ngari Rinpoche, der jüngere Bruder des tibetischen Oberhauptes, zu mir gesagt, als sei es das Normalste von der Welt: »In der Politik muss man dienen lernen. Man muss lernen, wie man anderen von Nutzen sein kann.«

☸

Die höheren Werte oder der eigene Nutzen, auf längere Sicht oder jetzt sofort: die Vision eines Mönchs und die eines Guerilleros. Überall in Dharamsala und in der weltweiten tibetischen Diaspora-Gemeinschaft konnte man diese Debatte hören, in Teestuben und Privatwohnungen, wo immer Menschen der älteren Generation (die Tibet noch selber kannten) und Jüngere (die nur davon träumten) zusammenkamen. Sie spiegelte auf merkwürdige Weise den Dialog wider, der in Tibet selbst geführt wurde, wo die eine Gruppierung von »Befreiung« (aus Rückständigkeit, Armut, Dreck und Feudalismus, wie die Chinesen es nannten) sprach und die andere in den Klöstern von der »Befreiung« als der Freiheit von Unwissenheit, vom Anhaften und von der Täuschung, die Leiden erzeugt. Sie war ein Echo der archetypischen Debatte, die Martin Luther King und Malcolm X, Gandhi und Nehru getrennt hatte und die in Israel heute noch die Gruppierungen entzweit. »Ich reinige meine Gedanken und gebe mich der Barmherzigkeit hin«, sagt ein Beiruter Bürger. »Aber was hilft das, wenn vier Millionen um mich herum genauso handeln wie vorher und meine Angehörigen abschlachten, mein Haus mit Granaten beschießen und meine Tochter umbringen?«

»Es braucht seine Zeit«, erwidert der Dalai Lama dann.

»Wenn man nicht daran glaubt, dass man es besser machen kann, wird es auch nie besser.«

»Man muss Feuer mit Feuer bekämpfen«, sagt der Beiruter. Streck einer Schlange die Hand entgegen, und du wirst gebissen.

»Was vom Feuer verbrannt ist, kann mithilfe von Feuer geheilt werden«, hat der Dalai Lama ruhig gesagt, als würde er darauf antworten. »Auge um Auge« schlägt die ganze Welt mit Blindheit, hat Gandhi betont.

Innerhalb der tibetischen Gemeinschaft wurde jedoch immer heftiger und lauter diskutiert, denn Tibets Existenz erlischt immer schneller; wenn in den nächsten paar Jahren nichts geschieht, sagt auch der Dalai Lama seit Jahren, ist das Tibet, das wir kennen, für immer verschwunden. Gandhi, Martin Luther King und die Friedensstifter in Südafrika und im Nahen Osten haben im Wesentlichen nur eins gesagt: »Dieses System der Ungerechtigkeit muss sich ändern. Wir können es nicht länger ertragen.« Aber es hatte auch keiner von ihnen eine wie rasend tickende Uhr vor Augen, das bedrohliche Gefühl, dass es fünf vor zwölf war, eine Deadline, nach der alle ihre edlen Ideen nutzlos wären. Zum ersten Mal sah ich jetzt öfters beim Eintritt in das Namgyal-Kloster neben der Residenz des Dalai Lama einen Jeep mit der Aufschrift »Time is running outtttt …« (»Die Zeit läuft ab …«), das »out« mit neunzehn t's wie eine Reihe von Grabkreuzen.

Wie wahr das ist, wusste ich aus eigener Erfahrung. Tibet öffnete sich 1985 der Welt zum ersten Mal mit einer Welle von Herzlichkeit und in aller Farbenpracht, die Bewohner kamen in Scharen aus ihren Häusern, um Ausländer zu begrüßen, die sie nie zuvor gesehen hatten, Mönche rezitierten in kleinen Tempeln, in die sie hier und da hatten zurückkehren dürfen, und nach all den Jahrzehnten der

Unterdrückung und Zerstörung keimte eine Ahnung von neuen Möglichkeiten auf. Doch fast zwangsläufig sorgte die Anwesenheit der Ausländer, diese Augen und Ohren der Weltöffentlichkeit, auch dafür, dass die Tibeter sich gegen ihre Besatzer aussprachen und in der chinesischen Vorstellung das Gespenst eines Volksaufstands heraufbeschworen. Als ich 1990 noch einmal nach Lhasa reiste, standen Panzer vor der tibetischen Hauptstadt, und bewaffnete Soldaten patrouillierten auf den Dächern aller Häuser rund um den zentralen Jokhang-Tempel. Tibet stand im Grunde noch immer unter Kriegsrecht, Touristen durften nur in Gruppen auf Besichtigungstour gehen und mussten Unsummen dafür bezahlen (ich war als Einergruppe unterwegs).

In den fünf Jahren meiner Abwesenheit war die Stadt, die mich so für sich eingenommen hatte, fast verschwunden. Tibeter durften den Potala-Palast, das jahrhundertealte Symbol ihrer Kultur und Tradition, nicht mehr betreten und standen vor dessen Toren, um sehnsüchtig den wenigen Touristen nachzuschauen, die verkehrt herum, entgegen der glückverheißenden Richtung, hindurchgeführt wurden. Die meisten Räume des Palastes waren mit Vorhängeschlössern versperrt, und manchmal ging während unserer Besichtigung das Licht aus; der von Chinesen ausgebildete tibetische Führer, der mir die Anlage zeigen sollte, erklärte mir peinlich genau, dass es sich um eine rein profane Residenz handle, um das Zuhause eines Königs, bis ihn zwei vorbeikommende englische Touristen darauf hinwiesen, dass der König zufällig auch Mönch war – es war mindestens ebenso sehr Tempel wie Palast.

Bei meiner dritten Reise nach Tibet zu Beginn des 21. Jahrhunderts konnte ich das Land, das ich schon zweimal besucht hatte, kaum noch wiedererkennen. Der Potala-Palast war von den meisten Teilen der Stadt aus nicht mehr zu sehen, und breite, makellose Boulevards zogen sich zwischen blau verglasten Einkaufszentren und glänzenden Hochhäusern hindurch. Ein kleines tibetisches Viertel mit seinem Gewirr von staubigen Gassen und niedrigen Häuschen ist noch da und heißt jetzt »Altstadt«, als sei es bereits ein historischer Stadtteil, der die Kuriositäten einer längst verschwundenen eingeborenen Bevölkerung bewahrt. Entlang der *Beijing Lu*, wie die Hauptstraße genannt wird, wurde für Giordano und Gelato geworben.

☸

Die Studenten, die Lhasang zuhörten, als er sich so eindringlich für Aktionen aussprach, wussten wahrscheinlich nicht, dass in seinem Laden, wie in allen Geschäften von Dharamsala, in der Mitte ein großes gerahmtes Bild des Dalai Lama hing, mit zeremoniellen weißen Seidenschals behangen, und daneben, ebenso geschmückt, ein Bildnis Mahatma Gandhis. Große Abteilungen des Ladens waren dem tibetischen Buddhismus und Büchern vom Dalai Lama oder über ihn vorbehalten. Das lag zweifellos zum Teil daran, dass jeder gewiefte Geschäftsmann wusste, dass es genau diese Bücher sind, die ein ausländischer Besucher Dharamsalas unbedingt kaufen will, aber der andere Grund war der, dass der 14. Dalai Lama selbst für einen so freimütigen, kompromisslosen Opponenten wie Tsering das tibetische Oberhaupt, der Gegenstand seiner Hingabe und das Zentrum seines buddhistischen Lebens ist.

Ich kann mich nicht erinnern, in den 30 Jahren, die ich in Tibet und Dharamsala herumgereist bin, auch nur einen einzigen Tibeter etwas gegen den 14. Dalai Lama persönlich habe sagen hören. Tibeter in Tibet wie außerhalb des Landes wissen, dass er über die rituelle Autorität hinaus, die sein Amt mit sich bringt, ihre einzige Hoffnung ist, das lebendige Sinnbild ihrer Kultur sowie ihrer Vergangenheit und Zukunft, und sie halten innerlich an ihm fest wie am Leben selbst. Es entgeht ihnen auch nicht, dass er sich bis an den Rand der Erschöpfung für ihr Wohlergehen einsetzt. Doch immer mehr Tibeter, vor allem junge, aber auch viele von denen, die in seiner Exilregierung mitgearbeitet haben und ihre Unruhe nicht länger verbergen können, scheuen sich immer weniger, seine Politik des Mittleren Weges und die Regierung, die sie durchsetzen soll, zu kritisieren.

Das Buch mit Gedichten in englischer Sprache kam mir in den Sinn, das ich einst geschenkt bekommen habe, und ich erinnerte mich, dass sein Herausgeber schon in der Einleitung geschrieben hatte: »Das kollektive Bewusstsein, das sich in der Exiljugend ausdrückt, äußert sich in einem tief sitzenden Groll gegen die Vereinten Nationen und die Exilregierung, weil sie es versäumt haben, eine tragfähige politische Lösung für das Dilemma der Besetzung Tibets zu finden.« Und noch davor hatte der Herausgeber mit Worten, die dem Dalai Lama ans Herz greifen mussten – er bezog sich damit auf die klassische tibetisch-buddhistische Vorstellung von einer Vorhölle zwischen Leben und Tod –, schlichtweg geschrieben: »Wir schweben in einem *Bardo* der Staatenlosigkeit.«

Wenn ich auf meinem allmorgendlichen Spaziergang auf dem *Lingkhor*, dem rituellen Pilgerpfad um die Residenz des Dalai Lama herum, miterlebte, wie die meist älteren Bittsteller stehen blieben, um ihre Nationalhymne zu singen und Gerstenmehl in den blauen Himmel und in Richtung der Residenz ihres Oberhauptes zu werfen, hatte ich immer die Büste von Pawo Thupten vor Augen, einem 50 Jahre alten

Tibeter, der sich 1998 nach einem langen Hungerstreik, mit dem er gegen die chinesische Besetzung Tibets protestierte, auf einer Straße in Delhi selbst verbrannte. Der Dalai Lama lehnt eine solche Handlungsweise als Gewaltakt und Verschwendung der seltenen Gelegenheit, die ein Menschenleben nach Auffassung tibetischer Buddhisten bietet, strikt ab. Doch neben der Büste las ich die Worte: »Freiheit für Tibet«, und auf *Mani*-Steine, die ich eines Tages in der Nähe entdeckte, hatte jemand den doppeldeutigen Satz geschrieben: »Tibet braucht dich.« Auf einer der Gebetsfahnen an diesem Weg war die UN-Tibet-Resolution Nr. 1723 (XVI) von 1961 nachzulesen.

Der Dalai Lama hat seit fast einem halben Jahrhundert Gewaltlosigkeit geübt und die Welt mit seinem Vorbild gerührt, wollten die Botschaften vielleicht sagen; aber er hat China nicht im Mindesten rühren können, und Tibet ist jetzt nahezu ausgelöscht.

☸

Einmal ging ich an einem heiteren Märznachmittag durch die schmutzigen Straßen des Zentrums von McLeod Ganj und stieg dann an den Kiefernhängen hinauf zum Tibetischen Jugendkongress, der offiziellen Stimme des inoffiziellen Exiltibet. Die Organisation hat ihren Hauptsitz in einem etwas ramponierten Gebäude, das so aussieht, als würde man dort vielleicht eine alternative Zeitung herausgeben können, dabei ist der TYC (*Tibetan Youth Congress*) die größte Organisation Exiltibets und verknüpft 30 000 Menschen aus 83 Ortsverbänden in elf Staaten miteinander, ein Netzwerk, das sehr engagiert und ganz anders mit der tibetischen Situation umgeht als die Exilregierung. Dabei ist der Kongress von einem Mann mitbegründet worden, der dem Dalai Lama über 40 Jahre lang als Privatsekretär diente, und ehemalige TYC-Mitglieder stellen heute zu 90 Prozent die offizielle Führung einschließlich des neuesten Premierministers. In der kleinen Welt Exiltibets – das eine geringere Einwohnerzahl aufweist als Newport News im amerikanischen Virginia –, gibt es etliche Schnittpunkte zwischen dieser Parallelwelt und der Exilregierung bzw. der lokalen Regierung, sodass die Debatte innerhalb der Gemeinschaft allmählich so klingt wie ein inneres Zwiegespräch.

»Der *Youth Congress* soll keine NGO sein«, sagte Lobsang Yeshi, der damalige Vizepräsident, während er mir einen Platz am langen Konferenztisch in einem Raum zuwies, der im hellen Licht der Sonne, das durch die Fenster hereinstrahlte und jeden Winkel beleuchtete, etwas renovierungsbedürftig wirkte. »Wir wollen eine staatliche Organisation sein. Der Kongress gilt als sehr militant oder separatistisch, was auch immer. Aber Seine Heiligkeit ist unsere Stärke, unsere Macht, unser Fundament, einfach alles. Ohne Seine Heiligkeit ist nichts denkbar.« Damit war Yeshi, vielleicht ohne dass er es wollte, auf den Kern der tibetischen Zwangslage zu sprechen gekommen, mit dem sich jeder (und nicht zuletzt der Dalai Lama selbst) auseinandersetzen muss: Diejenigen, die nach Unabhängigkeit schreien, sind selbst von einem Mann abhängig, der gegen eine solche äußere Abhängigkeit ist (und stattdessen eine größere innere Unabhängigkeit befürwortet). Selbst für Leute, die nicht so fest von der Klugheit der politischen Vorgehensweise des Dalai Lama überzeugt sind, ist er das tibetische Oberhaupt, der Held und die Inkarnation eines Gottes, gegen den zu opponieren fast ein Sakrileg wäre.

»Der Dalai Lama ist der demokratischste aller Demokraten«, sagte Yeshi, etwas, das außer der chinesischen Regierung niemand bestreiten würde. »Niemand hat je seinen Anordnungen, seinem Rat zuwidergehandelt. Er ist der Einzige, der gegen die Regeln verstoßen darf. Er gibt offen zu, dass er Leute mag, die ihn herausfordern, Kritik üben, eine abweichende Meinung äußern. Wer vor ihm buckelt, ist ihm nicht so lieb.« Und das wäre das zweite Dilemma hinsichtlich der tibetischen Situation: Der Dalai Lama empfiehlt den Leuten ständig, nicht auf ihn zu schauen, sondern sich auf sich selbst, auf ihre eigene Kraft zu besinnen und von ihren demokratischen Möglichkeiten Gebrauch zu machen, damit er sich endlich seiner politischen Ämter entheben kann, und sie geben ihm zu verstehen, dass sie die Entscheidungen viel lieber ihm überlassen. So sieht er sich letztlich zu dem anhaltenden, systematischen Versuch gezwungen, eine Revolution durchzuführen, bei der er sich selbst stürzt, um seinem Volk die Demokratie »aufzuzwingen«, wie sein derzeitiger Premierminister es nennt.

»Als wir hier ankamen«, erzählte mir der TYC-Vizepräsident mit der Redegewandtheit eines Anwalts, »hatten wir das Ziel, sesshaft zu werden, eine zweite Heimat für die Flüchtlinge zu schaffen. Inzwischen, nach fünfundvierzig Jahren, haben wir uns eingelebt. Jetzt ist es Zeit zum Handeln!« Nahezu alles in Exiltibet hatte sich auf eine Art und Weise entwickelt, wie es die Menschen kaum zu hoffen gewagt hatten; die Tibeter hatten in einem Klima, einer Gegend und einem Land, die ihnen völlig ungewohnt waren, nicht nur ihre alten Institutionen und Prinzipien wiederbelebt oder gar neu erstehen lassen – und sie dabei reformiert –, sondern waren im Laufe der Zeit auch noch wirtschaftlich aufgeblüht und hatten ihre weltweiten Beziehungen so gepflegt, dass der *Economist*, der eigentlich immer sparsam ist mit Lob, ihre Regierung »die bei Weitem seriöseste Exilregierung der Welt« nannte. Gleichzeitig wurde in Tibet selbst gut 40 Jahre lang alles dermaßen zerstört oder unterdrückt, dass es das Vorstellungsvermögen der meisten Menschen übersteigt. Und die relativ erfolgreiche Exilgemeinschaft hatte in dieser Zeit nur sehr wenig für ihre inhaftierten Vettern in der Heimat tun können.

Entsprechend dem zunehmenden Gefühl von Hoffnungslosigkeit und Ohnmacht – oder gar dadurch verstärkt – beeilte sich die ganze Welt, dem Dalai Lama ihre Hochachtung und Zuneigung zu bezeugen, aber kaum jemand von den Mächtigen tat etwas, um ihm zu helfen. »Da sind wir nun«, sagte Yeshi, »der TYC ist vor fünfunddreißig Jahren entstanden, aber wir haben das, was wir erreichen wollten, nicht erreicht. Wir sind nicht einmal von einer einzigen Regierung anerkannt worden. Das ist frustrierend, das macht uns wütend.« Bei alledem wurde das Gefühl von Heimatverlust, das man ihm anhörte, noch durch die Tatsache verschärft, dass er Englisch sprach, und zwar mit eindeutig indischem Akzent.

»Alle Welt behauptet immer, China wollte uns sinisieren«, fuhr er fort. »Dabei werden wir indisiert. Wir sprechen Hindi, wir essen indische Küche, wir schauen uns indische Filme an. Wir sind wie Inder mit tibetischen Gesichtern.« Seit Washington 1991 1000 tibetischen Flüchtlingen seine Tore öffnete, haben immer mehr junge Tibeter ihre Hoffnung auf die Neue Welt gesetzt. Ihren Freunden (und vielleicht auch sich selbst) sagten sie, wenn sie nach Amerika, dem Zentrum der Macht, auswanderten, könnten sie mehr für Tibet tun, weil sie dann reich wären und die Welt endlich über die Lage in ihrem Heimatland aufklären könnten; aber es stand doch eher zu befürchten, dass in Wirklichkeit ebendieses Reichwerden sie daran hindern würde, an ihr Heimatland zu denken, dass sie schon bald Tibeto-Amerikaner sein würden und am Ende richtige Amerikaner.

»Wir haben hier etwas erreicht«, sagte Yeshi, während wir aus Silberbechern Tee schlürften, »aber vor allem durch die harte Arbeit unserer Eltern. Sie haben das alles vollbracht. Sie haben die Schulen gebaut und uns erzogen. Den meisten Tibetern geht es gut, sie haben alle Bequemlichkeiten – manchmal zu viel davon.« Das klang danach, als ob gerade der Erfolg der tibetischen Unternehmungen den Tibetern an Orten wie Dharamsala zu viel Wohlstand bescherte und sie zu sehr auf die Zerstreuungen der weiten Welt aufmerksam machte, sodass sie nur allzu leicht die in der alten Heimat leidenden Menschen vergaßen. Sie müssten, meinte Yeshi (und wiederholte damit das, was der Dalai Lama immer gesagt hatte – nur mit deutlicheren Worten) mehr Verantwortung übernehmen, von den Möglichkeiten der Demokratie Gebrauch machen und ihrem Oberhaupt dadurch ihre Hingabe beweisen, dass sie ihm einen Teil der Last von den Schultern nähmen.

Je länger Yeshi sprach, umso klarer konnte ich erkennen, was eigentlich hinter all den Ausführungen in sorgfältig gewählten Worten stand und was mit den Jahren immer stärker hervortrat. »Wir sind Menschen«, sagte er. »Wir haben unser Heimatland verloren; wir haben mitansehen müssen, wie unsere Angehörigen getötet wurden. Selbst wenn andere sehen, dass wir lächeln und weiterhin lachen, sind wir im tiefsten Innern frustriert. Wir erreichen unsere politischen Ziele nicht. Die Chinesen sollten dem Dalai Lama dankbar sein.« Jetzt fingen seine Augen an zu blitzen, und er erinnerte ein bisschen an Lhasang Tsering. »Sie nennen ihn einen Separatisten, einen Aufrührer, aber wenn der Dalai Lama nicht wäre, hätte der tibetische Kampf eine ganz andere Wendung genommen.« (Die Leidenschaft, mit der er das sagte, ließ mich kaum im Zweifel darüber, wie eine solche Wendung ausgesehen hätte.)

»Die Chinesen nennen uns Barbaren«, sagte er. »Wir seien nichts, wir hätten keine Kultur. Sie behaupten, wir brauchten sie dringend. Dabei haben wir in den letzten fünfundvierzig Jahren bewiesen, dass wir Fortschritte machen und eine Zivilisation aufbauen können. Sogar im Exil.« Das war, zwischen den Zeilen gelesen, eine Variante dessen, was ich schon oft in Dharamsala gehört hatte, eine Variante der nur allzu menschlichen Reaktion des Beiruters: Seine Heiligkeit bittet uns, Versöhnlichkeit und Toleranz zu üben, aber wie können wir denen vergeben, die unsere Familien niedergemetzelt haben? Wir sind schließlich keine Mönche oder Heiligen.

Yeshi selbst lebte, wie die anderen drei ranghöchsten Mitglieder des TYC, weit entfernt von Frau und Kindern, um mit seiner Beredsamkeit und Überzeugungskraft der tibetischen Sache zu dienen; sein Vater und seine zwei Brüder gehörten zu den etwa 5000 Tibetern, die in der indischen Armee kämpften und ihr Leben einsetzten, um ihren Gastgebern ein wenig von ihrer Schuld zurückzuzahlen. Doch all diese Opfer hatten bisher keine erkennbaren Früchte getragen.

»Heute«, sagte er – und das war etwas, was einer Kritik an den Prinzipien seines Oberhauptes am nächsten kam –, »betrachtet die Welt Tibet als Druckmittel bei Verhandlungen und als Versuchskaninchen. Um ein Experiment durchzuführen, eine neue Vorstellung von Weltfrieden zu erproben.« Allerdings war der Einsatz, der diesen Poker erst ermöglichte, Tibet selbst. »Wenn ich Ihnen sage, dass Sie ein guter Mensch sind – dass Sie so gütig und menschenfreundlich sind«, sagte Yeshi (und ich hörte darin einen Widerhall dessen, was alle Welt von Tibet als einem Shangri-La zu sagen pflegt), »kann Sie das behindern und Ihrer Sache schaden. Es ist ein feines Experiment, nur nicht für uns.«

☸

Für den Dalai Lama war dieses Thema weit davon entfernt, reine Theorie zu sein. Jeder Monat brachte neue Flüchtlinge aus Tibet nach Dharamsala, und wenn sie zu ihm kamen, erinnerten ihn, wie ich selbst miterlebt hatte, die Tränen in ihren Augen und die Hoffnungen, die sie in ihn setzten, an seine Verantwortung und schienen ihm darüber hinaus die stumme Frage zu stellen: Wie kannst du dich weiter in Geduld üben und Vertrauen aufzubauen versuchen, wenn nicht zu übersehen ist, dass alles um uns herum zu Bruch geht? Auch in dieser Hinsicht war das kleine Städtchen so etwas wie eine buddhistische Parabel, eine Geschichte, die ein Großvater seinen Enkeln erzählt, die er auf den Knien wiegt: Da sitzt ein Mönch in seiner Klause und denkt viele Stunden am Tag über Frieden, Verständnis und Güte nach, und die übrigen Stunden versucht er diese Dinge im unerbittlichen Kontext der Realpolitik in die Tat umzusetzen. Tag für Tag versammeln sich vor seiner Tür Menschen – die Menschen, denen zu dienen er als seine Aufgabe ansieht – und bitten ihn im Grunde, seine Mönchsgelübde (die Gewaltlosigkeit, Ehrlichkeit und Ehelosigkeit von ihm fordern) zu verleugnen, seine Hingabe an das Beispiel Buddhas aufzugeben und nicht früher oder später, sondern hier und jetzt zu handeln. Der Dalai Lama, das hatte Yeshi angedeutet, wurde der ganzen Welt als leuchtendes Vorbild der Versöhnung vorgehalten, während die Menschen, die davon am stärksten betroffen waren, oft in Weißglut gerieten über seine Untätigkeit.

Als Buddhist konnte der Dalai Lama nicht von seinen

Grundprinzipien abgehen, das war mir klar; aber für ihn als Tibeter war es sicher nicht leicht, die kurzfristigen Folgen seiner Politik sehen zu müssen.

☸

Das Kernproblem war offenbar wieder die Tatsache, dass der Dalai Lama zwei Herren diente – seinem eigenen Volk und der übrigen Welt –, und diese beiden unterschiedlich großen Lager zerrten ihn oft in entgegengesetzte Richtungen. Je mehr er sich, wie er es manchmal tat, auf die Welt konzentrierte, desto mehr fühlten sich seine eigenen Leute, so Yeshi, wie Kinder, die entsetzt darüber sind, dass ihr Vater noch drei fremde Kinder adoptiert hat. Die Alten unter den Exiltibetern klammerten sich an den Dalai Lama, den Tempel, die Riten, mit denen sie aufgewachsen waren, als könnten sie sich ihr altes Land wieder zurückzaubern, während die Jungen den Dalai Lama beim Wort nahmen – dass die Tibeter moderner, praktischer und verantwortungsbewusster denken sollten – und mit den Schreien Beiruts zu ihm kamen. Selbst im alten Tibet gab es einige, die hinter vorgehaltener Hand sagten: »Zu viel Religion, zu wenig Politik«, womit sie meinten, dass die riesigen Klöster durch ihr Festhalten an den alten Sitten und Gebräuchen und durch ihre Weigerung, den Anschluss an die moderne Zeit zu finden, wie es der 13. Dalai Lama dringend geraten hatte, ihr Land verspielt hatten.

Die übrige Welt verlangte vom Dalai Lama, nicht bloß Politiker zu sein – vielmehr sollte er ein Weiser sein, der über allen Nationalstaaten thronte und globalen Rat spendete. Bei den alljährlichen Lehrveranstaltungen in Dharamsala versammelten sich Tag für Tag – und das waren manchmal sehr lange Tage – Ausländer von allen Kontinenten der Erde, die Viren, Regengüssen und den drängelnden Massen standhielten, nur um seine Erklärungen zu einem komplizierten Text über das Wesen des Leidens zu hören. Einmal erlebte ich allerdings, dass der Dalai Lama einen Tag nach Abschluss seiner Lehrvorträge am 10. März, dem Tag des Tibetaufstands, zur gewohnten Stunde auf dem selben Platz erschien, um seine jährliche Rede zur Lage der Nation zu halten, und kaum ein Ausländer vom Vortag war gekommen. Fast nur noch Tibeter standen im Regen, als die kleine Marschkapelle des Tibetischen Kinderdorfes unter Trommelwirbeln den Schneelöwen und die Berge der für illegal erklärten tibetischen Fahne entfaltete, während das tibetische Oberhaupt seine Sicht der politischen Lage präsentierte.

Wie kann man global und lokal zugleich handeln? Sowohl Martin Luther King als auch Mohandas Gandhi hatten sich in mancher Hinsicht darauf konzentriert, ihren Landsleuten zu helfen, sie gar zu erretten, um so der Welt ein Ansporn zu sein – und sie vielleicht ebenfalls zu erretten; aber im Fall Tibets lief die Uhr unnachsichtig ab. Falls der Dalai Lama eine neue Vision für das globale Jahrhundert anzubieten hatte, das gerade heraufdämmerte, dann wendete er sich damit im Grunde nur an ein Jahrhundert, in dem das Tibet, das wir gekannt hatten, nicht mehr existierte.

☸

Wir alle leben in zwei Welten zugleich, schreibt der Dalai Lama in seinem Buch über den Buddhismus und dessen Berührungspunkte mit der Wissenschaft, das den Titel trägt *Die Welt in einem einzigen Atom*. Da ist einmal die Welt der »konventionellen Wirklichkeit«, in der jeder von uns mit seinem eigenen, ganz bestimmten Charakter und Schicksal in eine eigene, ganz bestimmte Richtung hoppelt, und dahinter der Bereich der »höchsten Wirklichkeit«, in dem das Chaos der Angelegenheiten des Menschen aus einer anderen, hintergründigen Perspektive gesehen wird, von wo aus all die individuellen Leben und Gruppierungen nichts anderes mehr sind als Knotenpunkte in einem allumfassenden Netzwerk. Der konventionelle Blick akzeptiert die Realität, dass sich China und Tibet wirklich in Traditionen, Sitten und Sprache unterscheiden und ein sehr verschiedenes Schicksal haben; der höhere Blickwinkel lässt erkennen, dass Chinesen und Tibeter in ihren fundamentalen menschlichen Instinkten, ihrer Sehnsucht nach Glück und ihrem Bestreben, Schmerz zu vermeiden, gar nicht so verschieden sind.

Der Dalai Lama hoffte, etwas von dem Licht und der Klarheit aus dem Zuständigkeitsbereich eines Mönchs, der »höchsten Wirklichkeit«, in die Welt des Politikers, die konventionelle Realität, übertragen zu können und uns – in einer Art kopernikanischer Wende – die Augen dafür zu öffnen, dass die Welt sich nicht um das Selbst dreht, sondern umgekehrt. Es war fast so, als würde er »den Wald hinter den Bäumen« sehen, das Muster und die Ordnung erkennen, die Möglichkeiten im scheinbaren Chaos, und deshalb für eine völlige Neuorientierung hinsichtlich politischer Schwerpunkte eintreten, und während die Politiker noch darüber stritten, ob das Fahrzeug »Gesellschaft« rot oder grün lackiert werden sollte, rief er zu einer Generalüberholung des Motors auf.

»Natürlich könnten wir kleine Siege über die Chinesen davontragen«, sagte er sinngemäß zu den jungen Tibetern, »wie Partisanen in Nordirland, Spanien oder Peru, aber langfristig wären wir die Verlierer, weil wir den Respekt der Welt verspielen und den Zorn einer Nation entflammen würden, die zweihundertmal größer als unsere eigene ist. Natürlich könnten wir die Chinesen als Feinde betrachten, aber wenn wir das tun, müssen wir auch erkennen, dass wir unser ganzes Leben dann inmitten feindlicher Truppen verbringen; die bessere Lösung wäre die, anders über die Situation zu denken, vielleicht indem wir einsehen, dass unser wahrer Feind unsere eigene Neigung ist, gewohnheitsmäßig Feindbilder aufzubauen. Die Ergebnisse unseres Handelns sind immer deutlich zu sehen, aber das, was dem Handeln an Haltungen, Motiven und Gefühlen zugrunde liegt, ist das Entscheidende, wo die wirkliche Veränderung einsetzen muss.«

Das war wieder ein Gedanke, den auch andere oft ausgesprochen haben, und so verwundert es wohl kaum, dass der erste Staatschef, der den Dalai Lama – knappe 13 Stunden nach seinem eigenen Wahlsieg – offiziell anerkannte, ein Mann war, der ebenfalls für eine »transpolitische Politik« eintrat, wie man das nennen könnte, was er früher einmal »transzendente Verantwortung« nannte. Ebenso wie der Dalai Lama hatte auch Václav Havel sich nie um das Amt bemüht, nie offen nach Macht gestrebt; die Achtung, die ihm entgegengebracht wurde, war ihm nur zuteil geworden, weil er ein Mann mit Gewissen war, ein normaler Bürger, der für Gerechtigkeit eingetreten war, als das noch ein Verbrechen war. Wie der Dalai Lama hatte der gefeierte Bühnenschriftsteller, als er an die Macht kam, sogleich den Kampf für Henry Adams Idee aufgenommen, dass die »Kenntnis des menschlichen Wesens Anfang und Ende der politischen Bildung ist«, und betont, dass Veränderungen an einem beliebigen Ort der Erde Auswirkungen auf die gesamte übrige Welt haben.

Seine Macht, sagte Havel immer, habe er nicht durch seine Position in der Öffentlichkeit, sondern durch die Positionen, die er innerlich vertrete. Immer wieder verwies er in seinen Reden vor anderen Staatsführern auf das »Sein«, die Seele und andere nicht quantifizierbare Kräfte, als poche er darauf, dass ein Mann, der über andere herrscht, erst einmal sich selbst beherrschen und aufpassen muss, dass er mit seiner Macht keinen Selbstzweck verfolgt, sondern einen Neuanfang macht. Immer wieder sprach er von einer Zugehörigkeit, die umfassender und beständiger sei als »meine Familie, mein Land, meine Firma, mein Erfolg«, womit er vielleicht meinte, dass wir unsere Welt nicht einfach dadurch erneuern, dass wir neu bedenken, was der »Staat« bedeutet, sondern indem wir das »Wir« mit neuem Sinn erfüllen.

Der Dalai Lama war eindeutig derselben Ansicht wie sein Freund und Mitstreiter, selbst dann noch, als beide längst so hohe Erwartungen geweckt hatten, dass viele sich schließlich enttäuscht abwandten und munkelten, mit guten Absichten allein ließe sich der Motor niemals generalüberholen. Mit den Jahren ging das tibetische Oberhaupt immer mehr dazu über, sich selbst als »Internationalisten« zu definieren, wie er 2005 in einem Buch schrieb, und häufig das Wort »global« zu verwenden. »Die beste Lösung für das Problem des Terrorismus«, hörte ich ihn einmal in der Schweiz sagen, »ist die, die ganze Welt als Einheit und alles als sein Eigen zu betrachten.« Das würde sicherlich mehrere Leben erfordern und vielleicht selbst dann nicht zum Erfolg führen, »aber«, sagte er, »was für eine Alternative haben wir denn?«

Das war nur ein geringer Trost und wenig hilfreich für die Tibeter, die endlich Taten sehen wollten, und zwar Taten, deren Zeuge die Weltöffentlichkeit sein würde, aber für mich war das Spannende an der Art, wie der Dalai Lama, Havel und andere vorwärtsdrängten, unter anderem ihr Gefühl, dass sie jene neuen Chancen, über die der Dalai Lama bereits vor 45

Jahren mit meinem Vater gesprochen hatte, jetzt endlich wahrnehmen konnten. Flugzeuge, Telefone und Breitband-Telekommunikation verbanden uns inzwischen miteinander, und was diese Verbindungen uns für Möglichkeiten boten, war nicht nur eine Metapher für das Netz der Interdependenz, es verdeutlichte auch das Empfinden jedes Einzelnen, einen Spielraum zu haben, der weit über die unmittelbare physische Umgebung und das eigene Land hinausging und in dem die Einsätze universell waren.

»Der schlimmste Fehler, der größte Fehler« Tibets, äußerte der Dalai einmal mir gegenüber bezüglich der tibetischen Lage, sei die Isolation des Landes von der übrigen Welt, und jetzt bemühe er sich nach Kräften – und werde dabei von den Umständen unterstützt –, den Fehler wiedergutzumachen; in einem engen, profanen Sinn würden die Gespräche zwischen Wissenschaftlern und Mönchen, Westlern und Asiaten, Tibetern und Chinesen immerhin erste Erfolge zeigen, weil neue Freiräume gesehen und geschaffen würden. War Tibet in der Vergangenheit ein Synonym für die krassesten Extreme der Selbstgenügsamkeit und Abgeschiedenheit gewesen, wollte er es jetzt zu einem der Hauptakteure einer globalen Vision machen, die zeigen würde, dass die Tibeter zum Beispiel den Indern helfen könnten, mit denen sie zusammenlebten, und dass Ausländer Tibet helfen könnten. In früheren Generationen hätten die wichtigsten Beziehungen zwischen den Ländern viel zu sehr in politischen und wirtschaftlichen Interessen, Bündnissen und Verträgen bestanden; jetzt gäbe es eine tiefere und vielleicht wertvollere Art von Verbindung – eine innere, menschliche Gemeinschaft, die nicht mehr auf einer grundsätzlichen Trennung basierte.

Und so haben die Tibeter auf ihre eigene Weise, vielleicht ohne es zu beabsichtigen, angefangen, die hellsichtige Idee

Gore Vidals umzusetzen, der schon vor Jahrzehnten sagte, das Zentrum der Macht in einer globalen Welt sei möglicherweise nicht Washington allein, sondern auch Hollywood. Nachdem der Dalai Lama gemerkt hatte, dass die meisten Politiker immer groß damit angaben, ihn sehen zu wollen, praktisch jedoch kaum etwas taten, um ihm zu helfen, hatte er es zugelassen, dass die tibetische Sache – fast im Wortsinne – auf die Straße getragen und durch Filmstars, Rockmusiker und bildende Künstler einem viel größeren Weltpublikum übermittelt wurde, als es ein nationaler Politiker je gekonnt hätte. Mit seiner typischen Vorgehensweise des pragmatischen Experimentierens hatte er wohl erkannt, dass Richard Gere, der sich schon mehr als 25 Jahre aufopfernd für die Sache der Tibeter eingesetzt hatte (er hatte sogar die Toiletten beim Haupttempel des Dalai Lama finanziert), auf eine Art Leute ansprechen und ihr Gewissen erreichen konnte, wie es einem normalen Politiker, den Interessen und Verpflichtungen einengten, gar nicht möglich war. Philosophen, Wissenschaftler, Geistliche – so seine Einsicht und deren Nutzanwendung – konnten Menschen in den entlegensten Winkeln der Erde ansprechen, wirklich ins Gespräch mit ihnen kommen und sich austauschen, mochten Regierungen auch wie gelähmt sein, weil sie es nicht mit dem größten Markt der Welt verderben oder ein anderes Bündnis gefährden wollten.

Aber auch die Politik, die Leute wie ich selbst gern als das Reich der Skrupellosen und Korrupten betrachten, war für ihn nicht trüber als die Gedanken und Erwartungen, die wir damit verknüpfen. »Wir sagen: Die Politik ist ein schmutziges Geschäft«, bemerkte er in der *Constitution Hall* auf einer seiner ersten Reisen in die Vereinigten Staaten, »aber das stimmt nicht. Die Politik ist ein notwendiges Instrument zum

Lösen von Problemen, die der Mensch hat, von gesellschaftlichen Problemen. An und für sich ist sie nichts Schlechtes; sie ist notwendig.«

Das Problem bei der Politik war schon immer, dass einer, der ein Amt begehrt, meist per Definition jemand ist, den viele von uns nicht damit betrauen würden; allein die Tatsache, dass er in die Politik eingestiegen ist, scheint (in unserer zynischen Denkweise) nahezulegen, dass ihm seine eigenen Bedürfnisse und Hoffnungen mehr am Herzen liegen als die unseren. Doch eine Politik ohne Politiker hat noch nie richtig funktioniert. Das alte tibetische System hat es gewagt, einen Mönch als Staatsoberhaupt einzusetzen, in der Hoffnung, er könne den Gang der Politik von innen her verändern. In der Praxis war ein Dalai Lama jedoch ebenso oft Opfer wie Akteur des Systems – im gesamten 19. Jahrhundert hat nicht ein einziger Dalai Lama das Alter von 20 Jahren erreicht, und es ist kaum zu vermuten, dass sie eines natürlichen Todes starben.

Allem Anschein nach haben die Tibeter bisweilen einen hohen Preis bezahlt, um mit Filmstars in Verbindung gebracht zu werden und zu erleben, dass ihre Not ein Modethema wurde, manchmal bei Leuten, die so total von der Shangri-La-Vorstellung eingenommen waren, dass sie die sechs Millionen leidenden Menschen in Tibet wohl kaum wahrnahmen. Dennoch beruhte die ungewöhnliche Faszination Dharamsalas darauf, dass sich Kameraleute des libanesischen Fernsehens, mexikanische Katholiken und chinesische Wissenschaftler vom Festland hier versammelten, um im Gespräch mit anderen Gruppen Lösungen für ihre lokalen Probleme zu finden. Der Buddhismus war tatsächlich mit neuer Vitalität nach Indien, in sein Heimatland, zurückgekehrt, dank den Exiltibetern.

Auch in Tibet selbst waren oft Ausländer für die minimalen

Fortschritte verantwortlich, so die etwa 40, die 1987 Zeuge der ersten Demonstrationen in Lhasa wurden und sie aufzeichneten. Viele riskierten ihr Leben, um Informationen zu sammeln, Hilfslieferungen zu verteilen und die Stimme gegen ein Unterdrückungsregime zu erheben. Auf den Straßen von Dharamsala wimmelt es nach wie vor von ausländischen Anwälten, Ärzten und Architekten, die ihre lukrativen Jobs aufgegeben haben, um Tibet ihre Dienste anzubieten. Zu der Handvoll von hoffnungsvollen Entwicklungen in der jüngeren Geschichte Tibets gehört die einfache Tatsache, dass es weltweit Anteilnahme erregt hat bei Leuten, die keine Konfrontation von China und Tibet darin sehen, sondern von Recht und Unrecht. Als das Nobelpreiskomitee den Dalai Lama wegen seiner Friedensbemühungen auszeichnete und ihm den Preis »im ehrenden Gedenken an Mahatma Gandhi« verlieh, plädierte der Preisträger wieder einmal für mehr Gemeinsinn, indem er einen Teil seines Preisgeldes für Mutter Teresa und die Armen Indiens abzweigte, einen anderen Teil für den Kampf gegen den Hunger in Afrika und einen dritten für die Gründung einer Friedensuniversität in Costa Rica.

Das schlimmste Dilemma, mit dem sich der Dalai Lama konfrontiert sieht, ist allerdings die Tatsache, dass er sowohl das geistliche als auch das weltliche Oberhaupt seines Volkes ist, und was immer er in der einen Funktion tut, kann den Eindruck erwecken, als laufe es der anderen zuwider. Spricht er aus dem Herzen und vertieft das allseitige Vertrauen, wie es seine klösterliche Berufung verlangt, wirft man ihm vor, er sei zu blauäugig oder weltfremd; geht er, wie es oft seine Art ist, umsichtig und pragmatisch vor, heißt es, er verliere seine spirituelle Autorität. Wenn er – wie 1987 – beteuert, Tibet suche keine Unabhängigkeit von China, sondern nur Autonomie – eine buddhistische Vorstellung, wenn man innehält, um darüber nachzudenken –, wirft ihm die eine Seite Zweckdenken und die andere Idealismus vor.

»Nach meinem Verständnis«, sagte Samdhong Rinpoche, der erste gewählte Premierminister des Dalai Lama, als ich ihn 2005 aufsuchte, »ist Spiritualität nicht vom Leben zu trennen, ob in Familie, Gesellschaft, Volk oder Staat. Man braucht einen gewissen spirituellen Hintergrund – im Grunde sogar einen starken spirituellen Hintergrund –, sonst lässt sich meines Erachtens keine Ordnung wahren. Solche Ordnung muss von innen kommen. Sie kann nicht aufgezwungen werden. Das kommunistische System, in dem alles von oben herab angeordnet wurde, hat vollkommen versagt.«

Aber Samdhong Rinpoche war ebenfalls ein tibetischer Mönch, und das hieß, er war in Dialektik geschult; in der Tat war er viele Jahre der Leiter des »Zentralinstituts für höhere tibetische Studien« in Sarnath, der ersten offiziellen Universität Exiltibets. »Religiöse Institutionen sollten sich nicht in staatliche Angelegenheiten einmischen«, fuhr er mit einem Zitat seines Oberhauptes fort. Die Exilregierung hatte sich große Mühe gegeben, das Wort »säkular« in die Charta der Exiltibeter aufzunehmen, die sie 1991 für das tibetische Parlament ausgearbeitet hatte – nur um dann von denen überstimmt zu werden, die der Auffassung waren, damit sei nicht nur die Trennung von Religion und Staat gemeint, sondern eine aktive Abkehr von der Religion. Als im Jahr 2001 die Exiltibeter zum ersten Mal in der tibetischen Geschichte ihren eigenen Premierminister wählen durften (anfangs war dieser vom Dalai Lama und später vom Kabinett ernannt worden), hatten sie ebendiesem Samdhong Rinpoche, dem bedeutenden Mönch und Gelehrten, ihre Stimme gegeben. »Seine Heiligkeit sagt manchmal scherzhaft: ›Da bitte ich die Leute, eine eigene politische Führung zu wählen, und sie suchen sich wieder einen alten Mönch statt einer jungen, gebildeten, weltlichen Person aus!‹«, erzählte Samdhong Rinpoche mir in seinem weichen Englisch mit indischem Akzent.

Natürlich war auch dem Mann, mit dem ich mich gerade unterhielt, klar, dass die wenigsten Tibeter genauso auf ihn hören würden wie auf den Mann, den sie als Gott betrachten und der am Ende einer jahrhundertealten Linie von Dalai Lamas steht. Ich erinnerte mich, dass der Dalai Lama mir einmal erzählt hatte, er würde seine Landsleute in seiner informellen Art unablässig drängen, sich in Demokratie zu üben – »ihr solltet diese Arbeit weiterführen, als gäbe es mich gar nicht«, hatte er ihnen stets geraten, »denn der Tag wird unweigerlich kommen.« Und er forderte immer wieder Leute aus seinem engsten Mitarbeiterstab auf, eine der vielen Aufgaben zu übernehmen – etwa Gespräche mit ausländischen Politikern zu führen oder vor internationale Unterstützergruppen zu treten und ihnen die Situation in Tibet zu erklären –, weil sie das seinem Empfinden nach mindestens ebenso gut konnten wie er. Treffen mit Wissenschaftlern oder Geistlichen sowie öffentliche Vorträge, das wusste er, fielen sowieso auch weiterhin in seine Zuständigkeit. Denn »selbst wenn sich Kabinettsmitglieder dazu bereitfänden, meine Vortragstätigkeit zu übernehmen, würde niemand hingehen!«

Für den Dalai Lama ist die Demokratie der seltene Glücksfall, bei dem sich buddhistische Prinzipien und realpolitische Systeme einander annähern. Nichts entspricht besser seiner Auffassung, dass jeder in sich eine Kraft und das gleiche Recht hat, seine Meinung zu äußern, um sich dann auch der Kritik zu stellen. Nichts kommt seiner Vorstellung von

Wahlfreiheit innerhalb eines Netzes gegenseitiger Verbundenheit näher, in dem jeder seine Rolle in einem größeren Zusammenhang sieht und jeder in Debatten das Recht hat, sich zu äußern. Für viele Tibeter und besonders Exiltibeter bedeutet Demokratie jedoch eher, genau das System und die Tradition der Machtausübung aufgeben zu müssen, die ihnen in Tibet Halt gegeben haben und alles sind, woran sie jetzt noch festhalten können.

Bereits in seinem vierten Jahr im Exil hatte der Dalai Lama eine neue Verfassung sowohl für Exiltibet als auch für das alte Tibet, sobald es wieder frei war, ausgearbeitet und dafür gesorgt, dass eine Klausel eingebaut wurde, die seine eigene Amtsenthebung ermöglichte. Sein Kabinett hatte – wie nicht anders zu erwarten war– diese Klausel entfernt, woraufhin er, unter seltener Berufung auf seine Exekutivgewalt, sie wieder eingesetzt hatte.

Vor nicht ganz so langer Zeit, nämlich 1996, hielt er ein Referendum ab, bei dem seine Landsleute im Exil entscheiden sollten, welche Regierungsform sie haben wollten. Widerstrebend ließ er dabei eine letzte Möglichkeit offen – dass die Macht beim Dalai Lama bleiben sollte. Natürlich – wie hätte es auch anders sein können! – stimmte die Mehrheit der Tibeter dafür, dass der Dalai Lama die Oberhoheit behalten müsste, und um sich demokratischen Prinzipien zu beugen, kam er nicht umhin, einer undemokratischen Institution seinen Segen zu geben.

❁

Ein paar Tage nach seinem Gespräch mit den amerikanischen Collegestudenten und kurz vor meiner Abreise aus Dharamsala fragte ich Lhasang Tsering, ob er eine letzte Tasse Tee mit mir trinken würde. Höflich und entgegenkommend wie immer, sagte er augenblicklich zu und geleitete mich zu einer Rasenfläche vor einem staatlichen indischen Hotel, wo ein kleiner Tisch aufgestellt wurde und wir den starken indischen Chai genossen, den er in fließendem Hindi für uns beide bestellt hatte. Journalisten unterhalten sich nur zu gern mit Lhasang, dem meistzitierten Schwarzmaler in Dharamsala, und er scheint auch gern mit ihnen zu reden. »Freiheit wird nicht durch Abwarten gewonnen«, sagte er, und ich nahm an, dass es sich um eines seiner ausgefeilten epigrammatischen Statements handelte. »Wir haben unsere Ziele aus den Augen verloren.« Für einen praktizierenden Buddhisten, dachte ich, wird Freiheit wirklich nur durch Sitzen gewonnen, wie es der Buddha getan hatte, genauer gesagt durch geduldiges Eindringen in alle Verkrustungen und Trübungen des Geistes, um zu der klaren Zielvorstellung zu gelangen, die man vom Dalai Lama und anderen Mönchen kennt. Es war nur dummerweise eine Zielvorstellung, die – obschon universell und weitreichend –, die Geduld vieler Tibeter im Augenblick auf eine harte Probe stellte.

Ich schwieg jedoch (schließlich war Lhasang im Gegensatz zu mir von Geburt an Buddhist), und er fuhr mit der für ihn charakteristischen Leidenschaft fort: »Ich fürchte, unsere Führung handelt eher so wie eine Wohlfahrtsorganisation und nicht wie eine echte Regierung« (womit er wohl meinte, dass Mitgefühl für ihn einen geringeren Stellenwert hätte als politischer Aktionismus und damit unvereinbar sei). »Seine Heiligkeit ist, wie jeder weiß und anerkennt, unsere größte Stärke«, hatte er den amerikanischen Studenten erklärt, »aber deshalb ist er auch unser größter Schwachpunkt. Wir haben verlernt, selbst zu denken, verlernt, selbst etwas zu bewegen und auf eigenen Füßen zu stehen. Dabei gab es einmal ein Tibet ohne Dalai Lama. Erst im 16. Jahrhundert hat ein Dalai Lama in Tibet die Macht ergriffen. Unsere Geschichte geht aber zweitausendfünfhundert Jahre weiter zurück.«

Wenn er sprach, hatte ich oft das unerwartete Gefühl, genau die Worte von ihm zu hören, die der Dalai Lama zu verwenden pflegte und beharrlich immer wieder gebrauchte – »Realismus«, »Unbeständigkeit«, »Leiden« –, nur in ihr Gegenteil verkehrt. Der eine bediente sich, so schien es, der Sprache des Herzens und hatte die »höchste Wirklichkeit« und das Wohl aller im Blick; aus dem anderen sprach die Stimme der Vernunft, die auf entsprechenden Trennungen und Unterscheidungen besteht und behauptet, dass wir nicht von der »konventionellen Wirklichkeit« absehen oder uns von ihr befreien können. Den Dalai Lama von »Wirklichkeit« reden zu hören (auf eine Weise, dass man glaubte ein Mikroskop zu benötigen, wollte man alles berücksichtigen, was dazugehört) und dann die Stimme Beiruts, wie sie sich des gleichen Themas, häufig mit verblüffender, beneidenswerter Gewandtheit, annahm, machte in meinen Augen den Unterschied zwischen Weisheit und großer Klugheit deutlich.

Was mich aber ungemein interessierte, war Lhasangs eigene Lebensgeschichte. Er war 1958 als Sechsjähriger mit seiner Familie auf einer Pilgerreise (sein Vater, ein bekannter Tantra-Meister, hatte in Tibet Unheil heraufziehen sehen) nach Indien gekommen. Während sie noch in Indien weilten, starb sein Vater plötzlich und hinterließ Frau und drei Kinder, die irgendeine Möglichkeit finden mussten, in dem fremden Land zu überleben. Sie arbeiteten im Straßenbau, wie einige Jahre später viele Tibeter, und nahmen Tätigkeiten an, die Inder nicht besonders schätzen. Wie die meisten ihrer

Landsleute setzten auch sie sich trotz der wenig einladenden Umstände durch. Lhasang erwies sich bald als ausgezeichneter Schüler und sah sich, wie viele Exiltibeter auch heute noch, vor die Wahl gestellt, ob er seinem Land oder seiner Familie dienen sollte. Da es für ihn sowohl finanziell als auch praktisch nahezu unmöglich war, beides unter einen Hut zu bringen, entschloss er sich, wie er sagte, seine Intelligenz einem höheren Zweck zu widmen, aber er konnte das Tibet nicht vergessen, in dem er aufgewachsen war – und ebenso wenig den Anblick des Scheiterhaufens mit der Leiche seines Vaters am Ufer eines indischen Flusses.

Dann erzählte er mir von dem Stipendium für ein Medizinstudium an der Johns-Hopkins-Universität, das ihm angeboten worden war, und seiner Auseinandersetzung mit dem Dalai Lama, als er dem tibetischen Oberhaupt erklärt hatte, er müsse erst Tibet und die Leute, für die er sich einsetzen sollte, sehen, um zu wissen, wie er ihnen am besten dienen könnte. Wenn man Lhasang reden hörte, konnte man sich gut vorstellen, dass er sein feuriges Temperament von seinem Vater, dem Tantriker, geerbt hatte; er sprach mit seltener Intensität und Zungenfertigkeit, mal mit leiser, dann wieder mit laut dröhnender Stimme, und ich musste an die Zeit zurückdenken, wo er in seinem Buchladen einmal urplötzlich die Grabrede des Brutus aus Shakespeares *Julius Cäsar* aufsagte, in der der Römer erklärt, warum er den langjährigen Freund und Feldherrn verraten hat, obwohl – oder gerade weil – alle möglichen Omen in der Stadt vom »unbesiegbaren Gott« sprachen.

»Seine Heiligkeit beglückwünscht Tibeter, die in der indischen Armee für Indien kämpfen«, sagte Lhasang jetzt und führte gleich im Anschluss einen oft gebrauchten Vergleich an: »Er beglückwünscht Tibeter, die ihr Leben beim Krieg in Bangladesch einsetzen. Aber wenn ein armer Junge in Lhasa in seiner Verzweiflung einen Stein aufhebt und nach einem chinesischen Panzer wirft, verurteilt Seine Heiligkeit das als Gewalt! Es soll recht sein, dass wir in Bangladesch für Indien kämpfen, aber nicht recht, in Tibet für Tibet zu kämpfen?« (Ja, dachte ich, man könnte schließlich einsehen, dass man dem Gastland gegenüber in der Pflicht ist und dies wichtiger nehmen sollte als den eigenen Kampf.) Mir fiel ein, wie der Dalai Lama mir vor neun Jahren, als er jungen Tibetern zur Geduld riet, ruhig gesagt hatte: »Ja, in gewisser Weise ist meine Position schwächer geworden, denn es gibt keine Weiterentwicklung, keine Fortschritte. Trotz meiner Gesprächsbereitschaft und einem Maximum an Zugeständnissen wird die chinesische Position immer härter.«

Es war jedoch etwas anderes an Lhasang, das mich erschütterte (und das, wie ich glaubte, den Dalai Lama erheblich mehr angerührt hätte als seine Worte und Ideen, die manchmal wie x-mal gehörte Argumente unter Partnern in einer viel zu viele Jahre auf viel zu engem Raum bestehenden Beziehung klangen). Welche Bücher er mir als Lektüre empfehlen könne, fragte ich ihn, um zu einem weniger quälenden Thema zu wechseln, und er erwiderte, dass er in jüngster Zeit keine Energie mehr zum Lesen aufgebracht hätte. Er fände gar keinen Geschmack mehr daran, sagte er traurig. Und am Schreiben? Gelegentlich hatte er seine Gedichte im Laden als Lesezeichen verschenkt, auch um die Kunden daran zu erinnern, wie tief die Tibeter in der Schuld ihres Gastgebers Indien ständen. Nein, antwortete er; irgendwie sei alles Leben von ihm gewichen. Als er noch sein Regierungsamt innegehabt hätte, hätte ihn das, was er dort erlebte, so schockiert, dass er mit nur 33 Jahren einen leichten Schlaganfall erlitten hätte. Auch heute leide er manchmal noch unter einem Blackout und würde, wie seine Frau lebhaft bestätigte, ständig von dem Gedanken gepeinigt: »Irgendwann vergesse ich vielleicht sogar, wer ich bin.«

☸

Erörterungen wie die in Dharamsala werden wahrscheinlich nie enden, denn wir schaffen es einfach nicht, ganz in der Welt zu leben, die wir uns ersehnen, selbst wenn wir uns darüber im Klaren sind, dass die Hoffnung ganz aufzugeben heißt, auch einen Grund weniger zum Leben zu haben. Sogar in der Familie des Dalai Lama wurde hitzig weiter debattiert. Einer der stärksten Befürworter vollständiger Unabhängigkeit war der älteste Bruder des Dalai Lama, selbst ein inkarnierter Lama und seit vielen Jahren im amerikanischen Indiana ansässig. Er hatte auch das Vorwort zu einem Buch mit Texten von Lhasang Tsering und Jamyang Norbu geschrieben, in dem die Haltung des Dalai Lama, mit Norbus Worten, »ein erbärmlich verwässerter Kompromiss« genannt wurde, der von »Mini-Kissingers, Freunden der chinesischen Führung und wohlmeinenden Schwachköpfen« unterstützt worden sei. Hingegen war der klarste Befürworter einer Aussöhnung, der ständig zwischen Peking und seinem Wohnort Hongkong pendelte, der fließend Chinesisch sprach und lange (bis zu ihrem Tod) mit einer Chinesin verheiratet war, der nächstältere Bruder des Dalai Lama, Gyalo Thondup. Beide Positionen schienen so untrennbar zu sein wie die debattierenden Mönche auf dem Klosterhof, der eine stehend und zum Sprung ansetzend, der andere bewegungslos vor ihm sitzend.

Buddha selbst war einmal mit genau solch einer Situation konfrontiert, als ein Massenmörder namens Angulimala viele Menschen in der Gangesebene abschlachtete. Diesem

Terroristen – einem Fürsprecher des Beiruter Rechts, wie man sagen könnte – verhalf Buddha zur Einsicht, indem er einfach geduldig mit ihm sprach und ihm das Selbstzerstörerische seines Handelns vor Augen führte. Aber diejenigen, die durch ihn ihre Ehemänner oder Töchter verloren hatten, konnten ihr Leid nicht so schnell vergessen. Sie kamen zu Buddha und sagten: »Wie kannst du von uns verlangen, einem Mann zu vergeben, der unser Leben zerstört hat?« Statt einer Antwort nahm sich Buddha wie ein Arzt in einem Flüchtlingslager jeden Leidtragenden einzeln vor und erklärte ihm, dass das Leiden in ihm selbst liege, aber ebenso das Mittel, um das Leiden zu überwinden.

Ich erinnerte mich daran, dass der Dalai Lama einmal einen Tempel besuchte, als plötzlich eine rasende junge Frau auf ihn losstürmte und schrie: »Lama! Dalai Lama! Ich muss mit dir reden! Ich bin göttlich!« Sie wurde von Sicherheitskräften weggezerrt, und ihr Geschrei und wütendes Gezeter waren noch bis in den kleinen Tempel zu hören, wo der Dalai Lama saß. Als er einige Minuten später wieder auftauchte, ließ er sie zu meiner Überraschung durch seine Assistenten zu sich holen, stellte sich vor sie, segnete sie und nahm ihr Gesicht liebevoll in seine Hände. Man löst Probleme nicht dadurch, dass man sie anschreit, hätte das heißen können. Man schaut sie an und tut, was man kann.

An meinem letzten Abend in Dharamsala lud mich eine Gruppe Tibeter zum Essen ins *Hotel Tibet* ein. Sie waren zu sechst, alles kluge, gesprächshungrige junge Männer – die vielversprechende Zukunft der tibetischen Diaspora. Kaum hatten wir uns niedergelassen, als auch schon einer von ihnen, ein netter, vor Optimismus sprühender Jurastudent, sagte: »Demokratie braucht Zeit. Sehen Sie sich doch die USA an. Da hat es zweihundert Jahre gedauert, bis sich die Demokratie durchsetzen konnte.«

»Wir haben keine zweihundert Jahre«, warf ein anderer ein. »Aber wir müssen pragmatisch sein«, fuhr der erste fort. »Das ist Neuland für uns.«

Was machen wir, wenn der Dalai Lama nicht mehr da ist? Obwohl das niemand sagte, war dies das eigentliche Thema des Gesprächs, wie bei vielen Diskussionen in Dharamsala. Es war diese düstere Frage, die durch fast jedes Haus hier geisterte und in jeder Stille lastete. Einer der anwesenden jungen Männer, der für die Exilregierung tätig war, hatte mir gegenüber geäußert, er sähe Bürgerkrieg und Terroranschläge voraus, wenn der 14. Dalai Lama nicht mehr da wäre; der hoffnungsfrohere Jurastudent meinte, die Tibeter könnten es mithilfe der demokratischen Grundlagen, die der Dalai Lama geschaffen habe, durchaus weiterbringen. Um uns herum langten ausländische Gelehrte, reiche Tibeter, hochrangige Mönche aus der Verwaltung des Dalai Lama und lärmende Rucksackreisende kräftig zu und genossen die tibetische, chinesische, indische oder kontinentaleuropäische Küche, während uns das Lied *Hotel California* ins Gedächtnis rief, dass man zwar jederzeit auschecken kann, aber nie mehr loskommt.

»Hier in Tibet nimmt diese Diskussion kein Ende«, erklärte mir einer der jungen Männer, so als wollte er sich entschuldigen. »Denn einerseits werden wir zu Nationalisten erzogen, sollen stolz auf Tibet sein, zum Wohl Tibets tätig werden und unser Land schützen. Und andererseits wird uns immer die spirituelle Lektion erteilt, geduldig und nachsichtig zu sein und keine Gewalt anzuwenden. Wir wissen also im Grunde wirklich nicht, was wir tun sollen.«

Seine Hoffnung, so der Jurastudent, sei ein Land wie Sikkim, in gewisser Weise ein eigener Kosmos, wiewohl es zu Indien gehöre. Früher am Abend, als mich einer der Gesprächsteilnehmer gebeten hatte, aus dem Blickwinkel eines Ausländers ein paar Worte über Tibet zu sagen, hatten wir Lhasang mit der für ihn typischen Heftigkeit argumentieren hören: »Wenn ein Mann ein Mädchen vergewaltigt und es um Hilfe schreit, wartest du nicht erst ab und bittest um Frieden!«

»Die Chinesen spielen auf Zeit«, hatte er auch gesagt und es am selben Abend noch mehrmals wiederholt, »und wir spielen ihnen in die Hände. Was nützt es, jemandem die Hand zu reichen, wenn er sie nicht ergreift? Nichts. Es sind immer zwei Hände zum Schütteln nötig.«

»Aber wenn man die Hand gar nicht ausstreckt, hat man schon aufgegeben«, sagte ich. »Dann wird gar nichts erreicht.«

»Man kann die Hand auch als Faust gebrauchen!« Dabei hatten seine Augen geblitzt, wie so oft.

Jetzt nahm das Gespräch im Restaurant eine etwas andere Wendung, und wir kamen darauf zu sprechen, was Ausländer für Tibet tun können oder schon getan haben.

»Gestern«, sagte einer der jungen Männer, »hat mich ein Amerikaner gefragt: ›Meditierst du?‹ Und ich hab's nicht fertiggebracht, ihm zu erzählen, dass die wenigsten Tibeter meditieren. Es ist eigentlich nicht Teil unserer Kultur.«

»Zu mir«, meldete sich jetzt ein harmlos wirkender Jüngling zu Wort, »hat ein Franzose gesagt – und ich kriege das immerzu von Westlern zu hören –: ›Wenn der Buddhismus das Nichtanhaften propagiert, warum klebt ihr dann so an Tibet?‹«

»Und was hast du geantwortet?«

»Ich habe gesagt, dass die tibetische Kultur und Religion

allen helfen. Deshalb sei es ganz natürlich, dass ich für ihren Fortbestand bin. Wir sagen manchmal, dass die Leute die Speise der tibetischen Kultur und Religion genießen wollen, sich aber nicht darum kümmern, was in der Küche los ist.«

»Wir sagen auch manchmal in Tibet«, schaltete sich nun ein anderer ein, der den ganzen Abend noch nichts gesagt hatte, »dass die Mittel spirituell und die Ziele politisch sind. Können Sie bitte den Westlern sagen, dass wir zwar stolz sind, wenn sie an unserer Spiritualität Gefallen finden, uns im Augenblick jedoch lieber um die Politik kümmern?«

Neun Monate später tat der König von Bhutan, ein Buddhist, der unter anderem von einem derselben Rinpoches unterrichtet worden war wie der Dalai Lama und außerdem in Oxford studiert hatte, etwas, das die Welt erschütterte: Er verkündete, obwohl erst 50 Jahre alt, in zwei Jahren freiwillig abdanken zu wollen, um in seinem Land demokratische Wahlen zu ermöglichen, die im März 2008 stattfanden. Seine Untertanen waren darüber schockiert – seit 98 Jahren kannten sie nichts anderes als die Erbmonarchie und wünschten sich, dass ihr König auch weiterhin die Zügel in der Hand behielt –, aber er spürte, dass sein Königreich mit der Zeit gehen müsste. Die Kette von miteinander vernetzten Ursachen und Wirkungen, hätte ein Buddhist mir jetzt sagen können, ist nicht immer linear und nicht unbedingt leicht vorauszusagen. Der »Schmetterlingseffekt« – oft und gern zitiert von Staatsmännern wie Václav Havel –, bei dem durch den Flügelschlag eines Insekts unter Umständen ein Wirbelsturm auf einem fernen Erdteil ausgelöst wird, hat anscheinend vielerlei Gestalt. Eine Idee hier und plötzliche Auswirkungen dort. Jedes Wort und jede noch so unscheinbare Tat hat Folgen, hätte der Dalai Lama dazu gesagt – allerdings Folgen, die wir nicht immer erkennen können und vielleicht nie erkennen werden.

Denn in dieser unserer Welt, in der alles welk wird, alles zugrunde geht, gibt es etwas, das verfällt, das noch vollständiger zu Staub zerfällt und noch weniger Spuren hinterlässt als die Schönheit: nämlich der Gram.

Marcel Proust

Der Zukunftsorientierte

An einem schönen Herbsttag in Dharamsala, als das Licht draußen vor dem mit Thangkas geschmückten Zimmer golden und klar war, während es nicht weit von hier schon kalt wurde und der Schnee sich oben auf den Bergen zu sammeln begann, neigte sich der Dalai Lama plötzlich mit leuchtenden Augen zu mir, wie er es oft tut (sich der Welt zuzuneigen ist bei ihm zu einer ebenso typischen Haltung geworden, wie stocksteif in Meditation zu sitzen), und schweifte mit einem Mal vom Thema ab, obwohl nichts an unserem Gespräch darauf hingedeutet hatte. Er hatte von seiner Vorliebe für Ungezwungenheit gesprochen, davon, dass das die Leute manchmal beruhigt, sodass sie sich öffnen, und dann fiel ihm ein, wie auf seiner ersten Englandreise 1973 nach seinem Vortrag ein alter englischer Gentleman zu ihm gekommen war, um ihm seine Hochachtung dafür auszudrücken, dass er gesagt hatte: »Ich weiß nicht.«

In Tibet würde das merkwürdig klingen, sagte er mir. Die Tibeter zögen zwar immer Bescheidenheit vor und lachten über jemanden, der sich brüste, alles zu wissen, aber sie würden auch nie auf die Idee kommen, jemandem zu gratulieren, weil er »ich weiß nicht« sagt. Der Kommentar des alten Herrn hatte ihn so verblüfft, dass er jetzt, viele Jahre später, wieder daran denken musste. »Vielleicht ist es heute eine Seltenheit geworden – zuzugeben, dass man etwas nicht weiß«, überlegte er. »Und wenn das Seltene dann doch geschieht, ist man überrascht. Ich weiß es nicht. Wie denken Sie darüber?«

Ich suchte nach einer Antwort – die Frage war so aufrichtig –, und mir war klar, dass der Tibeter damit einem ernsten Aspekt kulturellen Unverständnisses auf den Grund gehen wollte. Er ist immer schnell bereit, wo nötig, seinen Beistand anzubieten, hat jedoch keine Eile, über Dinge zu reden, über die er nichts weiß. Erst als ich mich auf den Heimweg gemacht, die blumengesäumte Einfahrt vor seinem Haus überquert hatte, durch ein Tor auf den schattigen Vorplatz voller Mönche in ihren roten Roben gelangt war – überall ins Gebet versunkene Tibeter und hier und da ein Ausländer, der diese Hingabe und das rituelle Debattieren betrachtete –, dann den Berg hinab und die mit Hunden, Unrat und Bettlern überfüllte Straße entlangging, an der Tibeter ihre Stände aufbauten, um Dalai-Lama-Poster, -Postkarten und -Kassetten an Touristen zu verkaufen, schließlich den steilen, unbefestigten Hügel zu meinem Hotel emporkraxelte und in mein schlichtes, sonnenhelles Zimmer trat, dachte ich, dass er uns mit diesem »Ich weiß nicht« eine wirklich gute Lektion erteilt hatte. Er reiste schließlich überallhin, um das weiterzugeben, was er durch sein Training, durch seine Meditation und aus Erfahrung wusste: dass harte Arbeit nötig ist, um Leiden zu lindern, dass Güte jedem Menschen wohltut, dass alles wechselseitig miteinander verbunden ist und dass es nur logisch ist, an andere zu denken (da sie ein Teil unserer selbst sind). Die Leute flogen um die halbe Welt und standen stundenlang Schlange, nur um seine Lösungen für alle Probleme zu hören. Das, wozu ein Mönch sich verpflichtet hat und was seine Lebensgrundlage bildet, macht ihn selbst zu einer wandelnden Antwort. Aber er ist auch ein Mensch, der die Aufgabe (und sicherlich auch die Neigung) hat, Fragen zu stellen, denn er lebt ja tagtäglich in der Gegenwart von etwas, das er nicht mit Händen greifen kann.

Das ganze Leben des Dalai Lama erscheint einem manchmal als eine Lektion darüber, wie wenig wir eigentlich wissen. Wer hätte ahnen können, dass der kleine Junge, der in einem winzigen Dorf in Osttibet herumstapfte, zum Oberhaupt seines Volkes erklärt und mit vier Jahren in den Potala-Palast gebracht werden würde? Wer hätte erwartet, dass er mit nicht einmal zehn Jahren, in den Wirren des Zweiten Weltkriegs, die Galionsfigur seines Volkes sein würde? Und wer hätte wissen können, dass gleich nach Kriegsende seine eigenen Probleme beginnen würden? Man muss fairerweise sagen, dass er die chinesische Besetzung kaum voraussah – sein Kabinett hielt noch fröhliche Picknicks ab, als die chinesischen Truppen schon nach Osttibet einmarschierten –, und er konnte auch nicht ahnen, dass er fast sein ganzes Erwachsenenleben fern der Heimat verbringen würde, in Indien. Dem Dalai Lama wird gern tiefe Intuition und Hellsicht nachgesagt, und vielleicht hat er das ja auch, aber er hat mit Sicherheit auch die durch und durch menschliche Fähigkeit, sich zu wundern und manchmal auch beschämt zu sein.

Das »Ich weiß nicht« hat er zu einem festen Eckpfeiler seines Optimismus gemacht. Es besteht kein Grund zur Hoffnung für das Tibet, das wir kennen: Dort verschlechtern sich die Dinge zusehends, und es ist inzwischen schon so weit, dass Tibet fast nur noch in der Erinnerung lebt. China sieht wohl kaum einen Anlass, ein Gebiet mitten in Asien wieder aufzugeben, das es als »Schatzhaus im Westen« bezeichnet, und der moralische Druck vonseiten ausländischer Regierungen hat bisher nichts ausrichten können. Die Tibeter sind nicht in der Lage, einer Macht Widerstand zu leisten, die sich selbst als Mittelpunkt der Welt betrachtet, um den alle anderen kreisen. Die Vorstellung, das alte Tibet könnte wie durch Zauberhand wiederauferstehen, entbehrt schlichtweg jeder Grundlage.

Und doch ist sozusagen über Nacht die Berliner Mauer gefallen, wurde Václav Havel nur acht Wochen nach seinem letzten Gefängnisaufenthalt einmütig zum Präsidenten seines Landes gewählt. Dank der moralischen Anstrengungen von Desmond Tutu, Nelson Mandela und vielen anderen war plötzlich die jahrzehntelange Apartheid in Südafrika zu Ende. Die Zeiten der Nachspiele nach all diesen Befreiungen waren unsicher und sorgenvoll, eine ständige Mahnung für alle, die glauben, dass alles gut werden wird auf dieser Erde (Buddhisten sind selten geneigt, so zu denken). Aber niemand hat Anfang 1989 erwartet, dass bei Jahresende der Kalte Krieg tatsächlich aus wäre, und niemand hat, als Mandela aus dem Gefängnis entlassen wurde, gedacht, dass die Apartheid in seinem Land bald abgeschafft würde. Der Dalai Lama vertraut auf solche Überraschungen – auf das plötzliche Ergebnis von etwas, das sich unsichtbar über Jahre aufgebaut hat –, denn wie er einmal sagte: »Bis zum letzten Augenblick ist alles möglich.« Vielleicht kommt in Peking eine neue Führung an die Macht, der aufrichtig an einer tibetischen Autonomie gelegen ist. Vielleicht verlangt ein neuer amerikanischer Präsident, dass China Zugeständnisse macht, um seinen Hauptrivalen zu besänftigen. Vielleicht vollzieht sich bei den Chinesen in Tibet ein Sinneswandel. Wer weiß!

In jedem Fall ist ein Mönch jemand, der die Dinge aus der weitestmöglichen Perspektive sieht, der vieles sieht, was wir aus unserem engen, unvollständigen Blickwinkel inmitten von Bewegung und Chaos nicht sehen können. Seine Arbeit besteht in gewisser Hinsicht darin, Agnostizismus und Glauben miteinander zu verbinden: sich zu erinnern, dass er nicht weiß, was morgen kommt, und doch zuversichtlich zu sein, dass es einen Sinn haben wird und sich in eine umfassendere Logik einfügt. Hoffnung ist, wie Václav Havel es einmal ausgedrückt hat, nicht der Glaube, dass alles immer gut und glücklich endet; das würde es vermutlich auch nicht. Es ist einfach nur der Glaube, dass etwas sinnvoll ist, egal, wie die Dinge laufen, selbst wenn uns dieser Sinn unbegreiflich bleibt.

☸

Die große Frage, die auf Tibet und den Tibetern lastet, ist mehr denn je die, was geschehen wird, wenn der 14. Dalai Lama eines Tages nicht mehr da ist. Er selbst hat dieses Thema seit etwa seinem 35. Lebensjahr immer wieder direkt und ohne Scheu angesprochen; solange der Dalai Lama noch von Nutzen sei und den Tibetern oder anderen Menschen helfen könne, hat er immer gesagt, würde er auch da sein, wenn auch vielleicht in einer ganz anderen Form. Das Wahrzeichen eines echten Dalai Lama ist, dass er das Werk seiner Vorgänger fortsetzt. Damit konterkariert er natürlich geschickt die sehr reale Möglichkeit, dass die Machthaber in Peking sofort nach seinem Tod einen willfährigen kleinen Jungen in ihre Gewalt bringen und als 15. Dalai Lama ausrufen könnten. Doch jenseits aller Strategie spricht er damit auch eine nüchterne Wahrheit aus, nämlich dass sich alles verändert und manche Funktionen überflüssig werden, dass aber etwas Ungeschaffenes, Unbedingtes, wie Buddha es nannte, bestehen bleibt. Die oft gebrauchte Analogie dafür ist eine Kerzenflamme, die immer dieselbe Flamme bleibt, auch wenn mit ihr sehr unterschiedliche Kerzen entzündet werden.

»Was passiert, wenn ich gehe, weiß ich nicht«, sagte der Dalai Lama einmal im Frühjahr 2005 zu mir. »Es hängt alles davon ab, wie viel Respekt die Tibeter ihren durch Volksabstimmung gewählten Führern zollen. Hundert Prozent – unmöglich! Bei sechzig, siebzig Prozent jedoch sind dreißig, vierzig Prozent anderer Meinung: Das kann Schwierigkeiten geben. Wir leben in einem fremden Land; wenn uns in der Zwischenzeit die indische Regierung die offizielle Anerkennung versagt, weiß ich nicht, was geschieht. Sehr kompliziert, das alles.«

Damit meinte er wohl, dass die ruhelosen jungen Tibeter vor seiner Haustür dann möglicherweise ihren verständlichen Frust ausagieren würden; dass ihm, obwohl er sich bemüht hatte, den Grundstein für eine Demokratie zu legen, bewusst war, wie sehr sich seine Landsleute daran gewöhnt hatten, nur auf Personen mit der rituellen Autorität eines Dalai Lama zu hören; dass alles Vorausplanen der Welt nicht alle Eventualitäten berücksichtigen und alle alten Reflexe auf einmal auslöschen kann. Eine ernüchternde Erinnerung daran, wie verwickelt seine Position ist, sah ich darin, dass einer der ersten Faktoren, die er bei seinen Zukunftsüberlegungen erwähnte, nicht Tibet oder gar China war, sondern Indien (das den Tibetern zwar den Aufenthalt als religiöse Flüchtlingsgemeinschaft gestattete, aber verärgert reagieren würde, wenn sie anfingen, sich zu stark als politische Kraft zu formieren).

Ein gewählter Premierminister würde dafür sorgen, so hoffte er, dass die Leute »sich nicht länger auf einen Dalai Lama verlassen. Egal, ob der Dalai Lama lebendig oder tot ist, es besteht bereits eine politische Führung. Und was religiöse Angelegenheiten betrifft, haben wir inzwischen eine Generation von jungen Lamas aus den verschiedensten Traditionen. Theoretisch ist also alles geregelt. Aber in der Praxis spielen natürlich viele Dinge eine Rolle. Ich weiß also nichts.«

Er hat immer die Position vertreten, dass es, falls wir lernen, ohne Zeremonien und vordergründige Traditionen auszukommen, keinen Dalai Lama, kein Tibet und keine buddhistischen Tempel mehr geben muss, solange wir die Prinzipien, die sie im tiefsten Sinne repräsentieren, in uns selbst lebendig erhalten. Menschen, Kulturen und Gebäude sind veränderlich und vergänglich, er selbst mit eingeschlossen, sagt er immer wieder, aber Wahrheit, Hoffnung, Fairness und Güte nicht. Die endlose Straße macht immer wieder andere Kurven und muss immer neu erforscht werden, auch wenn gar nicht sicher ist, wohin sie führt.

»Veränderung ist Bestandteil der Welt«, mit diesen paar Worten hat er einmal den Buddhismus im Wesentlichen zusammengefasst. Als er aufwuchs, war das Sera-Kloster in Lhasa eines der größten Klöster dieser Erde, mit 10 000 eingeschriebenen Mönchen. Jetzt hat Peking die Höchstzahl der Mönche für jedes Kloster auf 500 beschränkt. Doch das neue Sera-Kloster in Südindien, das Flüchtlinge aus dem ursprünglichen Kloster in Lhasa gebaut haben, blüht und gedeiht, und seine Bewohnerzahl ist von 500 auf 4000 angewachsen. Inzwischen gibt es allein in Taiwan 200 tibetisch-buddhistische Zentren. Und sehr viele der Chinesen, die nach Tibet strömen (sie stellen 90 Prozent der etwa eine Million Touristen jährlich), bringen im *Jokhang*-Tempel Opfergaben dar, sie nehmen mitunter sogar tibetische Namen an und suchen Rat bei tibetischen Lamas. Zwar bleibt Tibetern manchmal die Chance versagt, Tibetisch zu lernen, aber dafür erwerben immer mehr Chinesen tibetische Sprachkenntnisse. Der chinesische Schriftsteller Ma Jian schrieb nach einem Tibetbesuch: »Es gibt ein Sprichwort – was vereint ist, wird schließlich wieder getrennt, und was getrennt ist, wird schließlich wieder vereint.«

»Wenn in dreißig Jahren in Tibet sechs Millionen Tibeter und zehn Millionen chinesische Buddhisten leben«, sagte der Dalai 2003 einmal zu mir (nicht aus einem Wunschdenken heraus, sondern weil er die Ereignisse in Tibet so genau verfolgte, dass er sogar etliche Namen von Mönchen und abgelegenen Klöstern nennen konnte, die in dieser Hinsicht gute Arbeit leisteten), »dann ist es vielleicht wieder okay.« Immerhin hatte Tibet vor langer Zeit selbst einen Großteil des chinesischen Westens besetzt, die bedeutende Tang-Hauptstadt Chang'an eingenommen und dort einen Marionettenkaiser eingesetzt; kaum 70 Jahre später – daran hatte der Dalai Lama schon 1960 meinen Vater erinnert – war der monastische Buddhismus vollkommen aus Zentraltibet verdrängt, und mehr als 60 Jahre lang war kein einziger Mönch oder heiliger Text mehr dort zu finden.

Mit anderen Worten: Die Geschichte ist keineswegs mit einem bestimmten Wesen, etwa diesem 14. Dalai Lama, zu Ende; wenn überhaupt, dann fängt sie da erst an, als Geschichte eines Tibets, das zur großen weiten Welt von heute gehört – einer großen weiten Welt von heute, die zu Tibet gehört –, und all derjenigen, die erkannt haben, was Buddha immer klar gesagt hat, nämlich dass nicht der Lehrer wichtig ist, sondern einzig die Lehre. Viele der Ideen, die der derzeitige Dalai Lama in Umlauf gebracht hat, erfreuen sich einer starken Verbreitung, und es ist mehr als wahrscheinlich, dass sie von Amerikanern, Deutschen, Indern – vielleicht sogar Chinesen – weiterverfolgt werden. An einem sonnigen Wintertag in San Francisco fragte ich den jüngeren Bruder des Dalai Lama, wie er die Zukunft des Buddhismus einschätze, und Ngari Rinpoche antwortete ruhig: »Ich glaube, dass sich die Leute in Zukunft an die Prinzipien halten werden, die ein Mann namens Gautama aufgestellt hat. Aber das Wort ›Buddhismus‹ verschwindet womöglich. Was ganz in Ordnung wäre – wir brauchen den Namen schließlich nicht.«

Dann kam sein subversives Lachen und sein freundlicher Blick hinter den Brillengläsern – er wollte gerade wieder irgendetwas über meine Haare sagen –, und ich sah vor mir eine Form, in der die Ideen schon jetzt ein Gefäß und eine Stimme gefunden hatten.

☸

Genau drei Jahre nach seinem Besuch in Nara, mit dem dieses Buch beginnt, war der Dalai Lama erneut in Japan und ging bei strahlendem Spätherbstsonnenschein wieder durch einen Park, an der einen Hand seinen alten Freund Desmond Tutu, an der anderen die Friedensnobelpreisträgerin Betty Williams aus Nordirland. Sie waren an diesem Novembertag auf der breiten Promenade unterwegs, die zum Friedensdenkmal in Hiroshima führt, und die Hochhäuser der neuerstandenen Stadt ringsumher glitzerten in der Sonne; in den vergangenen zwei Tagen hatten die drei vor einem überwiegend jungen und internationalen Publikum darüber gesprochen, ob in einer Stadt, deren Name ein Synonym für Zerstörung geworden war, überhaupt noch Hoffnung auf Frieden möglich ist.

Japan ist die stärkste buddhistische Nation der Welt, hat der Dalai Lama oft gesagt (und damit die oberflächlichen Annahmen all derer von uns umgestoßen, die immer nur ein hypermodernes Land in Japan sehen), und sollte, sofern es ihm ein Herzensbedürfnis sei, seine speziellen Fähigkeiten und Trainingsmethoden an Lateinamerika, Afrika und andere Länder weitergeben, wo sie von Nutzen sein könnten. Man fühle sich selbst viel wohler und reicher, wenn man seine

Gaben mit anderen teile. Unterdessen strömte die übrige Welt nach Japan: Gestern, in Hiroshima, war ich ihm im Sonnenschein einen steilen Hügel hinauf gefolgt, wo seit 20 Jahren ein tibetischer Lama unterrichtet und leuchtende tibetische Farbenpracht in die karge Klarheit eines japanischen Tempels gebracht hat. Am nächsten Morgen wollte der Dalai Lama zur heiligen Insel Miyajima fahren und Lehrvorträge in einem Tempel halten, den der japanische Mönch Kobo Daishi gegründet hatte, als er vor zwölfhundert Jahren etwas in der Art von Mandalas, Mudras und Prinzipien des Vajrayana in Japan einführte.

So viel ist in den Jahren geschehen, seit ich den Dalai Lama in der milden Herbstsonne von Nara das letzte Mal gesehen habe, dachte ich: Ein ehemaliger Parteichef aus Tibet, der in Peking Wohlwollen erregt hatte, weil er Ende der Achtzigerjahre hart gegen die Tibeter durchgriff, steht jetzt an der Spitze der gesamtchinesischen Führung. Eine Schnellzugverbindung zwischen Peking und Lhasa war früher als geplant fertig geworden, sodass jetzt täglich gut sechstausend Han-Chinesen in der tibetischen Hauptstadt ankamen und die Einwohnerzahl innerhalb kurzer Zeit noch einmal verdoppeln würden. In Beirut war erneut Krieg ausgebrochen, und der Dalai Lama selbst hatte mit ernsten Gesundheitsproblemen zu kämpfen gehabt und allen Tibetern die Wahrheit der Sterblichkeit realiter vor Augen geführt. Was mein eigenes Leben betraf, so war ich gerade von einer Reise nach Sri Lanka zurückgekehrt, wo ich miterlebt hatte, wie buddhistische Mönche die derzeitige Hardliner-Regierung zum Krieg gegen die hinduistischen Tamil-Rebellen im Norden des Landes anstachelten; meine eigenen Landsleute, die Tamilen, knallten eifrig Zivilisten, Kinder und unschuldige Touristen ab und schreckten nicht einmal davor zurück, schwangere Frauen für ihre Selbstmordattentate einzusetzen; in den großen buddhistischen Tempeln waren mehr Soldaten als Mönche anzutreffen.

Und doch war in mancher Hinsicht alles so wie immer. Nach wie vor kümmerte sich der gleiche Betreuer wie vor 50 Jahren um die Mönchsgewänder des Dalai Lama, nur dass damals beide noch im Potala-Palast lebten. Ein Neffe übernahm stets während der Abwesenheit des Dalai Lama dessen Amtsgeschäfte in Dharamsala (ein anderer Neffe war für seine Website zuständig). Als Hiroko und ich den Dalai Lama in seinem Hotelzimmer in Hiroshima besuchten – Sonnenlicht flutete durch die Fenster herein, und eine Zeitung lag halb geöffnet auf einem langen Tisch –, war einer seiner ersten Kommentare uns gegenüber: »Zweifel ist sehr wichtig. Ohne Skepsis – Skepsis nicht im negativen Sinne! – oder Zweifel ist kein Forschen möglich. Ohne Forschen keine Erkenntnis der Wirklichkeit.« Er führte sogar ein paar widersprüchliche oder übertriebene Äußerungen Buddhas an, um zu zeigen, dass selbst dessen Worte falsch verstanden werden konnten, da er sich in seiner Art des Lehrens immer am Publikum orientierte.

Doch langfristig, betonte er, wie schon vor 46 Jahren meinem Vater gegenüber, würde stets die klare Sicht der Dinge über die verzerrte triumphieren. Selbst im Chaos schien er noch einen Hoffnungsfunken zu sehen. Der derzeitige Krieg im Irak sei »das Symptom eines schweren Fehlers«, sagte er, »eines Versäumnisses in der Vergangenheit, das möglicherweise bis ins 19. Jahrhundert zurückreicht. Andererseits könnte, wenn wir uns jetzt wirklich bemühten und einer Vision folgten, vielleicht Ende dieses oder Anfang nächsten Jahrhunderts etwas Positives dabei herauskommen.« »Manche unserer Träume«, sagte er dem Publikum in Hiroshima,

»werden sich in diesem Leben vielleicht nicht mehr erfüllen. Unter Umständen gibt es nicht einmal im ganzen 21. Jahrhundert Anzeichen für einen Erfolg. Aber wir müssen uns trotzdem anstrengen.«

Als ich ihn nach Miyajima begleitete, der Insel in der Nähe von Hiroshima, die manchmal als der heiligste Ort Japans bezeichnet wird – 2000 Rehe äsen zwischen den zahlreichen Tempeln, und ein einstöckiger orangeroter Schrein, inzwischen in seiner siebten Inkarnation, schwimmt auf dem Wasser wie ein Traumgebilde –, hatte ich mehr denn je das Gefühl, als sei Tibet oder zumindest Dharamsala in das Land gekommen, in dem ich lebte.

Tag für Tag stiegen Scharen von Leuten die steilen, schmalen Stufen zum *Daisho-in* empor, dem Bergtempel, den Kobo Daishi errichtet hatte und dessen graue Dächer über den herbstlichen Ahornwipfeln schwebten wie Nebelschwaden im Sonnenlicht. Während der Dalai Lama einen neuen Tempel dort einweihte, saßen zwölf seiner Mönche aus Südindien neben den japanischen Mönchen, die zum Tempel gehörten, Rot und Gelb mischte sich mit glänzendem Violett, und eine Rezitation nach der anderen erklang. Als er seine zweitägige Vortragsreihe begann – gefolgt von einer Reihe weiterer Tage mit Initiationen und Ermächtigungen –, erbot sich ein junger taiwanesischer Rinpoche aus Kalifornien, die Unterweisungen für eine Gruppe begeisterter chinesischer Pilger aus Peking simultan zu übersetzen, jemand anders übertrug sie für eine kleine Gruppe Koreaner auf der anderen Seite des goldenen Buddha in deren Sprache, und ein Doktor der Metaphysik vom Institut für Buddhistische Dialektik in Dharamsala übersetzte sie ins Englische.

Die ganze Zeit über, während er sprach – der herbstliche Sonnenschein draußen hatte offenbar seine eigenen

Vorstellungen von Licht und Vergänglichkeit – wirkte der Dalai Lama so munter wie immer. In den Pausen, in denen er abwartete, bis sein japanischer Übersetzer aus Dharamsala das Gesagte ins Japanische übertragen hatte, schaute er sich einzelne Gesichter von Leuten an, die vor ihm saßen, strahlte, brach in sein spontanes Lachen aus, gab zwischendurch seinen Mönchen einen Wink, Platz zu machen und ihre Sitze japanischen Mönchen zu überlassen, oder fragte einen Zuhörer im Publikum, ob er wirklich sicher sei, ohne Übersetzer auszukommen. Einmal bat er einen Rinpoche in der ersten Reihe um seinen gelehrten Rat, ein andermal wandte er sich an seine Gastgeber und fragte sie, ob die Leute draußen auch wirklich alles mitbekämen und sich nicht ausgeschlossen fühlten. Wie ich da Tag für Tag nur wenige Meter von ihm entfernt saß, erschien er mir wie ein Inbild kraftvoller Aufmerksamkeit. Doch als ich ihn an einem Tag einmal nach Vortragsende besuchte, fiel mir auf, dass er rote, brennende Augen hatte, die unübersehbar tränten von der Anstrengung fünfstündigen Redens. Die Lehrtätigkeit forderte ihren Tribut.

Es kam mir immer abwegiger vor, zumindest in dieser Situation, das, worüber er sprach, in Schubladen zu packen und mit Etiketten wie »21. Jahrhundert«, »radikal« oder auch »Dalai Lama« zu versehen. Wenn Aspirin seine Wirkung tut, kümmert es einen nicht, woher es kommt. Wenn Blitze etwas in Brand setzen, versteigt man sich nicht in religiöse Spitzfindigkeiten. Wenn wir von einer »neuen Wirklichkeit« umgeben sind – dieses Thema hatte er auch in Hiroshima wieder angeschnitten –, dann schauen wir sie an wie die Karten, die man gerade ausgeteilt hat. In diesem Tempel gab es eine Kerze, die der besagte japanische Mönch entzündet haben soll, als er nach China gereist war und bei seiner Heimkehr von dort ein System mitbrachte, das dem tibetischen (ursprünglich aus Indien stammenden) sehr ähnlich ist, und diese Kerze brennt ununterbrochen seit 1000 Jahren, wie es heißt.

☸

Wie zu Beginn dieses Buches bereits erwähnt, fuhr ich 1989, einen Tag, nachdem ihm der Friedensnobelpreis zuerkannt worden war, zum Dalai Lama. Er nahm gerade an einer Konferenz mit Wissenschaftlern in der Nähe von Los Angeles teil, während ich in der Gegend von Santa Barbara unterwegs war, und als ich die große Neuigkeit im Radio hörte, beschloss ich sofort, zu ihm zu fahren und ihn mit meinen Glückwünschen und einigen Fragen zu überfallen. Er war wie immer sehr aufgeschlossen, als ich bei ihm eintraf, begrüßte mich, als sei dieser Tag ein ganz normaler (was er vermutlich auch war), führte mich an der Hand ins Nebenzimmer, als hätte er alle Zeit der Welt, und schaute sich fürsorglich nach einer bequemen Sitzgelegenheit für mich um, als sei ich die gefeierte Person. Dann fragte er mich, wie er das Preisgeld verwenden sollte, und an seinem forschenden Blick merkte ich, dass er wirklich eine Antwort erwartete. Er erzählte mir, er habe manchmal das Gefühl, als ob er nie genug täte und als ob das, was er täte, nie wirklich etwas bewirke (in gewisser Weise eine vorausschauende, berechtigte Sorge, denn als sich die Aufregung und Begeisterung über die neuen Möglichkeiten, die der Nobelpreis bot, gelegt hatten, war Tibet seiner endgültigen Zerstörung wieder zehn Jahre näher). Er sagte mir, es sei »an uns armen Menschen, alle nötigen Anstrengungen zu unternehmen, Schritt um Schritt«, und sprach dann wieder vom »unablässigen Bemühen, unermüdlichen Bemühen und aufrichtigen Bemühen bei der Verfolgung klarer Ziele«, als wollte er abermals an Buddhas letzte Worte erinnern.

Als wir das Zimmer verließen, kehrte er noch einmal um und schaltete das Licht aus. Das sei eine solche Kleinigkeit, sagte er, und würde vielleicht kaum etwas ausrichten. Dennoch vergebe man sich nichts, wenn man es täte, und vielleicht hätte es ja doch sein Gutes, wenn immer mehr Menschen sich immer öfter diese kleine Mühe machten.

Ich fuhr nach Los Angeles zurück und schrieb meinen Artikel (für einen Verleger, der nicht besonders interessiert war an den Gedanken eines tibetischen Mönchs und das meiste davon strich). Ich nahm mein gewohntes Leben wieder auf; den Dalai Lama sollte ich ein paar Monate später wiedersehen, auf seiner Reise nach Santa Barbara, kurz nachdem mein Haus abgebrannt war und ich meine gesamte Habe verloren hatte.

Etwa 6000 Tage nach jenem Morgen, er war wieder in Japan, fiel mir die kleine Geste ein, wie er das Licht ausgeknipst hatte. An jedem einzelnen dieser 6000 Tage hatte ich, so schien es mir wenigstens, eine kleine Offenbarung erlebt, war ich etwas weiser geworden, hatte Sätze über den Sinn des Universums, die Möglichkeit einer besseren Lebensführung, das Wesen und die Irrealität der Seele aufgeschrieben, die ich gelesen oder selbst erdacht hatte. Ich hatte mehr Geistesblitze und erhellende Momente erlebt, als ich in den nächsten 6000 Jahren zählen konnte. Und doch konnte ich mich an diesem strahlenden Augustmorgen an keinen einzigen davon erinnern, nur an die schlichte, praktische Geste des Lichtausschaltens. Keine Erleuchtung, keine universelle Barmherzigkeit, keine goldene Regel oder jahrtausendealte Weisheit: bloß etwas, das ich mehrmals am Tag tun konnte.

Nachdem ich dem Dalai Lama auf der sonnenhellen Insel zugehört hatte, ging ich nach Hause und machte anschließend einen Spaziergang. Ich schloss die Tür hinter mir und wollte eben den Schlüssel abziehen, als mir der längst vergangene Tag einfiel. Ich schloss die Tür wieder auf und schaltete das Licht aus.

Nichts ist sicher, nur Leben, Wandel und der Kraft gebende Geist ... Keine Wahrheit ist so erhaben, dass sie nicht schon morgen im Licht neuer Gedanken trivial wirkt.

Ralph Waldo Emerson

Literaturhinweise

Ausgangspunkt für das Buchschreiben ist, jedenfalls bei mir, die erschöpfende Lektüre möglichst vieler anderer Bücher zum Thema, um festzustellen, was es schon gibt und was es noch geben sollte. Im Falle des 14. Dalai Lama ist dies eine Aufgabe, die ebenso gewaltig wie lohnend ist; selbst ein Neuling merkt sehr schnell, dass die biografischen Eckdaten aus dem Leben des Mannes bereits bestens dokumentiert sind durch Filme, Biografien und Autobiografien und dass dem nichts mehr hinzuzufügen ist. Was die Feinheiten seiner Übungspraxis und Philosophie angeht, so ist dem steten Strom von Büchern, die unter seinem Namen erschienen sind – Reden, Interviews, offizielle Lehrvorträge, Aphorismen – eine Komplexität und Gelehrtheit gemeinsam, mit der nur wenige von uns anderen Schritt halten können. Über Tibet und den Buddhismus gibt es unendlich viel Literatur, und viele Werke sind höchst beachtlich und ganz dazu angetan, das Leben zu verändern und einem die Augen für eine neue Sicht der Dinge zu öffnen.

Ich habe tatsächlich manchmal das Gefühl, dass die dünne Höhenluft, die Intensität und die Magie Tibets eine transformative Wirkung auf viele Besucher ausüben, selbst auf solche, die das Land nur auf dem Papier (oder im Geiste) besuchen. Ich habe mich in diesem Buch darum bemüht, als normaler Leser andere normale Leser anzusprechen und nicht viel mehr dafür mitzubringen als die Neugier und das Interesse eines Journalisten, der den Buddhismus nie praktiziert hat und wenig über ihn weiß, für den es jedoch einen eigenen

Reiz hat, herauszufinden, inwiefern er das Denken aller Menschen, Buddhisten wie Nichtbuddhisten, bereichern kann. Vor denen, die aus zuverlässigen Quellen tiefere Weisheit schöpfen wollen, ziehe ich meinen Hut und empfehle ihnen an dieser Stelle gern einige der Werke, die mich besonders berührt, belehrt und mein Leben aufgehellt haben.

☸

Im Hinblick auf das – oder die – Leben des 14. Dalai Lama ist der beste Startpunkt sicherlich seine zweite Autobiografie, *Das Buch der Freiheit* (Lübbe, Bergisch Gladbach 1990), eine lebendige, für ihn charakteristische Mischung aus sehr menschlichen Erinnerungen und scharfsichtigen Bemerkungen zu Philosophie und Politik, ferner der englische Titel *In Exile from the Land of Snows* von John Avedon (Vintage, New York 1984), dessen Bericht über die Kultur und jüngere Geschichte Tibets noch nach 25 Jahren unübertroffen ist. Zu einer Zeit, als nur wenige Menschen überhaupt schon etwas vom 14. Dalai Lama gehört hatten oder sich für Tibet interessierten, ließ Avedon sich so vollkommen auf diese fremden Welten ein, dass er wahrscheinlich mehr Entdeckungen dort machte als alle anderen nach ihm.

Martin Scorseses Film *Kundun* beschwört auf packende Weise die Jahre wieder herauf, die der Dalai Lama (der selbst die Dreharbeiten genauestens verfolgte) in Tibet verbrachte, und zeichnet ein eindringliches Bild davon, wie man sich inmitten der Herausforderungen und Wirren dieser Welt an etwas Höherem orientieren kann. Einen ganz anderen, ebenso herzlichen wie menschlichen Blickwinkel bietet das Buch von Diki Tsering, der Mutter des Dalai Lama, mit dem Titel *Mein Sohn, der Dalai Lama* (Ullstein, Berlin 2001), aber auch *Tibet – verlorene Heimat* (Ullstein, Berlin 1960), die Autobiografie von Thubten Jigme Norbu, seinem ältesten Bruder, die in Zusammenarbeit mit Heinrich Harrer entstanden ist, oder die Autobiografie seiner Schwester Jetsun Pema mit dem Titel *Zeit der Drachen* (Hoffmann und Campe, Hamburg 1997). Die erste Autobiografie des Dalai Lama, *Mein Leben und mein Volk* (Knaur, München 1962), gibt einen unschätzbaren Einblick in seine Gedankenwelt und sein Leben gleich nach seiner Ankunft im Exil, und Michael Harris Goodmans Titel *The Last Dalai Lama* (Shambhala, Boston 1986) ist zwar nicht so verlässlich in den Einzelheiten und Nuancen wie andere Bücher, die seitdem erschienen sind, aber trotzdem (für Leser mit guten Englischkenntnissen) ein lebenssprühender, aufmerksamer Bericht, der in Ton und Perspektive stimmt.

Unbedingt zu empfehlen als gute und sehr empfindsame Beschreibung der gesamten Dalai-Lama-Familie und ihrer fortgesetzten, geistreichen Debatten ist Mary Craigs Buch *Kundun. Der Dalai Lama und seine Familie* (Lübbe, Bergisch Gladbach 2002).

Wenn ich allgemeine, nicht zu technische Informationen darüber suche, was der Dalai Lama unserer Welt mitteilen möchte, lese ich zuerst *Das Buch der Menschlichkeit. Die neue Ethik für unsere Zeit* (Lübbe, Bergisch Gladbach 2002) und *Die Welt in einem einzigen Atom* (Theseus, Berlin 2005), die klar und umfassend zum einen die ethischen Vorstellungen darlegen, die er in aller Welt verbreitet, und zum anderen die wissenschaftlichen Forschungen schildern, die ihn am meisten begeistern. Er hat beiden Titeln viel Zeit und Aufmerksamkeit gewidmet, und man darf wohl getrost behaupten, dass beide sehr genau das wiedergeben, was er weitergeben möchte. Eine ältere Aufsatzsammlung ist sein Buch *Logik der Liebe* (Goldmann, München 1991), das nach seinen ersten Reisen in die Vereinigten Staaten zusammengestellt wurde und nach wie vor unschätzbar ist. Zu den vielen bemerkenswerten Büchern, die aus besonderen Lehrvorträgen hervorgegangen sind und die von Leuten im Umkreis des Dalai Lama sehr empfohlen werden, gehören *Die Vier Edlen Wahrheiten* (Krüger, Frankfurt a.M. 1999), eine allgemeine Einführung in den Buddhismus, *Das Herz aller Religionen ist eins* (Hoffmann und Campe, Hamburg 1997), eine Betrachtung der Evangelien, die auch Christen anspricht, und *Dialog mit dem Dalai Lama* von Daniel Goleman (Hanser, München 2003), der Bericht von einer Konferenz des »Mind and Life Institute«, zu der Wissenschaftler und Philosophen zusammenkamen und sich darüber austauschten, welche Reflexe und Impulse uns innerlich zerreißen.

Weitere Bücher, die mir geholfen haben, sowohl den tibetischen Buddhismus als auch die besondere Vorstellung des Dalai Lama von Transformation besser zu verstehen, sind Robert Thurmans sehr inspirierende *Revolution von innen* (Econ, München 1999) sowie Matthieu Ricards *Glück* (Nymphenburger, München 2007), ein anschaulicher und abgeklärter Ratgeber, wie man anders über sein Leben denken lernen und sich auf das Abenteuer »Transformation« begeben kann, der etwas von der Weite des Rückzugsortes des Autors im Himalaja vermittelt. Howard C. Cutlers *Die Regeln des Glücks* (Lübbe, Bergisch Gladbach 2001) wird zu Recht gerühmt, weil der Dalai Lama darin die Chance bekommt, bestimmte Fallstudien, die ein westlicher Psychiater ihm unterbreitet, zu kommentieren, und Victor Chans *Weisheit des Verzeihens* (Lübbe, Bergisch Gladbach 2005) verschafft uns einen sehr intimen, durch und durch überzeugenden Eindruck von dem Mann, der so viele in der Welt fasziniert.

Um einen flüchtigen Einblick in den Lebensalltag des Dalai Lama – und, etwas geheimnisvoller, in den Menschen dahinter – zu gewinnen, ist Manuel Bauers Dokumentarfotoband *Unterwegs für den Frieden* mit Texten von Matthieu Ricard und Christian Schmidt (DVA, München 2005) absolut nicht zu überbieten.

☸

Die Geschichte Tibets ist ein Thema, das in jüngeren Jahren immer mehr Gemüter fasziniert und gefesselt hat, die mit ihren eigenen Ausführungen inzwischen einige der frühen Grundlagenwerke von Orientalisten wie Giuseppe Tucci, Hugh Richardson und David Snellgrove ergänzen. Tsering Shakyas Buch *The Dragon in the Land of Snows* (Pimlico, London 1999) ist ein äußerst solider, ausgewogener Abriss der Geschichte Tibets ab 1947; Melvyn C. Goldsteins Buch *The Snow Lion and the Dragon* (University of California 1997) ist ebenso unsentimental wie gründlich; Donald S. Lopez jr., Professor für buddhistische und tibetische Studien, der seit Langem seine tiefe Sympathie für die Tibeter unter Beweis stellt, wirft in seinem Buch *Prisoners of Shangri-La* (University of Chicago 1998) einen kritischen Blick auf den Mythos »Tibet«.

Zu den lesenswerten alten Klassikern über Tibet vor der chinesischen Besetzung gehören Sir Charles Bells Werk *Der Große Dreizehnte* (Lübbe, Bergisch Gladbach 2005), Peter Hopkirks unterhaltsame Geschichte *Der Griff nach Lhasa* (List, München 1989), die reich bebilderten Berichte Alexandra David-Néels von ihren Reisen, zum Beispiel *Arjopa* (Brockhaus, Leipzig 1928), *Mein Leben auf dem Dach der Welt* (Nymphenburger, München 1999) oder *Mein Weg durch Himmel und Höllen* (Droemer Knaur, München 1995), und natürlich Heinrich Harrers unsterbliches Buch *Sieben Jahre in Tibet* (Ullstein, Berlin, Wien 1980). Scott Berrys *A Stranger in Tibet* (Kodansha, Tokio 1989) über den exzentrischen Zenmönch Ekai Kawaguchi und dessen Streifzüge durchs Land gehörte lange Zeit zu meinen Favoriten. Zu Beginn dieses Jahrhunderts sind zwei exzellente Bücher erschienen, die uns einen Sinn und ein Gefühl dafür vermitteln, wie Tibet unter der chinesischen Herrschaft wirklich ist: Patrick Frenchs desillusionierendes, durch und durch gewissenhaftes Buch *Tibet, Tibet* (Vintage, New York 2004) und Robert Barnetts sorgfältig recherchiertes, unparteiisches Buch *Lhasa: Streets with Memories* (Columbia University 2006). Mit Freude habe ich auch Bücher über das moderne Tibet gelesen, das zeitgenössische chinesische Besucher tief beeindruckt hat: *Red Dust* (Pantheon, New York 2001) von Ma Jian und *Himmelsbegräbnis* von Xinran (Knaur, München 2006), aber auch alte Beschreibungen Tibets wie etwa die von F. Spencer Chapman, Peter Fleming oder Lowell Thomas jr.*

Die Suche nach dem Panchen Lama von Isabel Hilton (Beck, München 2002) ist meines Erachtens nach wie vor das wichtigste Werk über den plötzlichen Tod des 10. Panchen Lama und die verzwickte Suche nach seinem Nachfolger, und Mick Browns *The Dance of the Seventeen Lives* (Bloomsbury, New York

* Für deutschsprachige Leser sind sicherlich auch die Werke Sven Hedins eine unverzichtbare und spannende Lektüre, vor allem *Abenteuer in Tibet* (Brockhaus, Leipzig 1904) und *Transhimalaja* (Brockhaus, Leipzig 1910), die schon unsere Großeltern und Urgroßeltern fasziniert haben und bis heute immer wieder neu aufgelegt wurden. *(Anm. d. Übers.)*

2005) gibt lebendig und fesselnd Einblick in das Vermächtnis des Karmapa und die gegenwärtigen Schwierigkeiten. Thomas Lairds Buch *Tibet – die Geschichte eines Landes* (Fischer, Frankfurt a. M. 2008), das die gesamte Geschichte des Landes anhand von Gesprächen mit dem Dalai Lama aus dessen Perspektive beschreibt, ist für mich schon jetzt eines der bedeutendsten und unersetzlichsten Bücher zu diesem Thema und lässt uns mit Herz und Sinn auf sehr direkte Weise an der Weltsicht des Dalai Lama teilnehmen.

☸

Meine Kenntnis des tibetischen Buddhismus verdanke ich zahlreichen Büchern, darunter der sehr detaillierten, gelehrten Abhandlung von Thupten Jinpa *Self, Reality and Reason in Tibetan Philosophy* (Curzon, London 2002). Der Titel *Buddha* (Claassen, Berlin 2004) ist eine sachliche Kurzbiografie Gautamas aus der Sicht der ehemaligen Nonne und jetzigen Religionswissenschaftlerin Karen Armstrong, während *Unterwegs zum Buddha* von Pankaj Mishra (Blessing, München 2005) mit dem eher forschenden, hierhin und dahin schweifenden beschaulichen Blick des Reisenden Leben und Einfluss Buddhas betrachtet. Huston Smiths Ausführungen über den Buddhismus sind ebenso erhellend und inspirierend wie seine Werke über andere Weltreligionen.*

Zu den geistreichsten Werken über den Buddhismus, die ich gelesen habe, zählen *The Buddha from Brooklyn* von Martha

* Als ebenso ausführliche wie wissenschaftlich fundierte Biografie zu empfehlen ist auch das Werk von Hans W. Schumann *Der historische Buddha* (Diederichs, München, 7. Aufl. 2004). *(Anm. d. Übers.)*

Sherrill (Random House, New York 2000), *Dragon Thunder* von Diana J. Mukpo und Carolyn Rose Gimian (Shambala, Boston 2006), *Shoes Outside the Door* von Michael Downing (Counterpoint, Washington D. C. 2001) und *Crooked Cucumber* von David Chadwick (Thorsons, London 1999). Rick Fields hat in seinem Buch *How the Swans Came to the Lake* (Shambala, Boston 1986) großartig nacherzählt, wie der Buddhismus in den Westen gelangte, und auch Jeffery Paine gibt diese Geschichte in seinem Buch *Re-Enchantment* (Norton, London 2005) kurzweilig wieder. Des Weiteren haben mir die Werke von Stephen Batchelor (zum Beispiel *Buddhismus für Ungläubige*, Fischer, Frankfurt a. M. 1998), Steve Hagen (zum Beispiel *Buddhismus kurz und bündig*, erschienen 2000, oder *Buddhismus im Alltag*, erschienen 2005, beide bei Goldmann, München), Mark Epstein (zum Beispiel *Gedanken ohne den Denker*, Fischer, Frankfurt a. M. 2002) neben vielen anderen die komplizierten Übungen und Vorstellungen wunderbar erklären können.

Zwei der bewegendsten Titel, die ich je – und in den letzten 20 Jahren immer wieder – über den buddhistischen Weg gelesen habe, sind Peter Matthiessens Buch *Auf der Spur des Schneeleoparden* (Frederking & Thaler 2000), in dem er schildert, wie er im Himalajahochland an der tibetischen Grenze zum Buddhismus und zur Wahrheit fand, und Andrew Harveys *Ins Innerste des Mandala* (Diederichs, Köln 1985) über seine Begegnung mit dem tibetischen Buddhismus und mit charismatischen Lehrern in Nordwestindien.

☸

Es dürfte bei der Lektüre dieses Buches klar geworden sein, dass ich mich sehr bemüht habe, den Dalai Lama nicht ausschließlich als Tibeter und Buddhisten zu beleuchten, sondern ihn in die große Gemeinschaft der Visionäre und Denker einzugliedern und aufzuzeigen, wie stark und wie oft seine Interessen mit denen anderer Traditionen und Forscher übereinstimmen. Aus diesem Grund habe ich auch einige Male die warme, unverwechselbare Stimme Desmond Tutus anklingen lassen oder auf Gedanken seines guten Freundes und Kollegen Václav Havel zurückgegriffen; außerdem wollte ich sehen, ob das, was der 14. Dalai Lama sagt und denkt, in anderer Form auch bei seinem Vorgänger, dem »Großen Dreizehnten«, bei seinem jüngeren Bruder Ngari Rinpoche oder sogar bei Buddha selbst wiederzufinden ist und erklärt wird.

Im Lauf der Jahre, während ich all diesen Themen nachging, habe ich mich auch immer wieder eingelesen in Schriftsteller wie Graham Greene, Ralph Waldo Emerson, Henry David Thoreau, Thomas Merton, Leonard Cohen, Aldous Huxley, Emily Dickinson, William James, Stephen Mitchell, Somerset Maugham, Robert Stone, Annie Dillard, Etty Hillesum und viele andere, um die wesentlichen – und höchst universellen – Ideen, die der Dalai Lama vordenkt, in einen größeren Zusammenhang stellen zu können. 2005 und 2006 bin ich, dem Dalai Lama auf den Fersen, um die halbe Welt geflogen und habe mir die Konzerte der Rockgruppe U2 in New Jersey, Kopenhagen, Los Angeles und Tokio angehört. Bono, der Leadsänger der Band, macht mit seinem unablässigen Engagement und seinen Interviews den Eindruck, als setze er sich wirklich aufrichtig und unermüdlich für die Prinzipien ein, die der Dalai Lama so plastisch darlegt und mit denen er vor allem das Gefühl bei uns wecken will, dass wir eine große Weltgemeinschaft sind, die für soziale Gerechtigkeit eintreten und ihre Verantwortung gegenüber den Armen dieser Erde wahrnehmen muss. In Bonos Texten werden diese Bemühungen dadurch noch positiv verstärkt, dass er seine eigenen Meinungen (und seinen Hang zur Selbstgerechtigkeit) auf eine ansteckende, frische Art infrage stellt. Die anspruchsvollen Songs von U2 – und die Art und Weise, wie die Gruppe das ewige Problem löst, ihrem Gewissen zu folgen, der Spiritualität Raum zu geben und in der Welt zu leben – erfreuten mein Herz, inspirierten mich dazu, im Zimmer herumzutanzen, und trugen dazu bei, dass ich mir ein besseres Bild von dem Mann machen konnte, der, wie ich glaube, im Verbund mit Mahatma Gandhi, Luther King und derzeit noch unbekannten zukünftigen Vordenkern für Möglichkeiten steht, die weit über Tibet, den Buddhismus und den Rahmen eines einzigen Menschenlebens hinausgehen.

Dank

Es liegt auf der Hand, dass ich als Erstem Seiner Heiligkeit dem 14. Dalai Lama zu innigem Dank verpflichtet bin, der die Entstehung dieses Buches überhaupt erst möglich gemacht hat, der mir über viele Jahre hinweg unendlich viel von seiner kostbaren Zeit geopfert und mir gestattet hat, ihn auf seinen Reisen zu begleiten, der sogar (was typisch für ihn ist!) gesagt hat, »es sei ihm eine besondere Ehre, mit Informationen aushelfen zu dürfen«, der aber auch – und das ist vielleicht das Wichtigste und ebenfalls typisch für ihn – kein Hehl daraus gemacht hat, dass er keine besonders schmeichelhafte, unnötig wohlwollende Charakterisierung seiner Person und seines Lebens wünsche (allerdings schätzt er Genauigkeit, Fairness und Verantwortungsgefühl). Man trifft selten jemanden und erst recht niemanden in einer so heiklen politischen Position und im Blickpunkt der Öffentlichkeit, der ein so unverkennbares Faible dafür hat, herausgefordert, infrage gestellt oder gar widerlegt zu werden. Und noch seltener kommt es vor – und das ist vielleicht der Grund, warum ich dieses Buch geschrieben habe –, dass man jemanden kennenlernt, der so hohe Maßstäbe an Sorgfalt, analytische Klarheit und wissenschaftliche Objektivität anlegt und dabei trotzdem ein herzliches, lebenssprühendes Inbild der Menschlichkeit und Güte ist.

Im gleichen Licht und Sinne bin ich von Herzen allen Mitgliedern der Familie des Dalai Lama dankbar, die mir ihre Zeit – und auch immer ihre Gastfreundschaft – geschenkt haben, darunter Jetsun Pema, seine jüngere Schwester, sowie viele andere aus dem Familienkreis. Jedem Leser wird klar sein, wie viel Dank ich seinem jüngeren Bruder Tendzin Chögyal (Ngari Rinpoche) schulde, der stets bereitwillig alle meine Fragen beantwortet, mich zu langen Gesprächen auf seine Terrasse eingeladen und mich überall, von Kalifornien bis Indien, mit meinen Haaren (bzw. dem Mangel daran) geneckt hat, und das jahrzehntelang. Mr. Chögyal reagierte immer (den Lehren seines Bruders getreu) stahlhart, wenn er meinte, dass die Institutionen Exiltibets – oder er – bei mir zu gut wegkämen und ich nicht streng genug Kritik übte.

Für mich war es eine absolute Freude und ein großes Privileg, mehr als ein Vierteljahrhundert lang mit den Menschen aus dem Privatbüro des Dalai Lama zusammenzuarbeiten, die mich durch ihr eigenes Vorbild Geduld, Güte und Rücksichtnahme lehrten, allen vorweg der unersetzliche Tenzin Geyche Tethong. Es gibt wenige Tätigkeiten, die schwieriger sein dürften, als für einen der gefragtesten Männer dieser Erde den Terminkalender zu organisieren, noch dazu für jemanden, der stets rückhaltlose Offenheit und radikalen Freimut einfordert. Tenzin Geyche-la hat dieses Kunststück irgendwie geschafft, über 40 Jahre lang und in allen Teilen der Welt, und ist im Laufe der Zeit für mich so etwas wie ein Zauberer geworden: Was auch geschah und welches Anliegen ich ihm auch vortrug, immer blieb die Stimme am anderen Ende der Leitung ruhig, freundlich und unbeirrbar, ließ er nichts unversucht, um es allen Beteiligten recht zu machen. Jeder, der den 14. Dalai Lama einmal bei der Arbeit mit seinem langjährigen Sekretär und Übersetzer beobachten konnte, hatte den Eindruck, zwei große Musiker in perfektem Zusammenspiel zu erleben, die intuitiv jeden kleinen Wink des anderen verstehen, die einer des anderen Melodie aufgreifen und die einander so gut kennen, dass es scheint, als könnten sie Gedanken lesen. Wer ein Gespräch mit dem Dalai Lama führen darf, hat oft das Empfinden, auch von den Menschen in seinem engsten Umkreis etwas in puncto Weisheit und Klarheit lernen zu können.

In diesem Zusammenhang darf ich nicht unerwähnt lassen, wie sehr es mich freut, seit etwa einem Jahrzehnt Tenzin Taklha zu kennen und mit ihm zusammenzuarbeiten, eine der elegantesten Erscheinungen und einer der reizendsten Menschen, denen ich auf meinen Reisen je begegnet bin, der es in seiner Funktion als Privatsekretär fertigbringt, vollkommen professionell und trotzdem immer auch mit lächelndem Gesicht Mensch und Beschützer zu sein. Seit einigen Jahren steht ihm Chhime Chökyapa als perfekter Kollege zur Seite, aufgeweckt, freundlich und stets bereit, bürokratische Hürden einfach zu überspringen und zum Kern der Sache zu kommen. Thubten Samphel vom Amt für Information und internationale Beziehungen ist mir seit Jahren ein lieber und treuer Freund, der unermüdlich jede meiner Fragen mit großer Effizienz und Akkuratesse beantwortet. Außer ihm haben mich noch viele andere aus der tibetischen Welt, von den Angestellten im New Yorker *Office of Tibet* bis hin zur gesamten Belegschaft des Tibethauses in Tokio, tief bewegt mit ihren selbstlosen Fragen, ob sie mir behilflich sein könnten, ob ich vielleicht irgendetwas brauchte, ob sie ein Problem für mich lösen dürften. Tempa Tsering, Geshe Thupten Jinpa Langri, Geshe Lhakdor, Geshe Dorji Damdul, Kusho Paljorla und unzählige andere haben mir geholfen, mein Verständnis von Tibet zu vertiefen, und darüber hinaus mir und vielen anderen ein Gefühl herzlichen Aufgenommenseins in ihre Gemeinschaft vermittelt.

Zu meinen ersten Kontaktpersonen und Freunden, deren

Gesellschaft ich noch immer sehr schätze, gehört Tenzin N. Tethong, der ehemalige Beauftragte des Dalai Lama in New York und spätere Chef des exiltibetischen Kabinetts. Auch der derzeitige Premierminister, Professor Samdhong Rinpoche, war so freundlich, mir trotz seines engen Terminkalenders Zeit für ein Gespräch einzuräumen.

Einmal abgesehen von allen offiziellen Kontakten, hat mich die ganze Gemeinschaft der Exiltibeter für sich eingenommen, ebenso wie Tausende andere, zeigt sie uns doch auf sehr lebendige Weise, was der Dalai Lama meint, wenn er von den Erdbewohnern als einer großen Familie spricht. Rinchen Khando Chögyal und ihre Familie, Kelsang Chukie Tethong, Tsering Drolkar Taklha und noch viele andere haben uns das Gefühl gegeben, dass es ihnen eine Freude ist, für uns zu sorgen, ohne eine Gegenleistung zu erwarten.

In Dharamsala hat das wunderbare Personal des *Chonor House* von der Hotelmanagerin Dechen Maja bis hin zur langjährigen Rezeptionistin Dawa Dolma (die inzwischen eine gute Freundin ist) dafür gesorgt, dass Hiroko und ich am liebsten jeden Frühling mehrere Monate dort wohnen würden und uns dabei gut vorstellen könnten, im alten Tibet zu sein; und Ashwini Bhatia, Angus, Zos und ihre Mitarbeiter (vor allem Lobsang) ein Stück weiter die Straße hinunter haben unser Leben verändert, dank dem *Moonpeak*-Café. Lhasang Tsering vom wunderbaren *Bookworm*-Laden war immer außerordentlich freigebig und hat mir – und allen Ausländern – stets rückhaltlos und unglaublich beredt seine stark von der Regierungsposition abweichende Meinung kundgetan, und das Restaurant im *Lung-Ta*-Haus wurde mir fern der Heimat zur zweiten Heimat. Jagmohan Gupta vom Reisebüro *Ways Tour & Travels* fand immer eine Möglichkeit, uns nach Dharamsala zu befördern (ebenso wie Deepak Puri, der großartige legendäre Chef des *Time*-Auslandsbüros in Neu-Delhi, der einer der Grundpfeiler des *Time-Life*-Imperiums zu sein scheint und fast ganz Indien allein managt); und neue Freunde aus dem Umfeld des *Norbulingka*-Instituts wie Dolmakyap Zorgey, Kim Yeshi, Jeremy und Pippa Russell oder Thubten Tsewang hatten immer ein offenes Haus für uns. Die gleichmütigen, unerschütterlichen Wundertäter, die das *Awasthi-Cyber*-Café betreiben, und die Mitarbeiter vom *Pema-Thang*-Gästehaus, *Kashmir Cottage*, *Namgyal*-Café, *Khana-Nirvana*-Restaurant, *Current Event*- und *Ashoka*-Restaurant und noch vielen anderen Stammlokalen wissen bestimmt alle, wie sehr sie auf der ganzen Welt geschätzt und geliebt werden.

Etwas ist wunderbar, wenn man sich in der Nähe des Dalai Lama und der Tibeter bewegt, nämlich dass sie Fokus und Treffpunkt für viele der interessantesten Köpfe sind, die ich je kennengelernt habe, und dass sich eine große globale Gemeinschaft um sie gesammelt hat, die sich für ihre Ideen interessiert, wodurch man sich schnell überall heimisch fühlt. Ich schätze mich glücklich, dass ich durch meinen Kontakt zu Tibet so viele begabte, engagierte und selbstlose Menschen kennenlernen durfte. Einige von ihnen – Robert Thurman, Richard Gere, Martin Scorsese, Melissa Mathison und Matthieu Ricard – sind inzwischen ziemlich bekannt; andere sind zwar weniger berühmt, aber kaum weniger inspirierend. Jeden Tag, so scheint es mir, bekomme ich E-Mails mit Grüßen und Neuigkeiten von Leuten, deren Bekanntschaft ich im Zusammenhang mit Tibet gemacht habe, ob sie Darlene Markovich, Sole da Silva, Yusuke Memoto oder Vivian Kurz heißen. Ich schätze mich glücklich, dass ich in Dharamsala Zeit mit Brigitte Lacombe und ihrem unvergleichlichen Assistenten Gustav Bruns verbringen durfte, mit Martine Franck, Steve Lehman und der ewig jungen Rosette Jein aus Paris; und es hat mir großes Vergnügen bereitet, im Umkreis des Dalai Lama unter anderem den hochtalentierten, sehr sympathischen Manuel Bauer und so nette und umgängliche Kollegen wie Howard Cutler, Victor Chan und Rajiv Mehrotra kennenzulernen.

Ein herzliches Dankeschön schulde ich Justin Williams, den ich einmal zufällig in einem Restaurant in Dharamsala getroffen habe und der mich sehr liebenswürdig und bescheiden über die meditative Tradition des tibetischen Buddhismus aufgeklärt hat, und Huston Smith, der seine Erfahrungen aus 40 Jahren Gesprächen mit dem Dalai Lama mit mir ausgetauscht hat. In meiner Heimatstadt hatte ich das Glück, José Cabezon zu begegnen, den Inhaber des »14.-Dalai-Lama-Lehrstuhls für tibetische Studien« an der University of California in Santa Barbara; José hat mich, einen Fremden, in überaus großzügiger Weise an den Früchten seiner Gelehrsamkeit und Erfahrung teilhaben lassen. Keido Fukushima-Roshi in Kyoto hat mir einen wunderbaren Überblick über die Zentradition vermittelt (und eine Lebensgefährtin). Und Leonard Cohen hat mir im Laufe vieler Jahre mit beispielhafter Ruhe, Eloquenz und Liebenswürdigkeit einen Eindruck vom Wesen buddhistischer Disziplin, Demut und Achtsamkeit (im Leben und auf dem Papier) verschafft.

Außerhalb der buddhistischen Szene waren mir Annie Dillard und Bob Richardson ein Ansporn, ein bisschen besser für mich selbst zu sorgen, und Caryl Phillips, Meredith Monk sowie der unvergleichliche Mitherausgeber des *New York Review of Books*, Bob Silvers, haben mich darin nach Kräften unterstützt.

Stephen Mitchell erbot sich zu meiner Verblüffung, das ganze Manuskript zu lesen, obwohl wir uns erst zweimal begegnet waren (da erfuhr ich wieder in aller Demut, wozu buddhistische Übung und Meditation gut sind), und er reagierte bereits zwei Tage, nachdem ich es ihm geschickt hatte, mit einer fantastisch sachkundigen und genauen Liste all der Stellen, an denen ich etwas missverstanden hatte. Auch mein guter alter Freund Michael Hofmann in Kyoto, der mir 1987, als wir uns kennenlernten, den ersten Türspalt zum Buddhismus geöffnet hat, erwies mir und meinem Buch einen großen Dienst mit seiner Freundlichkeit, Klarheit, Einsicht und seinem steten Bemühen, mich zur Ehrlichkeit anzuhalten und daran zu erinnern, wie wenig ich doch wusste.

Es war, wie bereits erwähnt, mein verstorbener Vater, der mich mit dem 14. Dalai Lama bekannt machte, und er war es auch, der unser Wohnzimmer mit tibetischen Mönchen und Symbolen füllte, als ich noch ein kleiner Junge war; erst im Lauf der Jahre habe ich erkannt, dass dies seine kostbarste Hinterlassenschaft war. Meine Mutter unterstützt mich tagtäglich mit ihren Gebeten und guten Gaben, wie ich voller Freude und Dankbarkeit sagen darf. In Kalifornien lehren mich meine Benediktinerfreunde von der *New-Camaldoli*-Einsiedelei seit nunmehr 17 Jahren, warum Mönche tun, was sie tun, und was ihnen die Früchte ihrer Stille, Hingabe und Barmherzigkeit eigentlich bedeuten; und in Japan haben mir die unbezwingbaren und immer fröhlichen Mitglieder des

Shikanordan-Ping-Pong-Clubs etwas Ähnliches vermittelt, nur weniger förmlich.

Als ich vor einem halben Leben über Tibet zu schreiben begann, war ich mit diesem Unterfangen auf weiter Flur allein; ich weiß noch, wie ich meiner reizenden und strahlenden Gefährtin Hiroko Takeuchi ein wenig von dem Land und seinen Traditionen erzählte, als wir uns 1987 kennenlernten. Seitdem hat Hiroko Tibet in ihr großes Herz geschlossen, ist die ungekrönte Prinzessin ihrer zweiten Heimat Dharamsala geworden, bemüht sich redlich, das in die Tat umzusetzen, was sie von den Tibetern gelernt hat, und sorgt bei meinen Unterhaltungen mit dem Dalai Lama oft dafür, dass »das Eis bricht« und ich tiefer eintauche, wenn ich zu oberflächlich bin. Als der Dalai Lama von meinem Buchprojekt hörte, sagte er ihr, sie solle »immer hübsch nachkontrollieren, dass ich nichts Falsches schreibe«, eine sehr zweckdienliche Erinnerung daran, dass universelle Verantwortung zu Hause anfängt.

Zum Schluss muss ich noch gestehen, dass ich mich als jemand, der in einem kleinen Apartment in einem japanischen Vorort wohnt, immer gern von Kunst und Kultur beeinflussen und Farbe in mein Leben bringen lasse. Insofern stehe ich tief in der Schuld von all den Werken, die mich im Innersten bewegt und Geistesnahrung für mich waren, als ich an diesem Buch schrieb: Julie Taymors Film *Titus*, Isabel Coixets Film *Mein Leben ohne mich*, die Bücher von Philip Roth, Tracy Kidders Buch *Mountains Beyond Mountains*, die Kunst von Bill Viola und natürlich die bereits erwähnte Musik von U2 mit ihrem rigorosen, selbstironischen globalen Optimismus und ihrem Eintreten für Gewissen und Befreiung, alles Dinge, die weitestgehend mit dem übereinstimmen, worum es in diesem Buch geht. Im gleichen Sinne, wie auch meine Bücher alle davon handeln, wie man in einer sich immer mehr beschleunigenden, immer enger werdenden, höchst aufregenden neuen Weltordnung Klarheit und Frieden – einen tieferen Sinn – finden kann, zeigt die Gruppe U2 am eigenen Beispiel, wie man über seine Selbstversuche mit dem Gütigsein lachen kann, während man weiterhin Überstunden macht, um Gutes für andere zu tun. Solche Menschen, die sich mit offenen Augen und wilder Entschlossenheit für diese Welt engagieren, ohne je das aus dem Blick zu verlieren, was nicht so sichtbar zutage tritt, haben meine ganze Anerkennung.

Personenregister